Arnim Emrich

Der Fremde

Verlag Landhege

Arnim Emrich, geboren 1982 in Oberkirch, hat nach seinem Ökonomiestudium Karriere in einer Unternehmensberatung gemacht, bevor er Referatsleiter im Finanz- und Wirtschaftsministerium Baden-Württembergs wurde. „Der Fremde" ist sein erster Roman, der die wahre Geschichte seines siebenbürger-sächsischen Großvaters erzählt. Er begann mit den Arbeiten an dem Roman, nachdem er ein Jahr im Heimatland des Großvaters gelebt und Sprache und Kultur kennengelernt hatte. Arnim Emrich lebt mit seiner Frau Daniela in Stuttgart.

Arnim Emrich

Der Fremde

Auf der Suche nach Heimat

Verlag Landhege

1. Auflage 2016

Gestaltung des Einbandes: Ilona Bucher, Berlin
Schrift: „Mom'sTypewriter" copyright Christoph Mueller (1997)
Satz: Dörr und Schiller GmbH, Stuttgart
Druck und Binden: CPI books GmbH, Ulm

Druck ISBN: 978-3-943066-45-6
EPub ISBN: 978-3-943066-46-3

Verlag Landhege

Inhalt

1936

01 - Mit Stiefeln im Haus

Die feuchtkalte Luft zog vom Mieresch hoch. Ich fröstelte. Ich war gerade nur mit meinem Hemd aus dem Haus gegangen. Am Tag zuvor hatte es geschneit. Der Winter war wirklich da. Die beiden knorrigen Kirschbäume rechts und links vor dem hölzernen Eingangstor, die hellroten Ziegeldächer des Schweinestalls und des Geräteschuppens - alles weiß. Tante Maria hatte es schon eine Woche zuvor gewusst. Sie spüre das in den Knochen, sagte sie.
Von unserem Haus war es nicht weit bis zum Wasser. Gleich neben dem Haus lief ein Bach. Er teilte sich kurz vor Obereidisch in zwei Läufe. Dann floss er links und rechts am Gemeindegarten vorbei. Zwischen dem Bach und unserem Hof war nur noch das Grundstück der Familie Klein.
Wenn es kalt wurde, fror das Wasser zu. Dann konnte man mit dem Rodel von uns oben am Hang runter über das Ufer bis auf das Eis fahren. Erst am Vortag war ich mit Hans unten gewesen und hatte geschaut, ob das Eis schon hielt.
Mit dem Fuß hatte Hans das Eis kurz angetippt. Als sich das Wasser durch das gebrochene Eis den Weg nach oben

bahnte, hatte er gesagt, wir müssten noch bis nach Weihnachten warten.
Ich war acht Jahre alt. Meine Brüder Martin und Hans waren junge Männer mit ihren 17 und 21 Jahren. Sie waren „Altenknechte“, also gewählte Vertreter der Dorfjugend und Vorbilder für die Gleichaltrigen. Sie waren stark eingebunden in die Arbeit auf den Feldern und verdienten zusätzlich Geld auf Baustellen für die große neue Eisenbahntrasse im Gebirge.
Die zweikufigen Rodel standen im Hof bereit. Ich hatte sie bereits aus dem hinteren Schuppen geholt, wo wir die Gerätschaften lagerten: den breiten, schweren, mit Eisen beschlagenen Pflug, die großen, groben Sensen, die ich noch kaum halten konnte, das lederne Geschirr für das Zugpferd und das breitmauligere, noch gröbere Geschirr für die Kuh. Und daneben die Rodel.
Martin hatte die Rodel gekauft. Die Kufen hatte er in der Zigeunergasse anbringen lassen. Alles, was mit Eisen gemacht werden musste, machte man dort. Mein Vater ging da hin, wenn die Pferde oder Kühe beschlagen werden mussten. Oder, wenn etwas am Fuhrwerk kaputt war.
Inzwischen hatte sich der Schnee auf die Schlitten gelegt. Sie sahen aus, als wären sie mit weißem Fell gepolstert. Als ich hinüber ging, rief es aus der Küche:

„Thomas, bringst du die Gurken?"
Ich hatte die Zeit ganz vergessen. Hastig klopfte ich meine Stiefel ab und ging in die Küche.
„Ja, Tante. Kommt gleich", sicherte ich ihr zu.
Tante Maria rührte im großen Topf. Es gab Schulfa, oder, wie die Rumänen sagen, „Mamaliga". Das schmatzende Geräusch des kochenden Maisgrießes ließ mich kurz inne halten.
„Tante, gibt es dazu den Käse vom Popescu?", fragte ich.
„Ja, mein Junge. Den gibt es", antwortete sie.
Meine Tante lachte verschmitzt. Sie wusste, wie gut mir das schmeckt. Schulfa mit Käse und saurer Sahne.
Sie wusste überhaupt am meisten über uns Kinder. Tante Maria war allein, sie hatte keinen Mann und keine Kinder. Sie hätte noch bei ihren Eltern Wohnrecht gehabt, so war es Brauch. Nach der Hochzeit ihres Bruders war aber das Haus ihrer Eltern für sie vergiftet. Ständige Sticheleien, Streit und Missgunst waren an der Tagesordnung. Ein gemeinsames Leben mit ihrer garstigen Schwägerin konnte sie sich nicht vorstellen. So bot ihr meine Mutter an, mit uns zu leben. Seitdem kümmerte sie sich um uns Kinder und die Hausarbeit. Mutter konnte sich so mehr um den Garten, das Weben und das Nähen kümmern.

Mit meinen, zu dieser Zeit noch mageren, dünnen Armen riss ich die schwere Holztür zum Lagerraum auf. Links hinten waren die etwas angestaubten Regale mit dem Gemüse. Tante und Mutter machten immer genug für den ganzen Winter ein. Das Gemüse war im Hausgarten hinter dem Anwesen gewachsen. Saftige, nadelwaldgrüne Gurken, noch vor dem Reifeprozess, als grüne Früchte eingelegte Tomaten - die schmeckten besonders sauer und erfrischend - und knackige, im Glas gelborange schimmernde Karotten. Mit Essig, Senfsamen, Pfeffer und vielen Kräutern standen die fassartigen Gläser in Reih und Glied. Ich nahm ein Glas mit Gurken aus dem untersten Fach heraus.
„Hier, Tante. Ich hab es nicht aufbekommen", sagte ich, als ich wieder in die Küche getreten war.
Aus dem anderen Raum hörte ich meine Mutter.
„Maria, ist der Junge wieder mit den Stiefeln im Haus?", fragte sie und ihre Stimme hatte einen drohenden Unterton.
Ein hastiger Blick. Tatsächlich hatte ich meine ledernen Schnürstiefel noch an. Am Küchenboden sah man einen schneenassen Abdruck hinter dem anderen.
Die Tante schaute mich an und machte Handzeichen, dass ich mir die Schuhe ausziehen sollte. Mit hochrotem Kopf

setzte ich mich hin und schnürte die Stiefel auf. Tante Maria wischte gleichzeitig einmal über den Küchenboden, schnappte sich die Stiefel und schob sie hinter den Herd.
Da stand meine Mutter schon im Türrahmen.
„Maria, warum antwortest du nicht?“, setzte sie nach.
„Susanna, gut dass du da bist. Ich hab gerade versucht das Gurkenglas hier zu öffnen. Das geht arg schwer“, lenkte Tante Maria ab.
„Ist der Junge mit Stiefeln ins Haus?“, fragte Mutter erneut.
„Nein doch. Schau, er ist auf Strümpfen unterwegs. Thomas, ich hab dir doch gesagt, dass du deine Hausschuhe suchen sollst“, antwortete Tante Maria.
Der kurze, strenge Blick meiner Mutter streifte mich von oben nach unten. Dann verdrehte sie die Augen und wandte sich meiner Tante zu.
„Na gut, wie auch immer. Lass mal das Gurkenglas sehen“, sagte sie.
Mir fiel ein Stein vom Herzen. Tante Maria hatte mich gerettet. Sie wusste ja, dass Mutter ganz schön streng sein konnte. Und mit Stiefeln ging man nicht ins Haus. Schon gar nicht in die Küche.
Kaum war Mutter aus dem Raum, schnappte ich die Stiefel und brachte sie raus an ihren Platz auf der Veranda. Das war nochmal gut gegangen.

Ich griff nach der Bürste und machte die Stiefel sauber.

02 - Weihnachtsbäume vom Staat

Am nächsten Morgen war es so weit. Ich durfte mit Vater zu den Weihnachtsbäumen. Es war nach Mitternacht und ziemlich kalt. Der Himmel war klar. Tausende Sterne schienen über dem Hof. Michael zeigte mir immer Bilder, die die Sterne formen. Er sah Frauenbrüste, Hintern, Schweine und andere lustige Dinge. Als meine Mutter das mal gehört hatte, meinte sie, er solle aufhören, seinem kleinen Bruder solche Geschichten zu erzählen. Ich fand es aber lustig.

Michael geriet immer wieder mit meiner Mutter, seltener mit meinem Vater aneinander. Mit seinen 14 Jahren war er mitten in der Pubertät. Doch schon lange war er das Schlitzohr der Familie. Mit ihm gab es immer etwas zu lachen. Mir erzählte er viele spannende Geschichten, wahrscheinlich war der größte Teil ausgedacht. Doch das war ja egal. Für mich war es faszinierend: Da ging es um Liebe, Frauen, Krieg und Helden. Solche Geschichten erzählte sonst keiner.

An jenem Morgen schaute ich hoch und suchte die Bilder, die Michael mir erklärt hatte. In dieser Nacht sah ich aber nichts davon. Dafür fand ich eine runde Sternformation. Sieht aus wie ein Adventskranz, dachte ich.

"Junge, was starrst du da in den Himmel. Hoch mit dir auf den Wagen. Wir fahren gleich los!", forderte mich mein Vater auf.
Seine tiefe, ruhige Stimme ließ die Sternbilder verschwinden. Ich ging nochmal kurz zum schnaubenden Zugpferd. Vorhin hatte ich noch etwas Heu mitgenommen. Das Pferd freute sich und zermalmte das getrocknete Gras. Ich gab ihm einen Klaps und kletterte auf die Lederbank des Einspänners.
Vater stieg von der anderen Seite auf. Er schaute mich kurz an. Mit seinem knorrigen, hageren Gesicht und dem großen Oberlippenbart wirkte er sehr ernst. Nur wenn sich die Fältchen um seine graublauen Augen zusammenzogen, war sein fröhliches Gemüt zu erkennen. An diesem Morgen war wieder so ein Moment:
„Dann wollen wir mal den Weihnachtsmann suchen. Was sagst du, mein kleiner Sterngucker?", fragte er.
„Ja, los! Meinst du wir bekommen so einen großen Baum wie letztes Jahr? Der war ja fast größer als unser alter Kirschbaum", wollte ich wissen.
„Mal schauen, mal schauen", entgegnete er.
Vater zwinkerte und schnalzte mit der Zunge. Das Pferd lief sofort los. Vater und das Pferd waren ein eingespieltes Duo. Unser Wagen setzte sich mit leichtem Ruckeln in Bewegung. Die

Sterne waren in dieser Nacht so hell, dass man die Straße gut sehen konnte. Vater hatte die Öllaterne gar nicht erst angemacht. Wir fuhren aus dem Hof auf die Obere Gasse. Der Schnee knarzte unter den Rädern. Obereidisch schlief um diese Zeit. Man hörte nur den einen oder anderen Hahn und manchmal das Gebell von Hunden. Dass die nie schlafen, dachte ich.
Mein Vater nahm mich schon seit zwei Jahren zum Jahrmarkt mit. Seit ich in der Schule war. Zu den Weihnachtsbäumen durfte ich aber das erste Mal. Ich liebte die Zeit auf der Fahrt, die ich allein mit meinem Vater war. Er redete zwar nicht viel. Aber, wenn er etwas erzählte, dann lernte ich meist etwas Neues über die uns umgebende Natur, über Regeln des Handels oder über unsere Pläne für neue Felder. Sonst sah ich ihn nicht häufig. Er arbeitete immer. Und ich durfte meistens nur der Mutter helfen. Für die schwere, kraftraubende Arbeit auf dem Feld war ich noch nicht stark genug. Da halfen meine großen Brüder.
Wir waren inzwischen über die kleine und große Brücke gefahren. Links sah ich das grau gestrichene Haus von Johann Klein. Es war das letzte Haus am Dorfausgang von Obereidisch. Wir verließen das Dorf nach Norden. Die Jungs in der Schule beneideten mich immer, wenn ich von den längeren Fahrten erzählte. Viele kamen nicht

viel weiter als in die Nachbardörfer. Aber mein Vater war immer schon ins Gebirge gefahren.

In dieser Nacht ging es nach Rastolita. Der Ort am Fuße des Gebirges war berühmt für seine Holzwirtschaft. Im Sommer kamen die Händler aus dem Gebirge und verkauften den Bauern Holz. An den Hängen der Karpatenausläufer erstrecken sich hektarweit Wälder. Sie gehörten fast alle dem rumänischen Staat. Und genau aus diesen Tannenwäldern sollten wir Weihnachtsbäume holen.
„Die warten nur auf uns!“, hatte mein Vater beim Abendessen gesagt. Meine Mutter hatte ihn kritisch beäugt. Und meine großen Brüder hatten alle gelacht. So ganz hatte ich das nicht verstanden.
Inzwischen lag Obereidisch hinter uns. Zunächst fuhren wir an den Mais- und Getreidefeldern vorbei, die ich gut kannte. Einige unserer eigenen Felder waren dort links und rechts der Straße. Die anderen waren weit verteilt, rund um Obereidisch. Kurz vor dem Mieresch bogen wir dann auf die geteerte Nationalstraße ein. Linker Hand lag der breite Fluss, der der ganzen Region ihren Namen gab. Im Dunkel der Nacht sah ich nicht viel vom Wasser außer die ein oder andere Spiegelung des Sternenhimmels.
Wir sahen die große hölzerne Mie-

resch-Brücke, die nach Wetsch hinüber führte.
In Wetsch waren wir häufiger. Vater holte von dort im Sommer das Fleisch. Der jüdische Metzger hatte das beste Fleisch in der Region. Außerdem war dort der Bahnhof, wenn man mit dem Zug fahren wollte. Von dort fuhren meine Brüder zur Arbeit ins Gebirge. Wetsch ist der deutsche Name. In der Schule sagte der Pfarrer aber, dass wir es Brancovenesti nennen sollten, wie die Rumänen. Das Siebenbürgen meiner Kindheit war geprägt von solcherlei Vorgaben der rumänischen Zentralregierung. Mein Vater konnte noch davon berichten, wie es vor 1920 war. Damals, so hatte er auf einer anderen Fahrt zum Markt erklärt, seien die Sachsen noch stärker respektiert gewesen. Die Ungarn hätten ihnen mehr Freiheiten gelassen, hätten sich weniger eingemischt. Er hatte dann mit den Achseln gezuckt und gebrummt, wir seien eine Minderheit und müssten uns anpassen.
Diesmal fuhren wir nicht über die Brücke nach Wetsch, sondern blieben auf der rechten Flussseite. Die Straße überquerte die Eisenbahntrasse. Noch war das Land flach. Wir fuhren durch Lunca Muresului, Alunis und Rusii-Munti.
„Die Hälfte haben wir geschafft“, sagte Vater.

Er zeigte auf das Ortsschild, als wir den Ort verließen.
„Bis Rusii-Munti sind es 15 Kilometer. Wir sind also schon mehr als zwei Stunden unterwegs. Es wird nicht mehr lang dauern bis das erste Tageslicht aufkommt“, kündigte er an.
„Woher weißt du das, Vater?“, fragte ich.
„Unser Pferd trabt etwa sieben Kilometer in der Stunde. Wenn ich es ganz arg treibe, schafft es auch mehr. Die 15 Kilometer bis Rusii-Munti dauern also etwa zwei Stunden“, erklärte er mir.
Ich pfiff und gab dem Pferd einen Schlag auf den Hintern.
„Auf, schneller!“, rief ich.
„Lass den Gaul, mein Junge. Er muss heute noch viel mehr ziehen als nur uns beide. Da dürfen wir ihn nicht verausgaben“, beschwichtigte mein Vater.
Ich sprang vom Wagen und lief nebenher. Es war oben doch sehr kalt geworden. Ein bisschen Bewegung konnte nicht schaden. Wenn ich rannte, war ich schneller als unser Pferdewagen.
„Junge, du fällst noch hin. Komm hoch! Hinten ist noch eine Decke, wenn es dich friert“, sagte Vater.
Er ärgerte sich selten. Er blieb immer ruhig. Aber, wenn er etwas sagte, dann folgte ich meist. Auch in diesem Moment.
Die Morgendämmerung brach an. Am Ho-

rizont konnte ich die ersten Umrisse der Karpaten erkennen. Links und rechts wurde das Gelände hügeliger. Es waren viele knorrige, niedrigstämmige Obstbäume zu sehen. Die Felder schienen hier chaotischer zu sein als bei uns. Schief und krumm verliefen die Begrenzungen.

Wir hatten bereits den Mieresch überquert und fuhren in die Berge. Das Gelände wurde immer bewaldeter. Entlang der Straße standen knochige, große Bäume. Der Schnee lastete schwer auf den Zweigen. Hin und wieder brach ein Ast.
Es ging leicht bergan. Vater trieb das Pferd an. Er wollte zügig in Rastolita ankommen. Wir hatten noch viel vor für den Tag.
„Ich sehe die Kirche, Vater!“, verkündete ich.
„Ja, mein Junge. Das ist es“, bestätigte er.
Die schwarze Holzkirche ragte über die anderen Häuser hinaus. Der Turm sah aus, als hätte man drei Dächer übereinander gestapelt. Daran erkannte ich Rastolita als Erstes.
Als wir näher kamen, wurden die Umrisse der anderen Häuser klarer. Hinter dem Ort sah ich rechts und links die Berghänge nach oben ragen. Sie waren dicht bewachsen von Nadelwäldern. Der Schnee bedeckte einen Teil,

ein anderer Teil erschien in tiefdunkelem Grün.
Unser Wagen fuhr in die Hauptstraße. Es war schon reger Betrieb. Die ersten Bauern waren am Marktplatz angekommen und bauten ihre Stände auf. Wir hörten das typische Sprachengemisch.
„Igän! (Ja)“, brummte es aus einem Wagen.
Ein älterer Rumäne schrie über den Platz.
„Ajuta-ma! (Hilf mir!) Ce faci acolo? (Was machst du da?)“
Und auch Sachsen waren schon vor Ort. Ich hörte die Anweisungen eines jüngeren Bauern an seine Frau:
„Hast du die Kartoffeln schon raus?“
Hier verkauften wir meistens unsere Waren. Nur ganz selten fuhr mein Vater nach Toplita. Das war eine weitere Strecke, hinter dem großen Gebirge, so dass er mit dem Zug fahren musste. Hier in Rastolita hatte Vater einen rumänischen Freund. Es war ein dunkler Mann mit ledriger Haut, großen Schwielen an den Händen und einem großen schwarzen Schnauzbart. Beim ersten Mal hatte ich mich ein bisschen erschreckt. Aber Costel Bradu war dann immer sehr freundlich gewesen. Vor allem, wenn er und mein Vater von dem selbst gemachten Pflaumenschnaps tranken. Die Rumänen nennen ihn „Tsuika“. Costel half uns beim Verkaufen unseres Getreides. Das

hatten uns die Rumänen verboten. Wir brachten ihm das Getreide in den Hof, und er verkaufte es von dort weiter. An diesem Tag fuhren wir jedoch nicht zu Costel. Wir ließen den immer lauter werdenden Wochenmarkt hinter uns. Wir hatten diesmal nichts zu verkaufen. An der nächsten Kreuzung bogen wir links ab. Der kurvige Schotterweg führte bergan.

„Was ist das da, Vater?“, fragte ich. Ich zeigte nach links. Zwischen alten Tannen waren große, matt schimmernde Steine zu erkennen. Ich meinte Einkerbungen und Inschriften zu sehen.

„Das ist der jüdische Friedhof, mein Junge“, antwortete mein Vater.

„Warum haben die hier einen eigenen Friedhof?“, wollte ich wissen.

„Das ist ganz normal so. Jeder Glaube hat seinen eigenen Friedhof“, erklärte er.

„Und die Zigeuner, warum haben die keinen eigenen Friedhof?“, fragte ich nach.

„Die Zigeuner bei uns im Dorf sind Christen, Timmi. Du hast doch sicher ein paar von ihnen gesehen, wenn du mit Mutter in die Kirche gegangen bist, oder? Und die anderen sind zwar nicht evangelisch, aber orthodox wie die Rumänen. Da sehen die Friedhöfe ganz ähnlich aus wie bei uns“, stellte er klar und tätschelte meinen Hinterkopf.

Ich nickte und schaute wieder nach

vorne auf den Weg. Wir waren schon etwas weiter von der Hauptstraße weg. Noch waren Häuser links und rechts, doch es wurden schon weniger. Vor uns lag ein dichter bewachsenes Waldstück. Vater fuhr zielgerichtet mitten hinein. Nach etwa fünfzig Metern kamen wir auf eine spärlich beleuchtete Lichtung. Hier war bereits Betrieb. Zwei weitere Pferdewagen waren halb mit Weihnachtsbäumen beladen. Ich hatte noch nie so viele Weihnachtsbäume an einem Ort gesehen. Die Männer winkten meinem Vater. „Martin, Servus!“

Er zog die Zügel an. Der Wagen hielt und er winkte zurück.

„Servus! Schnappt ihr mir schon die besten Bäume weg?“, rief er.

„Es ist genug für alle da“, schallte es ihm entgegen.

Die Männer lachten. Über der Lichtung lag der Geruch von Nadeln und frisch geschlagenem Holz. Als wir uns den Männern näherten, kam der Geruch von Schweiß dazu. Mein Vater ging auf einen der Männer zu und verschwand mit ihm in der provisorischen Hütte am Rande der Lichtung. Bevor er eintrat, drehte er sich nochmal kurz um.

„Gib dem Pferd zu trinken. Ich bin gleich wieder da“, befahl er mir.

Ich nahm den Eimer und schaute mich um. Einer der Männer zeigte auf die andere Seite der Lichtung. Ich lief hin und sah einen kleinen Bach.

Schnell war ich unten und füllte den Eimer. Das Wasser war eiskalt. Ich hatte selbst Durst und trank aus beiden Händen. Beim Aufstieg wäre ich fast im Schnee ausgerutscht. Mit etwas Glück kam ich mit dem vollen Eimer wieder oben an. Der Eimer blieb aber nicht lange voll. Das Pferd war ähnlich durstig wie ich.
Inzwischen hatte mein Vater wohl die Weihnachtsbäume bezahlt. Denn die Männer begannen sie zu unserem Wagen zu tragen. Ich sah, wie mein Vater auf verschiedene Bäume zeigte. Dann kam er zum Wagen und half beim Aufladen. Ich hielt in der Zeit die Zügel des Pferdes, damit es still stand.
Vater ließ sich noch einige Papiere geben. Als er sie eingesteckt hatte, sprang er wieder zum Wagen und wir fuhren los. Dabei nahm er einen anderen Weg. Ich kannte mich nicht mehr aus.
„Vater, fahren wir nicht zurück?", fragte ich.
„Doch, doch. Wir fahren nur auf kleineren Straßen, damit uns nicht jeder sieht", antwortete er.
Das war es also, weshalb die Brüder gelacht hatten. Die Bäume wurden nicht vom Staat, dem die Wälder gehörten, gefällt und verkauft. Sondern das machten die Männer ohne Erlaubnis.
Zwei Stunden später waren wir wieder auf dem bekannten Weg entlang des

Mieresch. Ich konnte die ganze Landschaft überblicken. Der Schnee bedeckte die Felder und die roten Dächer der Häuser. Nur hier und da hatte es begonnen zu tauen. Inzwischen hatte der hektische Tagesbetrieb die Straßen gefüllt. Wir trafen auf zahlreiche andere Kuh- und Pferdegespanne. Hin und wieder überholte uns ein Motorkraftwagen. Meist vom Militär oder vom Staat.

Als wir in unseren Hof einfuhren, kam die ganze Familie heraus, um uns zu begrüßen. Mutter, Tante Maria, Martin, Hans, Michael und schließlich Georg, der nur vier Jahre älter war als ich.

„Ich hab uns schon den besten ausgesucht", rief ich der Familie entgegen. Meine Stimme überschlug sich fast. Meine Brüder lachten.

„Du bist ja ganz rot im Gesicht, Timmi", feixte Michael.

„Welcher ist es denn?", fragte Martin.

Ich sprang ab, ignorierte die Witze meiner Brüder und zeigte auf die große, dicht behangene Tanne, die mein Vater ganz oben abgelegt hatte. Gemeinsam hoben wir sie vom Wagen und stellten sie mitten auf den Hof. Mutter und Tante Maria jubelten uns zu.

„Wunderbar, Timmi! Das wird ein tolles Weihnachten mit so einem schönen Baum."

03 - Die Weidenrute

„Timmi, wir müssen los!“, hörte ich jemanden draußen rufen.
Mein bester Freund, der Weurer, stand vor unserem Küchenfenster. Ich hastete aus der Küche und öffnete die Haustür.
„Ich komm gleich“, rief ich ihm zu.
Weurer hieß mit vollem Namen Hans Klein und war der Sohn unseres Nachbarn. Aber alle nannten ihn nur den „Weurer“, wie das Haus seiner Familie.
Ich sprang zurück in die Küche und trank meine Milch aus. Dann gab ich Tante Maria einen Kuss und rannte wieder zur Tür. Mutter war an diesem Tag schon am Webstuhl. Sie machte noch Kleidung für Weihnachten fertig. Mir hatte sie ein neues Hemd versprochen, wenn ich mich gut benähme.
„Los, gehen wir“, sagte ich.
Wir liefen los. Über Nacht hatte es wieder geschneit, so dass wir mit unseren schwarzen Stiefeln durch frischen Neuschnee gingen. Jeder Schritt ein großer, tiefer Abdruck im Weiß. Wir waren gerade aus dem Tor, da traf mich schon der erste Schneeball. Wir hätten es uns denken können. Die anderen Jungs hatten sich vorbereitet und so prasselten die Schneebälle nur so auf uns ein.
Wir waren fünf Jungs in der Oberen Gasse und gingen immer zusammen zur

Schule. Wenn wir nicht gerade bei der Arbeit helfen mussten, verbrachten wir viel Zeit miteinander.
Den Weurer hatte es voll erwischt. Er hatte Schnee im Gesicht, in den blonden Haaren und im Hemdkragen.
„Das war ein Hinterhalt. Ihr könnt euch auf was gefasst machen. Da gibt es noch eine Revanche", schrie Weurer.
Die Jungs lachten. Ich war ein bisschen besser davon gekommen und lachte mit.
„Jetzt müssen wir aber los", mahnte ich.
Es war nicht in meinem Sinne, dass wir gleich zum Schulbeginn von Pfarrer Roth nach vorne gerufen würden. Ich schnappte meinen Ranzen aus dunkelbraunem Leder, den ich zur Kampfertüchtigung abgelegt hatte, und lief die Obere Gasse hinunter. Die andern Jungs murrten, folgten mir dann aber ebenfalls.
„Sei doch kein Streber, Timmi", frotzelte Schuster.
Er hatte mich als erster eingeholt.
„Dir scheint dein Hintern egal zu sein. Mir nicht", lachte ich. An der Kreuzung sahen wir schon die anderen Kinder. Eines nach dem anderen ging in das Schulgebäude.

Das Grundstück der evangelischen Kirche teilte die Mittlere Gasse. Vorne, alle anderen Gebäude überragend,

stand der große Kirchturm mit der eisernen, nach oben ganz schmal werdenden Spitze. Zwanzig Meter nach hinten versetzt stand die Kirche selbst. Sie war weiß getüncht und hatte ein rotes Dach. An der West- und Nordseite des Saals standen Holzemporen. Von dort durften wir Jugendlichen dem Gottesdienst zuschauen. Gleich neben dem Kirchturm, vorne an der Straße, hatte man das Schulgebäude aus Backsteinen gemauert.
Wir betraten den Schulraum und setzten uns auf unsere Plätze in der vorletzten und letzten Reihe. Gerade noch rechtzeitig. Pfarrer Roth betrat den Raum. Er trug eine dieser kleinen, runden Brillen und schaute halb über sie hinweg. Haare hatte er nur noch wenige, aber die kämmte er mit einem nassen Kamm, damit sein Kopf bedeckt war. Sie lagen akkurat, wie ein nasser Lappen. Von links nach rechts bedeckten sie den Kopf.
In seiner rechten Hand hielt er die eng geflochtene Weidenrute. Drei kurze Schläge auf die Tischkante in der ersten Reihe, der strenge Blick über die schmutzigen, kleinen Brillengläser. Sofort war betretene Stille im Raum. Jeder wusste, was passierte, wenn man den Ansagen nicht Folge leistete. Mit einem Schaudern schaute ich auf den hölzernen Schemel schräg hinter seinem Tisch.

Die erste Stunde verbrachten wir mit Rumänisch. Seit ich zum Markt mitfuhr, wurde mein Rumänisch immer besser. Den Unterricht fand ich aber öde und lernte nicht viel. Wir sprachen ganz wenig im Unterricht und mussten ständig schriftliche Übersetzungen anfertigen. Mein Bruder Michael sagte, Pfarrer Roth spreche selbst nicht so gut Rumänisch und gäbe uns deshalb nur schriftliche Arbeiten.
Als nächstes Fach folgte an diesem Tag Mathematik. War ich sonst zwar ein recht braver, aber nicht immer aufmerksamer Schüler, wurde ich bei Mathematik hellwach. Es fiel mir von Anfang an leicht, mit Zahlen umzugehen. Besonders gut konnte ich Kopfrechnen. Mein Vater ließ mich auf dem Markt ganz alleine die Preise ansagen. Er wusste, dass ich mich nicht verrechnete. In der Schule konnte ich die Aufgaben ohne viel Übung lösen. Pfarrer Roth schrieb an die alte, große, grüne Tafel. Die Kreide quietschte, so dass ich mir die Ohren zuhalten musste. Schnell übertrugen wir die Zahlenkolonnen auf unsere schwarzen Schiefertafeln.
„Kinder, ich muss jetzt nebenan Religion unterrichten. Susanna wird aufpassen. Konzentriert euch auf die Aufgaben!“, verkündete der Pfarrer.
Roth verließ das Klassenzimmer und drückte beim Hinausgehen dem eintretenden Mädchen den Kreidestummel in

die Hand. Susanna war sechzehn Jahre alt, recht klein, mit einem rundlichen Gesicht und vielen Sommersprossen. Sie half dem Pfarrer mit dem Unterricht. Sie selbst machte dabei nichts anderes, als dass sie jeden, der nur einen Mucks von sich gab, auf eine Liste schrieb. Dabei übertraf sie den Pfarrer an Pingeligkeit und gefiel sich in der Rolle der strengen Maßreglerin.

Ich vertiefte mich in die Rechnungen. Schnell löste ich die ersten beiden und kritzelte die Ergebnisse auf die Tafel. Da sah ich, in der Reihe hinter mir, Schuster Grimassen schneiden. Ich tat zunächst so, als hätte ich nichts gemerkt. Doch schon bald musste ich grinsen. Die anderen Jungs der Oberen Gasse hielten ihr Lachen zurück. Ich wandte mich wieder meiner Schiefertafel zu. Es fehlte noch ein Ergebnis. Doch in diesem Moment hörte ich die leicht quäkende Stimme von Susanna.

„Schuster, denk nicht, dass ich dich nicht sehe. Und ihr anderen Jungs kommt gleich mit auf die Liste", rügte sie.

Das war es also. Wir standen auf der Liste. Susanna machte das regelmäßig. Sie schrieb einfach alle fünf Jungs aus der Oberen Gasse auf. Obwohl, ganz häufig, nur einer etwas getan hatte. Manchmal hatte sie uns sogar schon aufgeschrieben, ohne dass ir-

gendetwas vorgefallen war. Ich ärgerte mich über mich selbst, dass ich mich kurz umgedreht hatte.
Lange Minuten waren es bis zum Beginn der nächsten Stunde. Kurz überlegte ich, ob ich fliehen sollte. Doch dann würde es am nächsten Tag nur umso schlimmer. Das Unausweichliche nahte.
Pfarrer Roth betrat die Klasse, blickte kurz im Raum umher, vergewisserte sich, dass alle die Rechnungen auf den Tafeln hatten, und studierte die Liste von Susanna, die sie direkt an die große Tafel geschmiert hatte. Er erblickte unsere Namen und setzte sein fieses Grinsen auf, das ich immmer gesehen hatte bevor er uns schlug.
„Emrich!", brüllte er.
Ich erzitterte. Ohne mir wirklich etwas zu Schulden kommen zu lassen, durfte ich die ungebremste Wut des Pfarrers ertragen. Mit hängendem Kopf erhob ich mich, ging an den zwei Stuhlreihen vor uns vorbei, auf meinen Lehrer zu. Er wies nur auf den Schemel, den ich zu Beginn des Schultags mit kaltem Grauen betrachtet hatte. Ich kniete nieder und legte mich auf den Schemel. Dabei kniff ich die Augen fest zusammen und umklammerte den Schemel mit meinen Händen. Die Weidenrute schnitt durch meine Hose direkt ins Fleisch. Ich verkniff mir einen Schrei, merkte aber wie mir Tränen in die Augen schossen. Zwei

weitere Hiebe trafen meinen Hintern. Es schmerzte höllisch, doch ich war ein bisschen stolz. Bis zum Ende hatte ich nicht geschrien und geweint. Mit dem Handrücken wischte ich die Tränen weg und zog die Nase hoch. Mit dem Blick auf den Boden, Augenkontakt vermeidend, verließ ich den Ort der Erniedrigung.
Zurück an meinem Platz suchte ich eine Position, in der ich sitzen konnte, ohne erneut Schmerzen zu spüren. Von dort konnte ich zuschauen, wie, einer nach dem anderen, die weiteren Jungs aus der Oberen Gasse die Weidenrute ertrugen.

Als nächstes war Schuster dran. Er machte schon wieder eine Grimasse, als er sich über den Schemel beugte. Dann streckte er seinen Hintern dem Pfarrer entgegen, als ob er die Schläge gar nicht erwarten konnte. Kaum schlug der Pfarrer zu, flog Asche hoch, bildete eine große, dichte Wolke und bedeckte den ganzen Schulraum. Schuster musste sie vorher in seiner Hose verteilt haben. Der Pfarrer hielt verdattert inne. Dann holte er tief Luft, nur um kurz darauf in einen Hustenanfall zu verfallen. Wild fuchtelte er mit der Rute in der Aschewolke herum. Als die Asche sich schließlich gelegt hatte, orientierte sich der Pfarrer, starrte erst auf den Hintern, aus dem gerade die Wolke aufgestiegen war, dann in den Klassenraum. Es dauerte einen Moment bis er zu sich kam. Seine Augen flackerten. Er packte die Rute mit beiden Händen und drehte sich wieder zu seinem Opfer. So hatte ich den Pfarrer noch nicht mit der Rute ausholen sehen. Er schlug öfter und härter als sonst. Doch wir restlichen vier Jungs aus der Oberen Gasse konnten uns vor Lachen kaum halten.

1937

04 - Hochzeit

Ich war gleich hellwach. Das war der große Tag. Die ganzen vorherigen Wochen hatten wir vorbereitet und geplant. An diesem Tag war es so weit. Neben mir im Bett schlief Martin noch tief und fest. Ich sprang aus dem Bett, schnappte mir ein Glas Wasser und schüttete es Martin ins Gesicht. Prustend und fluchend richtete er sich auf.
„Was soll das, Timmi?“, schimpfte er. Ganz ernst konnte er nicht bleiben und schmunzelte.
Meine Stimme überschlug sich.
„Heute fahren wir euch mit dem Kammerwagen durchs Dorf. Du musst dich fertig machen!“, forderte ich.
Zwei Jahre waren sie miteinander gegangen, Martin und Katharina. An diesem Tag fingen die zweitägigen Hochzeitsbräuche an. Auf die Fahrt mit dem Kammerwagen hatte ich schon Wochen hin gefiebert.
Katharina war die Tochter von Georg Schuster. Die Schusters wohnten in der Mittleren Gasse, von der Kirche etwas weiter die Straße hinab, auf der linken Seite. Ihr Haus hatte als einziges in der Straße ein schmiedeeisernes Tor. Oben auf die Spitzen hatten wir als Kinder häufiger Gemüse

gesteckt. Kartoffeln hielten besonders gut.
Katharina war ganz in Ordnung. Sie sprach meistens nur mit Martin oder meinen Eltern. Für mich als kleinen Bruder zeigte sie erstmal weniger Interesse. Martin war sehr stolz auf sie. Man sah schon ein bisschen, dass sich der Bauch wölbte und da etwas heranwuchs. Wir hatten von der Schwangerschaft erst erfahren, als Martin von der Verlobung berichtet hatte.
Die Fahrt mit dem Kammerwagen war der erste Akt der Hochzeitszeremonie. Als Kammerwagen musste unser Pferdewagen herhalten. Er wurde vollgeladen mit Utensilien für das gemeinsame Heim. Seit Mutter von der Hochzeit wusste, hatte sie unermüdlich genäht, gewebt und gestickt. Bettwäsche, Handtücher, Taschentücher, Schlafanzüge und ein selbst gefülltes, großes, flauschiges Federbett. Dem ältesten Sohn und seiner Frau sollte es an nichts fehlen. Daneben Möbel und Geschirr. Am Abend davor hatten wir schon alles verpackt und auf dem Wagen verzurrt. So fest, dass es die Fahrt durchs Dorf unbeschadet überstehen konnte.
Noch in den Schlafklamotten spurtete ich über den Hof, Richtung Straße. Am Tor lugte ich nach rechts in Richtung Zigeunergasse. Vater hatte mit László schon zwei Wochen vorher gesprochen. Er spielte Geige und war der Kopf der

Spielmannstruppe. Mit ihm kamen zwei Trompeter und ein Trommler. Noch sah ich aber keine Bewegung auf der Straße.

Ich rannte zurück und zog mich zügig an. Kaum hatte ich die Milch getrunken, die mir Tante Maria hingestellt hatte, hörte ich die Geige. Die Zigeuner kamen spielend in den Hof. Ich stürmte aus dem Haus. László lachte, als er mich sah.

„Tanz, mein kleiner Timmi, tanz!“, rief er mir zu.

Und ich tanzte und lachte. Die Truppe kannte mich schon von anderen Feiern. Ich liebte die Musik und tanzte wie es mir gefiel.

Vater und Mutter traten aus der Stube, sie klatschten im Takt der Musik. So hatte ich meine Eltern selten gesehen. Mutter schien ihre strengen Fältchen, die sie sonst so häufig auf der Stirn zusammenzog, verloren zu haben. Stattdessen entdeckte ich ganz Neues in ihrem Gesicht. Kleine gekräuselte Falten um die Augen. Dünne, beim Lächeln tiefer werdende Grübchen an den Backen. Auch Vater hatte den Ernst beiseitegelegt. Die Arbeit Arbeit sein lassen. Sein Fuß bewegte sich im Rhythmus der Musik. Und mit dem rechten Arm drückte er die dünnen Schultern meiner Mutter an sich. Solcherlei Einigkeit und Innigkeit hatten sie selten gezeigt. Ich fühlte

ein warmes, wohliges Gefühl in mir aufsteigen.
Die Musik wechselte. László hatte eine dieser schnellen, wilden Zigeunerweisen angestimmt. Ich hüpfte und drehte mich im immer schneller werdenden Takt bis ich über die eigenen Beine stolperte und mich der Länge nach hinlegte. Mutter lachte laut auf, kam auf mich zu und hob mich auf. Mit zwei, drei Klapsen befreite sie mich von Staub und Dreck.
„So. Jetzt ist erstmal genug. Du musst ja zwei Tage durchhalten, Timmi. László, spielt mal was Ruhigeres, damit sich das Kind nicht ganz verausgabt“, wies sie an.
Eine Stunde später war die ganze Familie bereit. Auch die Nachbarn mit meinem Freund Weurer waren gekommen. Hans hatte zwei braun-weiß geschreckte Kälber aus dem Stall geholt. Die gehörten von diesem Tag an der neuen Familie und würden mit durch den Ort ziehen.
Alle hatten ihre beste Tracht angezogen. Jeder Ort hatte da den eigenen Stil. Obereidischer Männer trugen ein weißes Hemd. Der Kragen war schmal und am unteren Rand mit einem schwarzen Blumenmuster bestickt. Die zweifächrige, tiefschwarze Krawatte war viel breiter als die klassische Version und formte ein Herz, das sich von der Spitze am Hals über die Brust öffnete. Die beiden unteren Bögen wa-

ren mit Obst- und Gemüsemotiven in rot, grün und gelb bestickt. Die Arme des Hemdes öffneten sich zunehmend bis zu den Händen, dort wieder mehrfach bestickt mit dem schwarzen Muster, wie schon am Kragen. Die Hose, tiefschwarz und aus feiner Schafwolle gewebt, fiel gerade, ohne Verjüngung, bis auf die Schuhe. Gehalten wurde sie von einem rot-weiß gesprenkelten Gürtel.
Meinen eigenen Trachtenanzug hatte ich noch nicht. Den würde ich bei meiner Konfirmation bekommen, sagte Mutter. Aber ich trug mein schönstes weißes Hemd, das Mutter zur Feier des Tages an den Armen und am Kragen bestickt hatte. Dazu die schwarzen Hosen und die glänzend gewichsten Stiefel. Am Vortag hatte ich eine halbe Stunde gebürstet und gerieben bis ich mein Spiegelbild sehen konnte.
Die Frauen trugen weiße Kleider mit einem schwarzen Trachtoberjäckchen. Dazu legten sie sich einen rot und weiß verzierten Schal um den Hals, der rechts und links bis zum Ende des Jäckchens hing. Mutter trug des Anlasses wegen noch eine silberne Kette, die sie nur ganz selten aus der Truhe im Zimmer der Eltern holte. Ihre Haare hatte sie mit Tante Maria am frühen Morgen gewaschen und dann in einer langen Prozedur gesteckt. Das Ergebnis sah aus wie ein Vogelnest, wurde aber von allen Frauen

über den Tag hinweg mit vielen „Ahhh" und „Ohhh" bewundert.
Der Wagen, auf dem das Hochzeitspaar thronte, setzte sich in Bewegung. Man hörte das ein oder andere Klappern unter der weißen Plane. Da half alles Festzurren nichts. Doch das ging schon bald unter als die Jungs um László mit der Musik begannen. Die Trompeter bliesen aus voller Lunge und in kürzester Zeit war der ganze Tross in Feierstimmung. Die Männer pfiffen und schnalzten mit der Zunge. Eine Flasche Pflaumenschnaps ging von Hand zu Hand. Die Frauen jodelten. Das ein oder andere junge Mädchen kreischte. Wir waren zunächst rechts abgebogen in die Obere Gasse. Darauf hatten wir Kirche und Schulgebäude passiert und waren bis ans Ende des Dorfs gefahren. Aus allen Häusern kamen mehr Menschen und gesellten sich zum Zug. Martin und Katharina winkten von oben und lachten aus vollem Halse. Ich war immer eng bei der Musik, sprang, tanzte. Meine Schuhe waren schon nach kurzer Zeit über und über von Staub und Dreck verschmiert, so engagiert bewegte ich mich zu den Rhythmen der Zigeuner.
Wir waren gerade den Weg zur Kirche wieder zurück gefahren, da bat Mutter: „Spiel uns einen Walzer, László!"
Er ließ sich nicht zweimal bitten und der Platz vor und um die Kirche wurde

zu einer Tanzfläche umfunktioniert. Die Damen schnappten sich die Herren und Runde um Runde wurde Walzer getanzt. Martin und Katharina waren heruntergestiegen und fanden sich kurzerhand in der Mitte der tanzenden Menge.
So dauerte die Fahrt durch alle Straßen des Ortes weitaus länger, als es die kurzen Distanzen erwarten ließen, und erst weit nach der Mittagszeit hielt der Kammerwagen schließlich vor dem Elternhaus Katharinas. Dort standen ihre stolzen Eltern und erwarteten das Paar. Der Wagen fuhr ein, die Kälber wurden hineingeführt. Katharina und Martin stiegen unter Johlen und Applaus ab und traten in den Hof. Meine Eltern und Katharinas Eltern schüttelten sich die Hände und umarmten sich. László stimmte ein letztes Lied an, dann gingen die Leute langsam zurück in ihre Häuser und die Brautleute begannen, mit unserer Hilfe, den Wagen zu entladen.
Der nächste Tag war der Hochzeitstag. Martin hatte mir erklärt, dass sie zunächst staatlich heiraten müssten. Dazu gingen sie zur „Cununia civila“. Der rumänische Staat hatte dafür nur ein Büro in Niedereidisch. Dorthin brachen die Eltern am Morgen des zweiten Hochzeitstags mit Martin, Katharina und ihren Eltern auf. Ich musste die Tiere füttern und sollte

dann mit Tante Maria direkt zur Kirche kommen.
Die Kirche war bereits voller Hochzeitsgäste. Neben der Obereidischer Tracht sah ich zahlreiche andere Farben und Muster. Martin hatte viele Freunde in Wetsch, aber auch von weiter her waren Leute gekommen. Von seiner Arbeit in den Bergen sah ich viele Ungarn mit ihren Frauen. Sie fielen mir besonders auf, weil ihre Kleider nicht weiß waren, sondern bunte Streifen hatten - häufig in den ungarischen Landesfarben grün und rot.
Ich kletterte auf die Holzempore an der Westseite, wo schon Weurer, Schuster und viele andere Jungs saßen. Nach etwas Wartezeit kam der Pfarrer mit Martin und Katharina durch den Haupteingang und schritt langsam auf den Altar mit dem aus Holz gezimmerten Kreuz zu. Es waren wohl hundert Menschen in der Kirche. Von der Zeremonie bekam ich nicht viel mit, was daran lag, dass Schuster mehrfach die Geschichte mit dem Pfarrer und der Asche erzählte und wir uns hinter dem Geländer versteckten, damit keiner mitbekam, wie sehr wir uns das Lachen verkneifen mussten. Am Ende sagte Katharina auf jeden Fall „Ja, ich will“ und Martin tat es ihr gleich. Der Pfarrer erklärte noch die wichtigen Pflichten, die die beiden in ihrer Ehe zu erfül-

len hätten. Dann war es geschafft. Wir sprangen schnell von der Empore und nahmen den Nebenausgang.
So erreichten wir den Saal als Erste. Alle Tische waren weiß eingedeckt und in der Mitte war viel Platz fürs Tanzen. Das Essen war in einem Nebenraum schon vorbereitet. Wir sahen den Nachtisch und naschten von dem saftigen Obstkuchen. Doch da hörten wir schon die ersten Erwachsenen kommen und sprangen zurück in den Saal. László und seine Truppe kamen mit den ersten Gästen. Er grinste, als er mich sah, und wuschelte mir durch die Haare.
„Und Timmi? Bist du bereit für den Tanz?“, fragte er.
„Na klar. Aber erst wird gegessen“, rief ich.
László nahm am Rand mit seiner Truppe Platz und begann mit einem langsameren Stück. Nach und nach füllte sich der Saal. Tante Maria hatte mich gleich nach dem Eintreten gesehen und mit sich zum Tisch genommen. Da begannen die Kellner aufzutragen: Zuerst saure Suppe mit Kirschen, eines meiner Lieblingsessen. Dann Braten mit Kartoffeln und frisches Brot. Schließlich dann der Kuchen – mit Mohn, mit Nuss und mit Obst. Dazu für die Erwachsenen Wein mit Wasser, der so genannte „Spritz“, und natürlich Pflaumenschnaps vor und nach dem Essen. Katharinas Vater hatte schon

ganz rote Backen und sprach etwas undeutlich. Das war bei ihm häufig so, wenn es größere Feste zu feiern gab. Nur eines war an diesem Tag anders. Seine Frau schimpfte nicht, sondern ließ ihn gewähren. Sie schien selbst ein bisschen mehr zu trinken und Spaß zu haben.

Die Tänze hatten schon zwischen den Mahlzeiten begonnen. In kürzester Zeit war die Tanzfläche voll. Da winkte mir mein Vater und rief László zu: „Spiel einen Tschardasch, damit unser Timmi euch zeigen kann, wie man tanzt."

Ich jauchzte. Der ungarische Tschardasch war mein Lieblingstanz. Die anwesenden Ungarn johlten als ich zu tanzen begann und der Applaus war groß. Ein paar Takte später kamen zuerst die Ungarn, dann die Obereidischer dazu und tanzten mit mir und um mich herum.

Ich verausgabte mich noch einige Stunden. Als es draußen schon dunkel war, gab mir Tante Maria einen Klaps und sagte: „Wir gehen jetzt nach Hause. Die Erwachsenen können noch ein bisschen bleiben."

Zum ersten Mal protestierte ich nicht, wenn es um das Heimgehen ging, sondern freute mich auf mein Bett.

Beim Herausgehen hörte ich die rauchenden Männer über Deutschland sprechen. Ich hörte nur Wortfetzen: „Neues Deutschland" – „Hitler" –

„Macht, was er will“. Da waren wir schon zu weit weg und ich gähnte. Es passierte in dieser Zeit etwas in Deutschland, was alle interessierte. Das ganze Dorf sprach darüber. Manchmal hatte ich den Eindruck, man war stolz. Weil wir ja auch Deutsche waren. Und weil Hitler stark war. Manchmal klangen die Stimmen brüchig, unsicher und zweifelnd. Keiner wusste so richtig, ob das alles weit weg bleiben würde oder ob dieser Hitler auch zu uns kommen würde. Nach Obereidisch. Das machte einigen Angst. Zwar hatte mir das keiner gesagt, aber so fühlte es sich an, wenn die Erwachsenen miteinander sprachen und dachten, sie wären unter sich.

Tante Maria hatte mich an sich gedrückt und war noch einen Schritt schneller gegangen. Ich lehnte mich an sie.

„Tante, jetzt bin ich arg müde. Es war so ein schöner Tag. Wir sollten häufiger Hochzeit feiern“, hauchte ich.

Im Mondschein sah ich wie Tante Maria lächelte. Ich meinte aber ein Flackern in ihren Augen zu sehen. Hatte sie mehr verstanden von dem, was die Männer dort sprachen? War sie besorgt? Bis auf ein aufmunterndes „Auf, mach dich schnell bettfertig!“ sagte sie an diesem Abend nichts mehr.

05 - Armata

Es war gerade ein Vierteljahr vergangen. Martin war nach der Hochzeit bei seinen Schwiegereltern eingezogen. Katharina hatte zwei Monate darauf ihr Kind zur Welt gebracht. Es war ein gesunder Knabe. Dreieinhalb Kilo hatte er bei der Geburt gehabt. Das war ein gutes Gewicht. Je schwerer desto besser. Das Fett schützte vor Krankheiten, wie ein Sicherheitspolster. Sie tauften ihn Martin. So gehörte sich das. Der erste Sohn bekam den Namen des Vaters. Mein Vater hieß Martin, sein erster Sohn und dessen erster Sohn ebenfalls. Mutter war sehr stolz auf ihr erstes Enkelkind. Wenn sie bei all ihrer Arbeit auf dem Feld und im Haus Zeit fand, ging sie zu den Schusters. Sie brachte immer etwas dorthin mit. Ein neues Hemdchen für den kleinen Martin, das sie gewebt hatte. Einen Topf Hähnchensuppe, die sie nach der Schlachtung einer Henne in großer Menge zubereitete. Mit allem was der Gemüsegarten bot: Frischem Sellerie, saftiger Petersilie, knackigen Möhren und großknolligen, fest kochenden Kartoffeln. So häufig war sie dort, dass ich mich fragte, ob die Schusters noch selber kochen mussten oder vollständig von meiner Mutter versorgt wurden.

Es war Sonntag. Die junge Familie war diesmal bei uns zu Gast. Mutter hatte

Krautwickel gemacht. In Essig eingelegtes Kraut, gefüllt mit Schweinehackfleisch und Reis. Dazu aßen wir frisch gebackenes Brot.
Auf dem Tisch fand sich noch allerlei mehr. Geschnittene Radieschen, frisches, dampfendes Schulfa mit Käse und saurer Sahne, eingelegte Gurken. Ein richtiges Festmahl. Der große Eichentisch war berstend voll. Mit Tante Maria, meinen vier Brüdern und Katharina waren wir acht Leute. In einem Korb, ausgelegt mit allerlei flauschigem Stoff, lag der kleine Martin neben seiner Mitter und schlief. Wie er das wohl machte bei all dem Klappern von Messern und Gabeln und den aufgeregten Gesprächen?
Man redete über dies und das. Gerade berichteten Martin und Hans über den Fortschritt der Bahnstrecke. Sie waren erst in der Woche vorher wieder fünf Tage am Stück im Gebirge gewesen. Martin hatte es inzwischen zum Vorarbeiter gebracht. Das war gut, weil er mehr Geld bekam. Aber es bedeutete, dass er die Augen auf andere Arbeiter haben musste. Mit den meisten Arbeitern ginge es ganz gut. Doch einige seien faul und lenkten den Rest der Truppe regelmäßig ab. Martin machte eine wegwerfende Handbewegung.
„Ist jetzt auch egal, wie das als Vorarbeiter ist. In zwei Monaten ist es ohnehin vorbei", meinte er.

„Was? Warum das denn?“, fragte Vater erstaunt.
Anscheinend hatte er noch nichts davon gehört, was Martin in diesem Moment berichtete.

“Vor einer Woche habe ich Post bekommen. Von den Rumänen. Sie wollen mich für den Wehrdienst. Zwei Jahre lang nach Oradea Mare“, erklärte Martin.
Nach dieser Ansage hatte der ganze Tisch nur noch ein Thema: Warum wurde Martin zum Wehrdienst eingezogen? Er war ja schon weit über Zwanzig. Viele andere Deutsche waren in den Jahren zuvor um den Wehrdienst herum gekommen. Bei Martin hatte man das auch erwartet. Am Tisch wurde spekuliert. Ob die Rumänen alle deutschen Männer einzögen, weil sie sich auf einen Krieg vorbereiteten? Die Armata, so hießen die rumänischen Streitkräfte, hatte einen notorisch schlechten Ruf. Der rumänische Staat habe nicht genug Geld. Die Truppe sei schlecht ausgestattet. Die Disziplin sei nicht mehr wie damals, als sie gegen die Ungarn gewonnen hatten. So erzählte man im Dorf. Was wollte also König Carol der Zweite? Warum wurden so viele Leute nachträglich noch zum Wehrdienst gerufen? Jeder am Tisch hatte eine andere Meinung. Am meisten Zuspruch erhielt die Version, dass Carol gegenüber Hitler stark erscheinen wollte. Vielleicht wollte er deshalb

die Volksdeutschen in der Armata haben, als Signal an Deutschland, dass man an einem Strang zog?
Hans fragte in die Runde, ob er denn auch damit rechnen müsse, eingezogen zu werden. Man ging davon aus, dass aus jeder Familie zunächst nur einer gerufen würde. Doch sicher war sich keiner.

Katharina schluchzte. Die Familie hatte die ganze Zeit über Martin gesprochen. Als ihr Schluchzen lauter wurde, richtete sich die Aufmerksamkeit auf sie. Es gab viel Zuspruch für Katharina. Sie müsse sich keine Sorgen machen. Es werde für alles gesorgt. Mutter nahm sie in den Arm und tröstete. Martin meinte, der Sold bei der Armata sei zwar niedrig, aber er könne ihn komplett nach Hause senden, weil er in der Kaserne versorgt sei. Ob er denn nach Hause käme, wurde er gefragt. Martin zuckte mit den Achseln. Michael führte aus, dass er von einem anderen Deutschen gehört hatte, dass man aus Oradea nur im Urlaub nach Hause dürfe. Es sei ohnehin zu weit, um für ein Wochenende zu fahren. Über 200 Kilometer sind es von Obereidisch in den Westen. Weit hinter Klausenburg und fast an der ungarischen Grenze lag die Kaserne, für die mein großer Bruder vorgesehen war.
An diesem Sonntag bewunderte ich mei-

nen Bruder. Er trug das Ganze mit Fassung. Was seine Bürgerpflicht gegenüber dem rumänischen Staat war, das wollte er erfüllen. Er beruhigte die Familie und bat um Unterstützung für Katharina.

„Zwei Jahre sind schnell vorbei. Ich komme zurück, bevor Carol in den nächsten Krieg eintritt. Macht euch keine Sorgen“, scherzte mein Bruder und schaute uns selbstsicher an.

Ob er das selbst glaubte? Die Sorgen waren da. Sie hingen über dem Tisch wie der schwere, leicht säuerliche Geruch des eingelegten Krauts.

Vater beendete die Spekulationen auf die ihm eigene Art. Er verwies auf die Pflicht, die wir in unserem Land hätten. Wir müssten uns in der Gesellschaft genauso einbringen wie die Rumänen. Und dazu gehöre der Wehrdienst. Mehr müsse dazu nicht gesagt werden.

Der Abschied zwei Monate später war lange erwartet und geplant. Viel mitnehmen durfte Martin nicht. Einen Sack voll Kleidung und allerlei Wichtigem und Unwichtigem hatte er gepackt und geschultert. Ein motorisierter Militärwagen kam ins Dorf und holte Martin und noch ein paar andere junge Männer ab. Ein letzter Kuss bis zum ersten Urlaub ein halbes Jahr später. Dann fuhr der Wagen, den Staub und die Steine der Oberen Gasse aufwirbelnd, schon los. Die Familie stand winkend am Straßenrand. Katharina schossen wieder die Tränen in die Augen. Im Auge meines Vaters meinte ich ein bisschen Stolz zu sehen. Aufrechten Gangs schritt er zurück zu unserem Hof und machte sich an die Arbeit.

1940

06 - Levente

„Lass uns vom oberen Ufer springen!“, schlug Weurer vor.
Er zeigte nach oben. Wir waren zu fünft zum Mieresch gegangen. Mitte September führte der Fluss wenig Wasser, das grüngelbe Ufer türmte sich am Rand drei Meter steil nach oben, bewachsen mit traurig eingetrockneten Büschen und rauem, hartem Gras.
„Igän“, rief ich bejahend auf Ungarisch.
„Hör auf mit dem Scheiß. Ungarisch ist Mist. Warum müssen wir das jetzt auch noch lernen?“, blaffte mich Weurer an.
Er sprang auf und trat gegen einen rund geschliffenen Kieselstein, der in hohem Bogen über den blau strahlenden Fluss flog.
„Das ist doch egal. Wir mussten doch immer schon mit den Ungarn reden. Und die ja auch mit uns“, entgegnete ich.
So war es wirklich. Jeden Samstag wurde mir das aufs Neue klar. Der Markt brachte uns alle zusammen. Der Handel untereinander überbrückte Kultur und Sprache spielend. Die Frage nach einem Preis auf Ungarisch, Verhandlungen auf Siebenbürger-Sächsisch, Zwischenrufe auf Rumänisch, geflüstertes Jiddisch zur Rücksprache und schließlich Vereinbarung von Menge

und Preis in einer der Sprachen, die beide Verhandlungspartner verstanden. Es gehörte einfach dazu, die anderen Sprachen zumindest in Ansätzen zu sprechen und zu verstehen. Anders war Zusammenleben, zumindest als Händler und Verkäufer, nicht denkbar.
„Nicht jeder fährt die ganze Zeit auf den Markt, Blödmann!", regte sich Weurer auf.
Er hatte seine Kappe ins Wasser getaucht, während er sprach. Kurz dachte ich, er wollte trinken. Das mit einer schnellen Bewegung genau in meine Richtung geschleuderte Mieresch-Wasser belehrte mich eines Besseren. Mein dünnes Oberhemd war nass getränkt. Bei immer noch 30 Grad im Schatten war es durchaus eine angenehme Erfrischung. Trotzdem konnte ich den Angriff nicht unbeantwortet lassen.
„Dir werde ich es zeigen, du alter Ungar!", brüllte ich.
Ich war aufgesprungen, zwei große Sätze reichten um die Distanz zwischen Weurer und mir zu überbrücken. Mit meinem ganzen Gewicht warf ich mich gegen ihn und wir fielen, aneinander Halt suchend, in den gurgelnden Mieresch. Das Wasser ausprustend schwammen wir zwei Züge und kletterten wieder an Land.
„Na, waren das die Ungarn jetzt wert?", frotzelte Schuster.
Er lachte uns von seinem Liegeplatz

in der Sonne aus. Weurer und ich grinsten uns an und nahmen uns in die Arme.
Die neue Sprache in der Schule war zunächst die einzige Veränderung, die wir Jugendlichen wahrnahmen.
Erst zwei Wochen vorher hatte man uns mitgeteilt, dass wir nicht mehr zu Rumänien gehörten. Pfarrer Roth sprach vom „Wiener Diktat". Hitler habe das so bestimmt. Dieser Hitler wurde immer häufiger genannt. Die Leute sprachen über ihn. Er war der Führer unseres Ursprungslandes Deutschland. Seit sie dort mit dem Krieg begonnen hatten, hörte man immer wieder Gerüchte und Geschichten. Wir hatten aber kein Radio und es gab keine Zeitung, die über Deutschland berichtete. Wir hörten immer nur aus zweiter Hand, wenn Leute etwas erzählten, was sie wiederum in der Stadt oder anderswo gehört hatten. Oder eben von Pfarrer Roth, wie an diesem Tag. Da sagte er, dass statt Rumänisch Ungarisch auf dem Lehrplan stehe. Und dass das Hitler in Wien entschieden habe. Mehr nicht. Als ob Hitler mit einem Mal alles entschied. Wenn man Pfarrer Roth so zuhörte, konnte man meinen, dass Hitler für Regen sorgen konnte, den Mond an- und ausschalten oder die Himmelsfarbe zu ändern vermochte. War das nicht ohnehin alles weit weg? Vater und die Brüder hatten in meinen Kindertagen

von Deutschland fast nie gesprochen und wenn, dann ging es um ein weit entferntes Land, aus dem unsere Vorfahren vor langer Zeit ausgewandert waren. Niemand hatte mit diesem Deutschland etwas am Hut. Wir lebten in Obereidisch, waren stolz auf unseren Hof, die Ackerfläche, die Vater Schritt für Schritt erweiterte, den Respekt und die Freundschaft, die uns mit den anderen Dorfbewohnern verband. Doch anscheinend war Hitler dafür zuständig, welche Sprache wir sprechen sollten.

Nach der Schule hatte ein Ungar vor dem Gebäude gestanden. Er war wahrscheinlich nicht viel älter als wir, so um die vierzehn Jahre. Er hatte eine militärische Uniform mit Kappe getragen. Ein Emblem mit einem grünen „L" auf rotem Grund, in der Form eines Schildes, hatte an Kappe und Revers geprangt.

„Siebenbürger Sachsen aus Obereidisch!", hatte er gerufen.

Er hatte Sächsisch gesprochen, mit einem ungarischen Akzent. Sein Ton war militärisch, hart und abgehackt.

„Montag, 14 Uhr, Meldung in Wetsch. Willkommen in der Levente!", das waren seine einzigen Worte gewesen.

Wir hatten uns verständnislos angeschaut. Dann waren wir auf den schmächtigen Jungen zugegangen. Er war nicht zurückgewichen, in den dunkelbraunen, fast schwarzen Augen

hatte aber vorsichtiges Misstrauen geflackert. Nach den ersten Worten auf Ungarisch, hatten sich die Gesichtszüge aufgeklärt. Ich meinte sogar ein Lächeln entdeckt zu haben. Zwischen den Sprachen wechselnd hatte ich in Erfahrung bringen können, dass die Levente eine Jugendgruppe war, die für alle jungen Burschen in unserem Alter verpflichtend sei. Er sei geschickt worden. Es war klar geworden, dass er davon ausging, dass wir kämen, wenn er dies sagte. Ein paar Jungs hatten sich lustig gemacht und ihm angezeigt, dass er sich verziehen sollte. Er hatte keine Miene verzogen und mit lauter, bestimmter Stimme seine Ansage wiederholt. In genau den gleichen Worten wie beim ersten Mal.
„Was meint ihr. Gehen wir am Montag zu dieser Levente?", fragte ich die Jungs, die mit mir am Miereschufer lagen.
Die Sonne hatte inzwischen das Oberhemd fast wieder getrocknet und ich schaute in die Runde. Schuster zuckte mit den Achseln.
„Wir werden es uns doch mal anschauen. Was soll schon Schlimmes daran sein?", meinte er.
Weurer hielt die Handflächen nach oben.
„Ich versteh nur nicht, was wir bei den Ungarn sollen", schimpfte er.
Die anderen beiden nickten. Ihre zweifelnden Gesichtsausdrücke spiegel-

ten die Unsicherheit, die in der ganzen Runde lag.
„Ach. Ist ja auch egal. Lasst uns mal den Tag genießen. Morgen muss ich wieder zum Bohnenpflücken“, beendete ich unsere Diskussion.
Bohnenpflücken war Frauenarbeit. Meine Mutter war verantwortlich. Sie bezahlte einige Rumäninnen aus dem Dorf, um sie zu unterstützen. Während die großen Brüder Vater bei der Ernte halfen, war ich beim Bohnenpflücken eingeteilt. Es war ein langwieriges Zupfen und Ziehen an dessen Ende die Hände geschwollen und zerkratzt waren und der Rücken schmerzte. Alle anderen Arbeiten auf dem Hof machte ich gern, häufig sogar mit Begeisterung. Bohnenpflücken gehörte auf jeden Fall nicht dazu.
Die anderen Jungs stöhnten. Sie kannten die Arbeit nur zu gut. Keiner beneidete mich. Wir vergaßen Levente und Ungarn, zogen uns aus und schwammen um die Wette.
Am Abend brachte ich das Thema beim Abendessen zur Sprache. Mein Vater entschied die Angelegenheit zügig.
„Du gehst da hin, mein Junge. Wir leben in einem neuen Land. Da müssen wir die Bräuche und Regeln respektieren“, beschloss er.
Ich wehrte mich kurz.
„Uns hat aber keiner gefragt“, meinte ich.
Doch der entschiedene Blick meines

Vaters ließ mich verstummen. Meine Brüder sagten auch nichts mehr.
Die Sonne stand hoch, als wir am folgenden Montag die breite, eiserne Brücke über dem klaren, ruhig fließenden Wasser des Mieresch betraten. Wir fünf Jungs aus der Oberen Gasse waren gemeinsam aufgebrochen, um nach Wetsch zu laufen. Was würde uns dort erwarten? Selbst die Ungarn bei uns im Dorf wussten nicht Bescheid. Man hatte gehört, dass die Levente erst vor kurzem nach Siebenbürgen gekommen sei. In Ungarn war sie wohl schon lange etabliert und weit verbreitet. Was es damit genau auf sich hatte, das wusste man nicht. Wir lenkten uns ab mit Spielereien, schmissen Steine in den Mieresch, balancierten auf der Randmarkierung, mehrfach schwankend und fast in den Fluss fallend. Jeder von uns hatte sich vorbereitet. Feste Schuhe sollte man tragen, hatte man uns gesagt. Und ordentlich gekleidet sein. Meine Mutter hatte mir die Leinenhosen heraus gelegt und ein neues, weißes Hemd. Kaum aus dem Haus, hatte ich, nach einem Blick in den hochsommerlich blauen Himmel und auf meine formelle, Arme und Beine bedeckende Kleidung, die Hosenbeine und Ärmel hochgekrempelt. Meine Socken zog ich aus, als wir Obereidisch verlassen hatten. So lief ich, mit nackten Füßen in meinen aufgeschnürten Leder-

stiefeln, neben den anderen Jungs her.
Wir sahen bereits das Ortsschild von Wetsch. Die Brücke führte auf eine kleinere mit Schotter belegte Straße. Spätestens von dort an mussten die Jungs, die auf der Brücke noch barfuß gelaufen waren, ihre Stiefel anziehen. Oben auf der mit einigen vereinzelt stehenden Obstbäumen bewachsenen Anhöhe sah man das Castel Kemény. Mein Vater hatte mir einmal erzählt, es sei von den Römern gebaut worden, vor mehreren Hundert Jahren. Der Grundriss war ein Quadrat, mit zwei großen und zwei kleineren Türmen an den Ecken. Ich schüttelte den Kopf, wie um die ungewollt aufkommenden Sorgen abzuwehren. Nicht das Schloss beschäftigte mich, sondern das Schulgebäude, wo wir uns melden sollten. Wir hatten die Nationalstraße erreicht, die durch Wetsch führte, mit Häusern links und rechts wie die Haken eines Reißverschlusses. Auf der rechten Seite sah ich die jüdische Metzgerei mit dem großen, milchigen Schaufenster, in dem frisch geschnittene Schweinehälften hingen. Weiter die Straße runter, auf der linken Seite war bereits eine Ansammlung von Kindern und Jugendlichen zu erkennen. Fast alle trugen sie Uniform. Und alle trugen das Emblem mit dem grünen L auf rotem Grund.
Wir schauten uns um. Das waren weit

mehr junge Leute als wir gedacht hatten. Da mussten aus einigen Dörfern die Ungarn zusammen gerufen worden sein. Sachsen sah ich nur aus Wetsch und Obereidisch. Ein schneidender, militärischer Befehl schallte über den Platz vor der Schule. Jeder der Ungarn schnappte sich einen Sachsen und bedeutete ihm, wie man sich aufzustellen hatte. Wir standen stramm und schauten nach vorne. Der bärtige, hohlwangige Ungar begrüßte die Sachsen und Levente-Mitglieder. Seine schnellen, abgehackten Sätze auf Ungarisch hallten über den Platz. Mein Ungarisch reichte nur aus, um Wortfetzen aufzuschnappen: Tradition....Ungarn....starke Jugend....Rasse....Recht....Krieg....Deutsche. Ein schüchterner Blick nach links und rechts beruhigte mich, auch die anderen Sachsen schienen nicht viel zu verstehen.

Doch mit einem Mal wechselte der Ungar die Sprache.

„Sachsen, ihr seid nun Teil der stolzen Levente. Kleidet euch entsprechend. Tragt die Kappen mit dem Emblem. Und seid pünktlich jeden Montag. Hier. Und lernt Ungarisch!", brüllte er in strengem Kasernenton.

Das war alles. Er hatte auf die Kappen der ungarischen Jungen gezeigt. Später erfuhren wir, dass jeder sich diese Kappe selbst kaufen musste. Doch zunächst ging die Einweisung

weiter, wieder auf Ungarisch: Körper ... Kontrolle ... starke ... Männer ... bereit für die Schlacht. Wenn man dem Mann so zuhörte, konnte man meinen, wir müssten am Folgetag in den Krieg ziehen. Auf meinem nassgeschwitzten Rücken zog sich die Haut zusammen, so dass ich mich kratzen musste. Danach spannte ich alle Muskeln an, wie um das unangenehme Gefühl, die dumpfe Sorge, abzuwerfen. Einigen meiner Freunde schien das Militärische zu gefallen. Ich sah Schuster die Luft einziehen und den Brustkorb nach vorne recken. Auch Grinsen war in einigen der Jungengesichter zu sehen.
Die vage Begeisterung setzte sich bei der anschließenden Marschübung fort. Strammen Schrittes, im Takt des vorne weg laufenden Levente-Anführers, ging es die Nationalstraße entlang. Weißhaarige, dickleibige Greisinnen mit karierten Kopftüchern saßen vor ihren Anwesen am Straßenrand und betrachteten das Schauspiel mit freudiger Neugier. Sie bereiteten sich auf den Dorftratsch danach vor, schauten nach Ereignissen, die die Nachbarin nicht erspähte.
Mandelgroße Schweißtropfen liefen über meine Wangen als nach Marsch, Liegestützen, Kniebeugen und fünf weiteren Übungen wieder die Ausgangsstellung eingenommen wurde. Das fein

gewebte, weiße Hemd war durchnässt und klebte an der geröteten Haut.
Kurz danach durften wir abtreten und machten uns auf den Weg zurück.
„So schlimm war es ja nicht. Die Übungen fand ich richtig gut“, rief Weurer.
Er zog seine ausgetretenen Stiefel aus und schaute in die Runde. Die anderen zuckten mit den Achseln.
Schuster entgegnete: „Ich find es blöd. Wir verstehen ja fast nichts, was der spricht. Und immer geht es um Ungarn, Ungarn.“
„Das ist nun mal das Land, zu dem wir jetzt gehören“, sagte Motz.
Wir hatten inzwischen alle die Stiefel abgestreift und wanderten barfuß zurück nach Obereidisch. Mein Blick schweifte über die sauber gemauerten Begrenzungswände, die gewissenhaft bestellten Äcker. War das alles anders, nur weil es zu Ungarn gehörte? War es nicht egal, ob Rumänien oder Ungarn? In Obereidisch entschieden wir Sachsen, was passierte. Wir sorgten dafür, dass alle zu essen hatten. Es platzte aus mir heraus.
„Wir gehören vielleicht zu dem Land. Aber wir sind deshalb trotzdem keine Ungarn. Und das alles hier, das haben ja wohl weder die Rumänen noch die Ungarn geschaffen“, meinte ich.
Mit großer Geste zeigte ich auf die Äcker und das nahe Obereidisch.

„Der Führer hat gesprochen“, feixte Schuster. Die anderen lachten.
Bis wir zurück in Obereidisch waren, hatten wir uns geeinigt. Wir würden am nächsten Montag zur Levente gehen. Aber ohne Kappen.
Eine Woche später machten wir uns wieder auf den Weg. Große, schwarz grollende Gewitterwolken hingen tief über dem heran nahenden Wetsch. Wir rannten durch den immer dichter prasselnden Regen. Als wir in die Nationalstraße einbogen, sahen wir die Levente bereits stramm stehen. Kaum hatte man uns erblickt, sah ich den ersten Zeigefinger an einem langen, Schuld suchenden Arm auf uns gerichtet. Der hohlgesichtige Leiter brüllte etwas auf Ungarisch. Die Arme sanken. Wir reihten uns ein und begannen mit den Übungen.
Nach zwei regendurchtränkten, schlamm spritzenden Märschen ließ uns der Leiter wieder Position einnehmen.
„Sachsen, ins Schulgebäude. Fortsetzung der Übung im Inneren!“, schrie er.
Wir schauten uns kurz um. Was blieb uns übrig? Warum aber nur die Sachsen, nicht die Ungarn? Einige Burschen waren sofort losgegangen und betraten das flache, sich an der Straße entlang ziehende Schulgebäude von Wetsch. Wir folgten mit etwas Abstand. Hinter uns hörten wir kurze, entschlossen klingende Kommandos auf

Ungarisch. Der Leiter hatte wohl einen Stellvertreter, der prompt einen Marsch ansetzte. Der Levente-Anweiser selbst folgte uns Sachsen in das Schulgebäude.
Seine Kommandos hallten im Inneren des Gebäudes doppelt so laut. Mein Trommelfell dröhnte, während ich wieder Position einnahm und den Rücken durchstreckte. Er ließ uns Kniebeugen und Liegestütze machen. Immer wieder wiederholten wir die Übungen bis stechender Schmerz in die Arme und Beine fuhr und einer nach dem anderen aufgab. Dann die Erlösung. Der Befehl uns aufzustellen. Wir hievten uns hoch und warteten auf das nächste Kommando.
„Ohne Kappen erschienen. Arrest“, rotzte er uns entgegen und seine Worte hallten aus den Ecken des Schulzimmers zurück.
Kein vollständiger Satz. Nur diese vier deutschen Wörter.
Zunächst reagierte keiner der Jungen. Jeder war mit sich selbst, mit dem Verstehenwollen beschäftigt. Da knallte schon die schwere, eisenbeschlagene Eingangstür ins Schloss. Der Ungar hatte die Ansage gemacht und das Gebäude verlassen. Die aufkommende Hektik brachte Gewissheit. Alle Fenster waren zu, fest verschlossen mit zusätzlichen Drähten von außen. Vor den Fenstern standen die ungarischen Levente-Jünger. Je

Fenster, zwei stramm stehende, wie unbeteiligt auf die Schule starrende Burschen. Die beiden Außentüren waren verbarrikadiert.
Ich schaute mich um. Es waren gar nicht alle Sachsen ohne Kappen erschienen. Das war anderen aufgefallen. Am anderen Ende des Raums sah ich Schuster einen Streit beginnen.
„Was kann ich dafür, dass ihr so doof wart und Kappen gekauft habt? Die Ungarn wollen uns eh eins auswischen. Ob mit Kappen oder ohne“, brüllte er.
„Wenn ihr gemacht hättet, was die uns gesagt haben, dann säßen wir jetzt nicht hier fest“, schallte es ihm entgegen.
Die Streitigkeiten gingen noch eine Weile weiter. Der gemeinsame Gegner stand aber in Kürze fest. Die Wut und Entrüstung entlud sich an Fenstern und Türen. Als das erste Fenster zu Bruch ging, jubelte die Gruppe. Der erste Sachse wollte hindurch steigen, als er mit einer Mistgabel zurückgestoßen wurde.
„Schäden werdet ihr bezahlen, Sachsen“, blaffte uns der Levente-Leiter entgegen. Die Entschlossenheit zerstob in Einzelteile. Aussichtslosigkeit trat an ihre Stelle.
Dann wurde es ruhig. So ruhig, dass man das Schnaufen des jeweils anderen hören konnte, das immer wieder aufkommende Seufzen. Man fühlte die aufflackernde Angst im Raum. An jeder

Wand kauerten ein paar Burschen. In der Mitte ein Schlachtfeld von der Wut des Anfangs: Schulbänke und Tische lagen aufeinander, nebeneinander, zum Teil zerbrochen im Raum. Von draußen hörte man seit einiger Zeit nichts mehr. Kein Kommando, keine Gespräche, kein Marschgeräusch. Nur das beständige Prasseln des Regens, der auf die Ziegel des Schuldachs und in die Pfützen der Nationalstraße prallte.
Wie lange genau wir da saßen, kann ich nicht mehr sagen. Für mich war es eine Ewigkeit. Es war in jedem Fall schon früher Abend, als die Erlösung kam. Die Dämmerung hatte bereits eingesetzt, da hörten wir vertraute Stimmen. Verstehen konnten wir sie nicht. Auch nicht, nachdem wir alle mit den Ohren an Fenstern und Wand der dem Gespräch zugewandten Nordseite des Gebäudes hingen.
Das knarzende Geräusch des Eisenriegels an der großen Eingangstür löste die Spannung. Einige Erwachsene aus Obereidisch traten ein. Der vierte Mann war mein Bruder Martin. Seit einem halben Jahr war er wieder bei uns, zurück von der Armata. Niemals war ich so froh, ihn zu sehen, wie in diesem Moment. Ich rannte auf ihn zu, fiel ihm in die Arme und begann heftig zu schluchzen.
Er schaute mich nur kurz an, strich mir über den Kopf und sagte: „Wir

kaufen dir jetzt eine Kappe, damit das nicht wieder passiert.“

07 - Königlich Ungarische Armee

„Unglaublich, diese Ungarn“, sagte Martin.
Er schaute in die Runde. Wir saßen endlich einmal wieder alle zusammen am Tisch. Die ganze Familie.
„Da melden sich unsere Jungs, machen die ganzen Übungen mit und dann so was. Wegen der Kappen“, setzte er nach.
„Martin, bitte!“, mahnte mein Vater.
Er strafte meinen ältesten Bruder mit einem tadelnden Blick.
„Wir haben uns an die Regeln zu halten. Ab sofort werden die Kappen getragen wie es Vorschrift ist“, sagte er.
Martin nickte.
„Ja. Das ist selbstverständlich. Wir sind ja gleich los und haben eine Kappe für Timmi besorgt. Aber das Einsperren hätten sie trotzdem bleiben lassen können. Das geht zu weit. Du hättest die Jungs mal sehen sollen!“, rechtfertigte sich Martin.
Wenige Wochen später saßen wir wieder alle gemeinsam am Tisch. Katharina und Martin hatten uns in das Haus der Schusters eingeladen.
Die Zeit von Martins Abwesenheit war schon fast wieder vergessen. Er kümmerte sich fürsorglich um seine junge Familie und hatte wieder die Position als Vorarbeiter im Gebirge bekommen. Wenn ich den rundlichen Bauch bei

seiner Frau richtig deutete, hatte er bereits für ein weiteres Geschwisterchen gesorgt.
Das Tischgespräch waberte zunächst in Belanglosigkeiten des täglichen Dorflebens. Mutter berichtete von Neugeborenen in der Nachbarschaft, Michael erzählte davon, wie ein Bekannter mit seinem Pflug im Feld steckengeblieben war und sorgte damit, wieder einmal, für allgemeine Erheiterung.
Kurz darauf schwenkte das Gespräch zum beherrschenden Thema dieser Wochen und Monate, unseren neuen Herren, den Ungarn. Admiral Horthy, das Staatsoberhaupt in Ungarn, machte von sich reden. Er treffe sich ständig mit Hitler, so wurde uns erzählt. Ob er etwas im Schilde führte? Sollte er den Krieg zu uns bringen? Georg hatte die Diskussion begonnen. Vater versuchte sie, wie immer, zu beenden:
„Was die im Dorf schwätzen, ist doch nichts wert. Und selbst wenn, was können wir schon an der großen Politik ändern?“, fragte er und antwortete gleich darauf selbst: „Nichts.“
Trotzdem trug jeder seine Informationsschnitzel vor. Sei es ein noch nicht diskutiertes Gerücht oder eine Vermutung.
Katharina hatte gehört, dass Ungarn einen Pakt mit Deutschland und Italien schließen wolle. Das würde dann heißen, dass die Königlich Ungarische

Armee im Fall der Fälle Beistand leisten müsste.
„Deshalb haben sie letztes Jahr die Wehrpflicht wieder eingeführt, sagen die im Dorf“, ergänzte Katharina ihre Information.
Hans hatte die ganze Zeit unbeteiligt gewirkt. Doch bei den letzten Ausführungen Katharinas war sein Gesicht erbleicht. Nachdem Katharinas Aussage von Mutter und Martin skeptisch kommentiert worden war, räusperte sich Hans.
„Jetzt muss ich eine Ansage machen. Sie passt zum Thema, fürchte ich. Die Ungarn haben mich eingezogen. Ich werde in Bistritz stationiert sein“, sagte er.
Meine Mutter schluckte schwer. Sie schien aber vorher Bescheid gewusst zu haben und schaute abwesend zur Seite.
Dafür reagierten wir Brüder umso heftiger und sprachen alle durcheinander:
„Bist du dann genauso weg wie Martin?“, fragte ich.
„Da bleibt die Arbeit wieder bei uns“, frotzelte Michael.
„Haben die was vom Kriegseinsatz gesagt?“, fragte Katharina, der die schreckliche Bedeutung ihrer vorigen Ausführungen mit einem Mal bewusst wurde.
„Musst du in den Krieg?“, fragten Georg und ich, fast gleichzeitig und

mit dem gleichen Zittern in der Stimme.
Ein Schrei beendete unsere Fragesalve: „Ruhe! Ich will nichts mehr hören!“ Meine Mutter schluchzte und schlug auf den Tisch.
„Es ist genug, dass mein zweiter Sohn weggehen muss“, sagte sie.
„Entspannt euch! Ungarn ist noch nicht in einen Krieg eingetreten“, beruhigte mein Vater, etwas irritiert von der Aufregung am Tisch.
„Genau. Ich bin in der Kaserne in Bistritz - wie Martin in Oradea Mare war“, sagte Hans.
Seine leise, brüchige Stimme ließ mich aber vermuten, dass er selbst nicht sicher war. Er schien nicht nur uns, sondern auch sich selbst Mut zuzusprechen.
Die Familie kaute weiter auf ihrem Essen herum. Aber es hatte einen faden Geschmack angenommen.

1941

08 - Das Rattern des Krieges

Es war wieder Spätsommer. Wir trafen uns am bewährten Ort am Mieresch. Weurer lag in der Sonne. Wir anderen hatten es uns unter dem großen Apfelbaum bequem gemacht.
Solche Treffen waren seltener geworden. Wir mussten alle stark mithelfen, auf dem Hof und auf den Feldern. Da Hans weg war und Martin sich um die eigene Familie kümmern musste, waren nur noch Michael, Georg und ich übrig. Entsprechend waren wir gefordert. Der Vorteil der Jüngste zu sein verlor zunehmend seine Wirkung. Immerhin hatte ich zwei Wochen zuvor bereits meinen dreizehnten Geburtstag gefeiert. Ich wurde von Monat zu Monat kräftiger und wollte nicht mehr bei der Frauenarbeit helfen, sondern ordentlich mit anpacken. Mein Vater erwartete genau das, damit die ganze Arbeit erledigt werden konnte. Bei den anderen Jungs sah es nicht anders aus. Trotzdem schafften wir es hin und wieder, uns davon zu stehlen, um wie in alten Zeiten die Sonne zu genießen, im Mieresch zu schwimmen und uns auszutauschen. So auch an diesem Tag.
Der Mieresch glitzerte im Sonnenlicht. Wir schauten in Richtung Wetsch, über akkurat gezogene Feldbe-

grenzungen, abgeerntete Getreidefelder, Kartoffeläcker und Sonnenblumenhaine. Die Luft war angenehm warm, nicht heiß. Die Grillen zirpten, das Wasser des Flusses gurgelte und der ein oder andere Vogel zwitscherte. Wie schön es war. Wie ruhig. Ein von Gott geschaffener Flecken Erde mit gutem Ackerboden, mit schönem Wetter, mit Hügeln und Tälern. Mit Menschen ganz unterschiedlicher Nationen, die alle ihre Rolle, alle ihren Platz hier fanden.

Es war ein schöner Platz, um aufzuwachsen, ein schöner Platz, um älter zu werden. Trotz der Arbeit, die wir schon als junge Kerle verrichten mussten. Obwohl keiner aus Obereidisch je auf eine höhere Schule gehen konnte. Denn auf so eine Idee wären wir gar nicht gekommen. Wir waren stolz. Auf unsere Väter und ihre Felder, auf unseren Hof, unsere Tiere und Maschinen. Wir spielten jeder schon in unserem Kopf durch, welches Land unsere Väter uns vielleicht vermachten, wie wir selbst noch Land dazukaufen würden, was wir anbauen wollten.

Noch ein Jahr zuvor hatten wir aus diesem Gefühl der Heimat, aus diesem Gefühl der Geborgenheit heraus wild getobt und Spaß gehabt. Wir wurden einem neuen Land zugesprochen und nahmen das wahr wie eine Randnotiz. Wir wurden einem ungarischen Jugend-

verband zugeordnet und machten unsere Späße, nahmen die Leiter auch nach dem Kappenvorfall nicht ganz für voll.
Doch die Ereignisse hatten uns eingeholt. Die Dichte der Nachrichten begann uns zu verunsichern. Mehr als alles andere verunsicherte uns die Unsicherheit unserer Eltern.

Deshalb war die Stimmung nicht so gelöst und locker wie noch im Jahr zuvor. Deshalb alberten wir diesmal nicht herum, schmissen uns nicht gegenseitig ins Wasser und machten uns nicht über die Ungarn lustig. Es war merkwürdig still.
Wir hatten gerade eine Diskussion beendet, in der es um das beherrschende Thema ging, um den deutschen Krieg. Die neueste Nachricht wog schwer auf dem Dorf: Russland und Deutschland sollten sich den Krieg erklärt haben. Das hieße, dass wir zwischen den Fronten wären. Deutschland im Westen, Russland im Osten. Und so kursierten alle möglichen Gerüchte. Keiner wusste etwas Bestimmtes. Oder zumindest sagte uns keiner der Erwachsenen etwas. Und so spekulierten wir aufs Wildeste. Ob die Ungarn sich auf die Seite von Russland schlügen? Ob unsere Brüder dann gegen die Deutschen kämpfen müssten? Ob es vielleicht alles an uns vorbei ginge?
Immer öfter gab es Besuch vom Orts-

führer aus Sächsisch-Reghin. Das war ein Deutscher in Uniform – vom Volksbund der Deutschen in Ungarn. Die Deutschen organisierten eigene Veranstaltungen, hatten ihre eigenen Uniformen. Auch ich musste eine anschaffen, eine Hitlerjugenduniform. Mein Vater ließ mich posieren und ein Foto machen. Das konnte er vorzeigen, wenn sie nachfragten. Und alle hörten diesem Ortsführer zu. Schon allein, weil er wohl immer die neuesten Informationen über den Krieg brachte. Und weil Pfarrer Roth sagte, man müsse ihm zuhören. Das sei im Interesse der Deutschen und nur der Volksbund könne sicherstellen, dass wir nicht übertölpelt würden.

Je mehr wir darüber sprachen, desto schlechter wurde unsere Stimmung. Wir verstanden das alles nicht mehr. Und wir glaubten auch nicht, dass ein Krieg anfangen würde. Es war alles wie vorher. Nur die Stimmung, die war nicht mehr so.

Mit einem Mal hörten wir ein beständig lauter werdendes Rattern von der nahe gelegenen Zuglinie. Wir schauten uns irritiert an.

„Um diese Zeit fährt kein Zug. Was ist das?“, fragte Weurer.

„Los, lass uns schauen!“, rief Schuster.

Er war direkt aufgesprungen und rannte Richtung Bahngleise. Nach ein

paar Metern schaute er sich um und winkte heftig.
„Kommt schon. Worauf wartet ihr?"
Wir schauten uns an. Motz winkte ab und meinte:
„Das wird ein Güterzug sein, der außerplanmäßig fährt. Was sollen wir da jetzt hinrennen?"
Doch Klein, Weurer und ich waren schon aufgestanden.
„Auf, wir schauen, was das ist. Sei kein Langweiler, Motz", forderte ich ihn auf.
Während ich das sagte, gab ich ihm einen Stoß an die Schulter. Er stöhnte kurz, richtete sich dann aber auf und folgte uns.
Nach einem kurzen Lauf erreichten wir die Anhöhe, die Mieresch und Gleisbett trennte. Von dort konnten wir bereits die Gleise sehen. Der Zug sah ungewöhnlich aus - so einen hatten wir noch nie gesehen.
„Was ist das? Das ist kein Güterzug. Schau - da sind doch Menschen drauf!"
Schuster hatte Recht. Je näher wir der Zugtrasse kamen, desto deutlicher erkannten wir, was hier an Obereidisch vorbeiratterte. Es war ein Zug voller Soldaten. Ob sie Deutsche oder Ungarn waren, wussten wir zu dem Zeitpunkt nicht sicher. Später wurde klar, dass wir wohl gerade einen deutschen Truppentransport Richtung Front beobachtet hatten.

„Das ist alles wirklich wahr. Die fahren nach Russland."
Ich musste sofort an Hans denken. Ob sie ihn dorthin schickten?
Schuster hatte einen roten Kopf und schrie fast:
„Die fahren hier mitten durch. An unserem Obereidisch vorbei. Dabei hat mein Vater gesagt, dass der Krieg weit weg sei. So ein Mist. Der ist hier. Der ist vor unserer Haustür!"

1942

09 - Werbung für Deutschland

Der Saal war brechend voll. Ortsführer Weiß hatte geladen. Weurer und ich hatten uns von außen an den Saal geschlichen und schauten durch eines der hinteren Fenster, verdeckt von einem großen Blaubeerstrauch. Wir hatten unsere wärmsten Klamotten angezogen. Das hatte in den ersten Minuten geholfen. Doch die Januarkälte kroch trotz aller Lagen Wolle langsam den Rücken hoch.
Die Versammlung durften Kinder nicht besuchen. Vater hatte auf dem Feld zu tun und hatte Martin und Michael geschickt. Hans war in der Kaserne in Bistritz. Bis zu diesem Tag hatten sie ihn noch nicht an die Front geschickt. 30.000 Ungarn waren schon dort, hatte er gesagt. Was das wohl für ihn hieß? Doch auf die Frage durfte er damals nicht antworten, weil Mutter ihn unterbrach. Sie wollte nichts vom Krieg hören.
Wir schauten in den Saal. Im hinteren Teil des Saals waren die Hauptdarsteller der Veranstaltung zusammengetreten. Sie standen zu dritt neben dem Rednerpult und sprachen leise miteinander. Dabei zeigten sie hin und wieder in den Saal.
Ortsführer Weiß war der Vertreter des Volksbunds der Deutschen in Ungarn in

Obereidisch. Er war ein untersetzter Mann mit breiter Stirn und vielen braunschwarzen Muttermalen. Wenn er aufrecht stand, drückte er sein Hohlkreuz durch, so dass er dick wirkte ohne wirklich dick zu sein. Weiß war von Anfang an im Volksbund. Fast direkt nach Übergang zu Ungarn hatte er allen im Dorf mitgeteilt, dass er die deutschen Interessen vertreten wolle. Dabei waren wir im Dorf ja fast nur Deutsche. Es wollte mir nicht so recht in den Kopf. Auch bei meinem Vater war er zweimal und wollte ihn von einem Eintritt in den Volksbund überzeugen. Außerdem sprach er uns Jungen immer wieder an, dass wir zur Hitlerjugend in Reghin kommen sollten. Aber dazu hatte keiner von den Jungs aus der Oberen Gasse Lust. Uns reichte schon die Levente. Die war verpflichtend. Extra nach Reghin zu fahren, um da nochmal Übungen zu machen, fand keiner von uns attraktiv. Außerdem sagte Vater, dass wir Weiß einfach ignorieren sollten. Er mochte ihn nicht besonders. Jedenfalls hatte ich den Eindruck.
Huber war ein kleiner, dicker Mann. Die Uniform, die er trug, spannte über seinem runden Bauch. Seine Augen, klein wie Stecknagelköpfe, taxierten die Zuhörer im Raum. Huber war die Attraktion des Abends. Er war der Kreisleiter des Volksbunds aus Reghin. Er würde an diesem Tag spre-

chen und die Leute erwarteten Neuigkeiten vom Krieg.
Wie diese Orts-, Kreis- und Gebietsführer zu ihren Ämtern kamen und warum ihnen alle zuhörten - Weurer und ich wussten es nicht. Zu Hause wurde weder bei ihm noch bei uns allzu viel darüber geredet. Nur eines war klar. Wenn der Kreisführer aus Sächsisch-Regen kam, musste man zuhören.
Neben den beiden Volksbündlern stand Pfarrer Roth, der die Menge betrachtete wie unsere Schulklasse. Mit der gleichen Strenge und Boshaftigkeit.
„Die drei Männer passen zusammen", flüsterte Weurer mir zu. Gemeinsam sahen sie noch unsympathischer aus.
Es war soweit. Huber hatte sich vorne in seiner schwarzen Uniform aufgebaut. Darunter trug er ein weißes Hemd mit Krawatte. Stiefel und Gürtel waren Schwarz, am Arm prangte ein rotes Tuch mit einem schwarzen Kreuz auf weißem Grund. Das Kreuz war seltsam verschnörkelt und ich hatte es bis dahin nur auf einigen der Wagen vom Truppentransport nach Russland gesehen. Es war ein Hakenkreuz.
„Meine sehr verehrten Volksgenossen, ich grüße euch vom Gebietsführer Gassner und von seinem Stellvertreter Benesch. Dessen Schwager ist euer Pfarrer Roth, den ich aufs Förmlichste begrüße!"
Wir blickten hinüber zu Pfarrer Roth. Keine Überraschung, dass er mit die-

sen Volksbündlern so gut auskam. Er war immer der erste gewesen, der positiv über den Krieg gesprochen hatte. Er konnte sich begeistern für Deutschland und dessen wiedergewonnene Stärke. In diesem Moment reckte er das Kinn in die Höhe und schaute herablassend über seine kleine Brille in den Raum. Huber setzte die Ansprache mit seiner strengen, etwas zu hohen und etwas zu lauten Stimme fort.
„Es ist an der Zeit, dass auch der Kreis Sächsisch-Regen seinen Beitrag leistet. Die Front in Russland fordert unseren Brüdern aus Deutschland das Äußerste ab. Ungarn hat bereits gesendet und sendet in Kürze ein erneutes Truppenkontingent."
Ein Raunen ging durch die Menge. Da war sie also wieder. Die Ansage, dass die Ungarn neue Soldaten senden. Ob meine Brüder das Mutter sagen würden? Huber plusterte sich noch weiter auf und schrie fast:
„Auch wir, die Volksdeutschen, müssen unser Volk direkt unterstützen. Es kämpft sich mit anderer Überzeugung, mit anderer Effektivität, wenn man vom gleichen Blute ist. Die Waffen-SS wartet auf euch. Die Ungarn unterstützen eure freie Entscheidung für den Dienst in der Truppe des Vaterlands."
Das Raunen im Saal war in Murmeln, Kopfschütteln und Getuschel übergegangen.

„Ruhe, meine Herren!"
Die Stimme schallte eisig durch den Raum. Die Menge verstummte und die besessene Ansprache setzte sich fort.

"Die Ortsgruppe Draas ist vorangegangen und hat sich hundertprozentig gemeldet. Alle kampffähigen jungen Männer. Andere Ortsgruppen reichen dieser vorbildlichen Gruppe die Hand. Meine Volksgenossen, ich erwarte, dass wir dem Vorbild folgen. Deutschland soll sehen, dass der Volksbund der Deutschen in Ungarn hinter ihm steht. Unser Führer soll sehen, dass die Volksdeutschen in Ungarn vollen Einsatz zeigen."
Es hatte einige Zwischenrufe gegeben. Wir konnten von unserem Fenster aus nur einen Teil verstehen. Es ging darum, wann, wer, welche Altersstufen. Die Männer sprachen miteinander, riefen Fragen in den Raum. Einige schimpften, einige schauten entsetzt nach vorne. Martin war unter den Fragenden. Er stand weit vorn und konnte direkt mit Pfarrer Roth und Huber diskutieren. Weurer und ich verfolgten die Szene gebannt. Die Wortfetzen, die bei uns ankamen, machten für uns keinen Sinn. Zu viele Themen wurden da angesprochen und zu wenig verstanden wir. Wir konnten uns noch nicht vorstellen, was das Gesagte heißen sollte. Wir sprachen kein Wort und verfolgten Huber, der einige der

Fragen beantwortet hatte und kurz darauf zum Schlussakkord ansetzte.
„Deutsche aus Obereidisch. Tut das Richtige, kämpft Seit an Seit mit euresgleichen! Auf Wiedersehen im grauen Rock der Waffen-SS!“

Die letzten Worte hatte er richtiggehend in den Raum gespuckt.
„Heil Hitler!“
Das war der Endpunkt der Ansprache, mit hochrotem Kopf und einem nach oben rechts gestreckten Arm. Die Dorfgemeinschaft reagierte zum Großteil mit der gleichen Geste und dem gleichen Ausruf. Auch die Arme meiner Brüder meinte ich in der Menge zu erkennen.
Weurer und ich räumten unser Versteck und rannten die Obere Gasse entlang. Bevor wir unsere Häuser erreichten, trennten wir uns. Ich schlich mich durchs Tor, am Kirschbaum vorbei und betrat den Hühnerstall. Von dort ging ich dann hinüber zum Haupthaus. Mein Herz klopfte immer noch wie wild. Ich atmete dreimal tief ein und aus, dann zog ich die Stiefel aus und trat über die hölzerne Schwelle.

10 - Meldung

Kaum hatte ich das Haus betreten, hörte ich Schluchzen aus der Wohnstube. Vorsichtig lugte ich hinein. Tante Maria saß neben meiner Mutter. Ihr Arm lag auf ihrer Schulter. Beide hatten weiße Stofftaschentücher in der Hand, die schon ganz zerknüllt und durchnässt waren.
Ich trat vollends ein und durchbrach die wimmernde Stille.
„Was ist denn hier los?“, fragte ich. Erschrocken schauten die beiden Frauen auf.
„Was ist passiert? Sagt schon!“, forderte ich.
Tante Maria zeigte auf den Stuhl neben ihnen und hielt den Finger vor den Mund. Ich muss ganz schön geschrien haben, in meiner Aufregung. Ich nahm Platz und wartete ein bisschen bis sich die Tante geräuspert hatte. Meine Mutter, ganz untypisch für sie, gab meiner Tante zu verstehen, dass sie nichts sagen könne. Ihre Augen waren rot gerieben, ihre Lippen aschfahl und aufeinandergepresst. So hatte ich sie noch nie gesehen. Mein Hals schnürte sich zusammen. Dann nahm sich meine Tante ein Herz und erklärte mir, was ich schon ahnte.

"Hans ist wohl diese Woche gen Russland aufgebrochen. Mit den Ungarn.

Die haben ein großes Regiment dorthin geschickt, um mit den Deutschen gegen die Russen zu kämpfen. Wir haben nur Post bekommen, dass sie schon aufgebrochen sind. Hans ist nicht nochmal nach Hause gekommen."
Eine Stunde vorher hatte Huber noch von den neuen Truppen der Ungarn gesprochen. Da hatte ich noch gedacht, dass er von der Zukunft sprach, dass das vielleicht ein halbes Jahr später passieren würde. Aber Hans war schon auf dem Weg nach Russland. Vielleicht in einem dieser Züge mit dem Hakenkreuz drauf. Mit den Ungarn zusammen. Ich merkte wie mir Tränen in die Augen schossen. Meine Arme, mein ganzer Körper zitterte. Ich sprang zu meiner Mutter und fiel ihr in den Schoß. Weinen wollte ich nicht, aber das Beben und Zittern meines Jungenkörpers konnte ich nicht aufhalten. Über mir setzte sich das Schluchzen fort. Die beiden Frauen versuchten mich zu trösten, obwohl sie doch selbst jemanden zum Trösten brauchten.
Und dabei wussten sie noch gar nichts, dabei kannten sie nur die kleine Nachricht, die schon keine Nachricht mehr war, weil wir es alle erwartet hatten. Sie wussten nicht, was Huber gerade mit hochrotem Kopf in den Gemeindesaal gespuckt hatte. Sie wussten nicht, was Pfarrer Roth von allen jungen Männern erwartete. Sie wussten nicht, dass Hans viel-

leicht nicht der Einzige sein würde. Doch ich war nicht derjenige, der es ihnen sagen konnte. Denn ich wusste es selbst nicht. Wollte es nicht wissen, obwohl ich es mit eigenen Ohren gehört hatte, hinter dem Blaubeerstrauch.

Ich weiß nicht, wie lange ich so verharrte. Es schien mir eine Ewigkeit. Tante Maria stand als Erste auf, gab Mutter und mir einen Kuss und machte sich in der Küche zu schaffen. Die Jungs mussten ja bald von der Versammlung kommen. Da wollte sie das Essen fertig haben. Mutter hatte inzwischen die Augen getrocknet und mehrfach die Nase geschnäuzt. Sie hatte die ganze Zeit nichts gesagt. Sie, die immer alles unter Kontrolle hatte, die streng darauf achtete, dass alles im Haus ordentlich war, die selten Gefühle zeigte und noch seltener darüber sprach, die die Ansagen machte im Haus, die die Richtung vorgab. Sie streichelte meinen Kopf und schaute mit feuchten Augen aus dem Fenster des Wohnraums auf den Hof. Und sagte nichts.

In den Ecken des Holzrahmens hatten sich Eisblumen gebildet. Sie sahen aus, als ob sie gemalt wären. Die Hitze des Ofens hatte die Fenster rund um die Eisblumen von innen beschlagen lassen, so dass man die Außenwelt wie einen milchigen Traum wahrnahm. Der Traum begann mit der

Einfahrt des Einspänners meines Vaters. Ob er schon Bescheid wusste? Er machte sich auf dem Hof zu schaffen und machte keine Anstalten, in die Stube zu kommen. Kurz darauf sahen wir Martin und Michael. Da meinte ich ein Flackern in den Augen meiner Mutter zu sehen. Doch sie rührte sich nicht vom Fleck, starrte einfach weiter durch das Fenster. Aus irgendeinem Grund blieb ich bei ihr sitzen, vergrub meine Hände in ihren und schaute ebenfalls durch das Fenster. Draußen hatten sich die Männer zusammengefunden. Wir hörten nichts und sahen immer nur einen oder zwei von ihnen. Sie trugen einige Gerätschaften in den Schuppen und sprachen dabei miteinander. Auch durch die milchige Fensterscheibe war die Aufregung zu erkennen. Selbst Vater, der immer ruhig und besonnen war, gestikulierte, unterbrach die anderen und fuchtelte hastig in der Luft herum. Ich blickte schräg nach oben zu meiner Mutter. Ihr gläserner Blick war etwas anderem gewichen. Sie schaute auf das Fenster, als ob es eine Gefahr für sie darstellte, als ob ein Wolf vor ihr stand, der ihr ans Leben wollte. Ob sie etwas ahnte? Ob sie wusste, was Huber von den jungen Männern des Dorfs gefordert hatte?
Tante Maria brachte den großen Topf aus schwarzem Metall und stellte ihn auf das Rundbrett in der Mitte des

Esstisches. Der süßliche Duft des Eintopfs erfüllte die Kammer.
„Hilf mir mit den Tellern, mein Junge!“, bat meine Tante.
Ich sprang auf und deckte den Tisch ein. Mechanisch, ohne dabei viel zu denken, stellte ich einen Teller neben den anderen und legte Löffel nach Löffel auf den Tisch.
Die restliche Familie betrat, einer nach dem anderen, die Stube. Ich weiß nicht mehr, ob etwas gesprochen wurde. Es zog einfach an mir vorbei, war nicht von Belang. Was hängen blieb war der Ernst im Gesicht meiner Brüder, die Strenge mit der mein Vater an seinem Schnurrbart rieb und auf den Eintopf starrte. Es herrschte Ruhe an dem Tisch, wo sonst Martin seine groben Witze machte, bis Mutter ihn maßregelte, oder wo Martin seine Geschichten aus den Bergen erzählte. Jedwedes Lachen, jedwede Freude war abwesend. Wie Unbeteiligte nahmen wir das Essen zu uns.
„Es wird nicht nur Hans in den Krieg ziehen“, sagte mein Vater mitten in die Stille des Raums.
Die Aussage kam aus dem Nichts. Mein Vater hatte den Löffel abgelegt und schaute meine Mutter, meine Tante und mich an.
„Martin und Michael werden sich freiwillig zur Waffen-SS melden“, kündigte er an.
Meine Mutter schrie. Der Schrei war

nicht laut, aber die Verzweiflung, der Schmerz und die Fassungslosigkeit bahnten sich alle einen Weg in einem lang anhaltenden Ton, der die Stube erfüllte und mein Herz zerdrückte. Tante Maria weinte. Hatte sie sich vorher noch beherrscht, übermannten sie Trauer und Entsetzen vollends. Das salzige Tränenwasser tropfte von ihren Wangen. Sie streichelte Michael und Georg, die rechts und links von ihr saßen und weinte nur noch mehr, wenn sie ihnen in die Augen sah.
Meine Brüder sagten nichts und schauten nur ernst auf meinen Vater.

"Es gibt keine Alternative. Entweder die Jungs müssen alle mit zum Ungarn. Das wird nicht lang dauern bis die alle einziehen. Da geht es auch an die Front. Oder sie gehen zu den Deutschen. Die haben bessere Ausrüstung. Die haben mehr Geld. Da sind die Chancen höher, dass sie heil wiederkommen", erklärte mein Vater.
Er rechtfertigte die Entscheidung, die die Brüder mit ihm wohl schon getroffen hatten. Er erklärte, ohne dass jemand fragte. Er antwortete auf seine eigenen Fragen. Wie um sich zu beruhigen, um sich selbst zu bestärken.
„Motz hat sich geweigert. Hat dem Pfarrer Roth gesagt, dass sein Sohn sich nicht melden würde. Nicht freiwillig jedenfalls. Ich werde versu-

chen, das Gleiche für Georg zu tun. Der ist noch zu jung. Er wird ja erst im November 18. Den sollen sie da lassen. Drei Jungen im Krieg müssen genug sein", führte mein Vater aus.
Ein Redeschwall war das. Eine Verteidigungsrede für meinen Vater. Um zu erklären, was er nicht verhindern konnte.

11 - Die letzte Schlachtung

Die folgenden Tage waren seltsam. Mutter fing wieder an zu sprechen, aber nie über die nahende Meldung der Brüder. Sie wirkte noch strenger und arbeitete viel an ihrem Webstuhl. Tante Maria kümmerte sich mehr als sonst um uns alle. Sie kochte allerlei Lieblingsgerichte, machte jeden Tag einen Kuchen mit dicker Zuckerglasur. Wenn sie sich unbeobachtet fühlte, meist in der Küche, wimmerte sie leise vor sich hin. Sobald sie aber über die Küchenschwelle trat, setzte sie ihr Lächeln auf und hatte für jeden von uns nur Liebe.

Martin und Michael hatten sich gleich am Folgetag zur Waffen-SS gemeldet. Georg war zu Hause geblieben, wie ihm Vater gesagt hatte. Im ganzen Ort gab es nur noch das eine Thema. Es wurde geschwätzt und spekuliert. Schuster, Weurer und ich liefen von einer Ecke des Dorfs zur nächsten und versuchten möglichst viele Gespräche mitzubekommen. Schlau wurden wir daraus nicht. Keiner wusste, wie es an der Russlandfront wirklich stand. Bis nach Moskau wäre man schon vorgedrungen, also tief in russisches Gelände. Die Russen hätten keine Chance. Hitler wäre übermächtig, mit besserer Ausrüstung und mehr Entschlossenheit. Er habe ja im Westen alles überrollt. Doch andere sagten, dass Deutschland schon zurückgewichen sei und dass der Winter schrecklich sei für die Truppen. In dem Eis und Schnee sei kein Fortkommen. Viele würden erfrieren. Außerdem wusste keiner genau, wohin unsere Brüder geschickt werden sollten. Nach Russland? Oder vielleicht doch nach Westen?

Noch mehr als über den Krieg und die Waffen-SS sprachen die Obereidischer aber über die Obereidischer. Wer hatte sich schon gemeldet? Wer meldete sich nicht? Ich fand das alles verrückt. Menschen, die Tag für Tag und Jahr um Jahr miteinander in unserem Ort gelebt hatten, beschuldigten sich gegenseitig. Reichte es nicht aus, dass bald der Großteil der jungen Männer in den Krieg zog? Musste man sich noch beschimpfen?

An einem der nächsten Morgen stand die Schlachtung an. Wir hatten sie seit Längerem geplant. Vater war mit Michael und Hans früh aufgestanden. Sie sollten noch ein letztes Mal helfen, das Fleisch für das nächste Jahr vorzubereiten. Ich wachte auf, als Hans aus unserem gemeinsamen Bett aufstand. Normalerweise blieb ich liegen, aber an diesem Morgen sprang ich auf. Das Schlachten faszinierte mich, obwohl ich in diesem Alter noch nicht selbst mitmachen durfte. An diesem Tag war ein Schwein dran. Es war immer noch bitterkalt draußen. Das perfekte Wetter fürs Schlachten, weil das Fleisch nicht schlecht wurde. Als ich mich angezogen hatte, waren Vater und meine beiden Brüder schon mitten im Prozess. Mit dem scharfen, rechteckigen Fleischermesser, das fast so lang war wie mein Unterarm, hatte Martin den Hals durchschnitten. Das Blut durchtränkte den Schnee im Hof. Das Schwein lag auf einem Holzgestell und wurde von den drei Männern fachmännisch zerlegt. Keiner sagte ein Wort, jeder konzentrierte sich auf den nächsten Handgriff. Einige Teile nahm Mutter gleich mit in die Küche, andere wurden in Fett eingemacht, so dass sie sich hielten. Ein weiterer Teil wurde oben auf den Dachboden geschafft. Da konnte ich mithelfen. Ich nahm die Fleischstücke aus der Bauchgegend des Schweins mit einem Metallhaken und brachte sie hoch, wo ich sie in den Räucherofen hängte. Später würde Martin hier anschüren, so dass das Fleisch direkt geräuchert wurde. Das ergab einen wunderbaren Räucherspeck, den wir das ganze Jahr über essen konnten.

Auf meinem Weg zurück nach unten vernahm ich das erste Mal an diesem Morgen Stimmen. Meine Hoffnung, dass vielleicht doch Michael einen Witz gemacht hatte oder Mutter etwas aus dem Dorf erzählte, sah ich schnell enttäuscht. Die Stimmen waren ernst, fast ein bisschen alarmiert. Vater hatte den Schlachtplatz verlassen und stand vorne zwischen den Obstbäumen am Eingangstor. Dort sprach er mit dem Nachbarn Motz, meine älteren Brüder standen dabei. Mutter war noch beim Schwein und machte sich mit dem Fett zu schaffen. Mit einem Auge und einem Ohr war sie genauso bei den Männern am Tor.

„Wir sind gleich wieder da", rief mein Vater.

Er hatte sich kurz zu uns gedreht und machte sofort kehrt, um mit Motz und meinen Brüdern auf die Straße hinaus zu gehen. Ich rannte los, doch Mutter schnappte mich am Hemd und bat mich bei ihr zu bleiben. Also half ich einige weitere Fleischstücke in das Fett zu legen und in die Speisekammer hinter der Küche zu tragen. Jedes Mal, wenn ich aus der Tür kam, schaute ich zum Tor.

Dann kamen sie wieder. Ihre Gesichter waren ernst, noch ernster und besorgter als sie schon den ganzen Morgen über gewesen waren.

„Sie haben Motz das ganze Haus eingeschmissen. Alle Fenster sind kaputt", berichtete mein Vater.

Das war alles, was er sagte. Mutter fragte nicht, beugte sich wieder über das Fass mit Fett. Das nächste Fleischstück klatschte hinein.

„Warum? Wer denn?", fragte ich.

Ich hörte meine Stimme in der Kälte des Hofs verhallen. Keiner antwor-

tete. Mein Vater schaute meine Brüder kurz an und schüttelte langsam den Kopf. Ohne ein weiteres Wort gingen alle wieder an die Arbeit. Fleischstück für Fleischstück.
Normalerweise hätte ich keine Ruhe gegeben, hätte wieder und wieder gefragt. Doch an diesem Tag war alles anders. Ich fühlte mich, als ob die Winterluft zentnerschwer auf meine Schultern drückte. Der kurze Blick meines Vaters, die Bewegung des an den Seiten leicht ergrauten Kopfs reichte aus, dass ich wieder an die Arbeit ging. Ich schnappte mir die nächsten zwei Metallhaken und stieg die Leiter zum Dachboden hoch.

Am frühen Nachmittag war der Hof geräumt und das Fleisch verstaut. Wir hatten einen kurzen Mittagsimbiss zusammen eingenommen. Brot, weißer Speck, noch von der letzten Schlachtung, Zwiebeln und Salz. Erneut wurde nicht gesprochen. Erneut traute ich mich nicht, nochmal zu fragen. Vater musste an diesem Tag noch Besorgungen in Reghin machen. Martin begleitete ihn.
Kaum war der Einspänner vom Hof gerollt, sprang ich zur Tür, zog meine Stiefel über und rannte aus dem Tor. Weder Tante Maria noch meiner Mutter hatte ich Bescheid gesagt. Ich rannte die fünfzig Meter die Obere Gasse hinunter bis zum Haus vom Motz. Es war

ein hässlicher Anblick. Die Fenster alle kaputt. Die Scherben hatten sie inzwischen wohl aufgeräumt. An der Hauswand stand in dicken schwarzen Buchstaben, wahrscheinlich mit Ruß geschrieben: „Verräter!“. Es war schon verwischt vom Versuch es abzuwaschen, aber noch klar erkennbar.
Ich rannte am Haus vorbei bis zur Zigeunergasse und schlich mich dann über einen kleinen Trampelpfad von hinten an das Haus. Dort kletterte ich am Hühnerstall hoch und guckte hinüber zum Wohnhaus. Mit zwei Fingern im Mund pfiff ich dreimal. Das war unser Signal. Kurz darauf schaute Motz, mein Freund Motz, aus dem Wohnhaus. Zehn Minuten später saßen wir zusammen hinter dem Hühnerstall.

Er erzählte mir alles. Wie die Truppe von Volksbündlern gekommen sei. Einige Obereidischer wären dabei gewesen, aber auch welche aus Reghin und anderen Orten. Wie sie seinen Vater festgehalten hätten und das Haus zertrümmert hätten. Wie er und sein größerer Bruder sich auf dem Heuboden versteckt hätten. Wie sie dem Vater gedroht hätten, dass das nur der Anfang gewesen wäre.
Später sei Pfarrer Roth da gewesen und habe sich zu ihnen in die Stube gesetzt. Man hätte das verhindern können, habe er gesagt. Der große Bruder müsse sich zur Waffen-SS mel-

den. Das sei nicht solidarisch gewesen, dass der alte Motz das nicht wollte. Wenn er stur bleibe, müsse der Pfarrer überlegen, ob er ihn und seine Familie noch in die Kirche lassen könne. Man bete dort für die mutigen jungen Männer, die für Deutschland kämpften. Da sei kein Platz für solche, denen das eigene Wohl am wichtigsten sei. Was das denn für ein Bild wäre, wenn sich aus Obereidisch nicht alle jungen Männer zur Waffen-SS meldeten. Dass man sich doch lächerlich mache. Da würde Motz dann mit den Konsequenzen leben müssen. Das mit den Fenstern hätten die jungen Kerle selbst geplant. Das wäre nicht von der Ortsführerschaft oder vom Pfarrer gekommen. Es tue ihm leid. Aber es zeige halt, dass Motz sich isoliere.
Mein Freund zitterte und hatte Tränen in den Augen als er alles erzählt hatte. Er schaute verschämt weg. Er müsse zurück ins Haus. Es sei viel zu tun. Er müsse da helfen.
„Und dein Bruder?“, fragte ich.
„Der meldet sich jetzt auch“, seufzte Motz.

1943

12 - Sommer im Feld

Meine Hände brannten. Trotz der Hornhaut, die sich in den letzten Wochen gebildet hatte, bekam ich immer neue Schwielen und Blasen. Sie blähten sich auf bis sie platzten und die Flüssigkeit herausfloss. Ich biss mir auf die Zähne und hieb weiter im gleichen Takt mit der Sense auf die Weizenhalme ein. Der Schmerz lag wie eine wabernde Wolke über mir, schon seit Tagen. Wir mussten die Ernte zügig einbringen, möglichst bevor der nächste Regen kam. Sobald einige Quadratmeter gemäht waren, band ich die Halme zu Garben. Die brachte ich später nach Hause zur Scheune. Sowohl auf dem Feld als auch zu Hause beim Dreschen hatte Vater einige Erntehelfer angestellt. Alleine konnten er und ich das nicht stemmen. Aber jeder Erntehelfer reduzierte unseren Gewinn. Deshalb arbeiteten Vater und ich rund um die Uhr. Wir waren schon vor Sonnenaufgang auf dem Feld und erst nach Sonnenuntergang hörten wir auf und fielen zu Hause direkt ins Bett.
Ich konnte mich nicht beschweren, wollte mich nicht beschweren. Wie hätte ich dies tun sollen, wenn klar war, dass meine Brüder gleichzeitig im Krieg waren? Wie hätte ich mich

über Blasen auslassen sollen, wenn ich wusste, dass sie jeden Tag eine Kugel abbekommen könnten? Martin und Michael waren in Finnland. Das hatten sie uns im Frühjahr in einem Brief geschrieben. Auch Georg war im Krieg, seit Anfang des Jahres. Kurz nach seinem achtzehnten Geburtstag hatte Pfarrer Roth mit meinem Vater gesprochen und dann war es entschieden. Er musste sich melden. Mein Vater wusste nur noch zu gut, was mit Motz passiert war und fügte sich. Alle drei waren im Westen an der Front. Hans war mit den Ungarn in Russland.

An der Front bestand nicht nur die Gefahr, dass neben ihnen eine Granate hochging oder dass sie einen Schuss abbekamen. Es war dort bitterkalt und sie mussten in Zelten übernachten. Sie schrieben zwar, dass es ihnen gut ging und dass sie gut versorgt wären. Was sollten sie aber anderes schreiben? Wer sagte uns, dass ihre Briefe nicht kontrolliert wurden? Jede Kritik, jedes negative Wort würde da sicher ausreichen, dass der Brief nie ankam.

Mutter war ebenfalls nicht so eine große Hilfe wie in anderen Jahren. Sie hatte ein böses Geschwür an der Hüfte. Keiner wusste so richtig, was es war. Es machte ihr das Laufen schwer und sie blieb viel im Haus.

Manchmal dachte ich, dass es von den Sorgen kam. Denn das Geschwür hatte

angefangen, als Georg losgezogen war. Als wir auf den ersten Brief von meinen Brüdern warteten. Jeden Tag lief sie zum Postgebäude neben dem großen Saal. Nur, um dort andere zu beobachten, die Post bekamen, die erleichtert sein konnten. Zumindest für eine Weile. Doch sie kam auch immer wieder mit schlechten Nachrichten. Eine Familie aus dem Ort, deren Sohn schwer verletzt worden war und per Post mitteilte, dass er zunächst nicht nach Hause kommen wollte, sondern in Deutschland behandelt werde. Eine andere Familie, die bereits kurz nach Einzug der jungen Männer die Todesnachricht des jungen Soldaten erhalten hatte. Mutter berichtete die Neuigkeiten abends meinem Vater. Ich sollte es nicht hören, schlich mich aber immer wieder an sie heran.
Das Geschwür plagte sie schon über zwei Monate. Sobald es ausgebrochen war, hatte ich das Melken übernommen. Gut, dass ich schon ein paar Jahre vorher gelernt hatte, wie das ging. Das erste Mal hatte ich es bei den Ziegen vom Weurer ausprobiert. Das war einfacher als gleich an die Kühe zu gehen. In diesem Sommer musste ich regelmäßig alle unsere Kühe versorgen und verstand erst, welche Arbeit Mutter geleistet hatte. Man stellte sich das einfacher vor als es war. Und nach einem langen Tag auf dem Feld

waren meine Arme schwer und schmerzten bei jeder Bewegung.
Ich stellte die Sense kurz ab und packte sie dann erneut. Ganz fest.

13 - Ein Monat

Die Ernte war eingefahren. Der Sommer war vorbei. Ich startete in mein letztes Schuljahr. Über den Sommer hatten wir alle frei gehabt. Gerade war ich zurück aus der Schule und saß auf dem Melkschemel bei den Kühen. Mutter war weiterhin stark eingeschränkt. Zwar hatte sich bei dem Geschwür eine gewisse Besserung eingestellt. Aber sie beschränkte sich auf ihre Arbeit am Webstuhl und verließ nur selten das Haus. Ich packte deshalb an, wo ich konnte. Das Melken ging mir inzwischen ganz leicht von der Hand. Die Kühe hatten sich an mich gewöhnt. Ich kannte ihre Eigenheiten, wusste wie sie reagieren und wo man sie anfassen musste. Es war zwar immer noch anstrengend, aber ohne die harte Erntearbeit im Feld hatte ich mehr Kraft übrig. Die Milch spritzte in den Eimer aus silbernem Blech. Die Kühe waren an diesem Tag ruhig und standen fast ohne Regung an ihren Plätzen.
Ich ließ den Sommer vor meinem geistigen Auge Revue passieren. Im Nachhinein konnte ich mir nicht erklären, wie mein Vater und ich die ganze Arbeit erledigt hatten. Wir waren über Wochen wie im Trance gewesen, hatten an nichts mehr gedacht und nur gearbeitet. Wenn wir Seit an Seit auf dem Feld waren, hatten wir fast nicht

mehr gesprochen. Einziges Thema war die Ernte, die Absprache über die nächsten Arbeitsschritte, die Koordination der Erntehelfer. Die ständige Ermüdung und wenig Schlaf taten ein Übriges.
Erst in jenen Wochen, mit etwas Zeit und nach einer Phase der Erholung, in der ich zwei Tage fast durchgeschlafen hatte, sackte alles ein. Immer noch fühlte ich mich erschöpft und müde, als ob ich die Erschöpfung nachholte für die Phase der Arbeit.
Der Eimer vor mir war inzwischen fast voll. Ich wischte mir mit dem Hemdsärmel den Schweiß vom Gesicht, packte den Eimer und stand auf. Ich legte die schwere Eisenkette vor, die den Kuhstall verschloss. Pfeifend ging ich über den Hof hinüber zum Haupthaus. Ich freute mich auf das Essen von Tante Maria und war froh, dass die Arbeit für den Tag bereits erledigt war. Ich hätte noch Hausaufgaben machen müssen. Doch meine Motivation hielt sich in Grenzen. Es war ohnehin das letzte Schuljahr und gute Noten brauchte man nur, wenn man weiter zur Schule gehen wollte. Das wollte hier keiner. Alle wollten endlich ordentlich mit anpacken auf den Feldern und in den Ställen der Eltern. Das war umso wichtiger, weil ja die großen Brüder in allen Familien als Arbeitskraft entfallen waren.

Ich streifte die Schuhe ab und betrat das Haus.
„Tante, die Milch ist da."
Mit zügigem Schritt betrat ich die Küche. Doch direkt darauf wich ich zurück. Statt des Geruchs von frisch Gekochtem und einem fröhlichen Lachen erwartete mich Stille. Die Kartoffeln waren nur zur Hälfte geschält, der Topf mit kaltem Wasser stand auf dem Herd. Nichts roch, nichts blubberte. Stattdessen ein verzagtes, krampfhaftes Wimmern. Auf dem Schemel, in der Ecke hinter dem Herd, krümmte sich meine Tante. Sie hielt sich den Bauch und die Schmerzen trieben ihr Tränen ins Gesicht.
„Tante, was hast du? Was sitzt du hier ohne was zu sagen!", fragte ich.
„Ach Timmi, Timmilein. Deiner Tante geht es nicht gut. Verzeih, dass das Essen noch nicht gemacht ist", klagte sie.
„Jetzt hör aber auf. Wir werden schon nicht verhungern", empörte ich mich.
Ich versuchte meiner Tante vom Schemel aufzuhelfen. Doch sie krümmte sich immer wieder nach unten, hielt sich ihren Bauch. Schließlich holte ich meine Mutter dazu, die an ihrem Webstuhl noch nichts mitbekommen hatte. Sie schimpfte die Tante, dass sie nichts gesagt hatte, sah jedoch schnell wie schlecht es ihr ging und hörte mit den Vorwürfen auf. Gemeinsam stützten wir meine Tante und

brachten sie in den Schlafraum. Meine Mutter griff ein neues, weißes Laken, steckte es an den Seiten des Bettes fest ein und strich es mit zwei, drei hastigen Handgriffen glatt. Dann halfen wir Tante Maria beim Hinlegen. Ich steckte das Kissen unter die grauweißen Haare, meine Mutter griff die Beine und hob sie auf das Bett. Tante Maria hatte die ganze Zeit weiter gewimmert. Das machte mir richtig Angst. Sie war sonst nicht wehleidig. Mehrfach hatte sie sich in der Küche verbrannt, ohne dass sie die Miene verzogen hatte. Es mussten also höllische Schmerzen sein. Meine Mutter legte ihr die Hand auf die Stirn.
„Ganz heiß“, murmelte sie. Dann gab sie Anweisungen. Ich sollte Wasser kochen und einen Eimer kaltes Wasser aus dem Brunnen hochholen. Mit dem kalten Wasser machte sie Umschläge für die Beine, gegen das Fieber. In das kochende Wasser mischten wir Essig und tränkten Tücher, die sich Tante dann auf den Bauch halten konnte. Wärme hilft gegen die Schmerzen, hatte meine Mutter immer gesagt. Außerdem machten wir Tee, den Tante trank, und kochten ihr Kartoffelbrei, damit sie ihn einfach essen konnte.
Vater kam am Abend und bewegte den Kopf langsam hin und her, als er von Tantes Krankenbett in die Küche kam. Er rieb sich seinen Schnurrbart und

flüsterte, so dass ihn Tante Maria nicht hörte:
„Sie hat sehr starke Schmerzen. Das ist was Ernstes. Wir müssen die nächsten Wochen ohne Tante auskommen. Gut, dass es dir wieder ein bisschen besser geht, Susanna."
Meine Mutter nickte. Sie wusste, dass sie die Arbeit in der Küche von diesem Tag an übernehmen musste.
Die nächsten Tage waren schwer. Tante Maria wimmerte fast ununterbrochen, die Schmerzen ebbten manchmal ab, kamen aber umso stärker zurück. Meine Mutter versuchte es mit allerlei Mitteln, mit Saft vom Kraut, mit Tees und Salben. Sie besprach sich im Ort mit anderen Frauen, was man gegen solche Schmerzen machen konnte. Manchmal gab sie ihr Pflaumenschnaps, damit sie es nicht so spürte. Eine Nachbarin sagte, wir sollten mit ihr nach Reghin fahren. Dort war ein Arzt. Der hätte besondere Medikamente. Doch wer sollte das bezahlen? Ärzte waren teuer. Es war fast nie vorgekommen, dass jemand aus Obereidisch von einem Arzt behandelt wurde. Man misstraute ihnen, befürchtete Geld für Nichts zu bezahlen. Und man konnte sich die Ausgaben schwer erlauben. So beschlossen meine Eltern in diesem Fall, dass sich die Schmerzen schon legen würden. Tante Maria müsste nur Ruhe haben und schonende Kost essen und trinken.

In der zweiten Woche hatte sich das Leben wieder etwas eingespielt. Ich hatte die Aufgaben in der Hausreinigung von Tante Maria übernommen und versorgte sie mit Tee, frischen Wadenwickeln und Essigtüchern. Außerdem kümmerte ich mich um die Hühner. Mutter übernahm die Küche und das Gemüsebeet, das vorher Tante Marias Reich war.
Immer, wenn ich Tante Maria etwas vorbeibrachte, strich sie mir durch die Haare und säuselte:
„Nu mach ich euch solche Arbeit. Lass das doch, mein Junge. Ich komm zurecht. Du hast doch bestimmt noch draußen zu tun."
Selbst auf dem Krankenbett dachte sie an die anderen. Da blieb sie sich treu. Ich konnte mich nicht erinnern, wann sie das letzte Mal etwas für sich gemacht hatte. Die Familie, das Wohlbefinden von uns Jungs, das war zu ihrem Lebensinhalt geworden.
Doch trotz ihrer Ansprachen kümmerte ich mich um sie. Jedes Mal, wenn ich merkte, dass ich es aufschob, dass ich vermeiden wollte, sie dort leiden zu sehen, hatte ich ein schlechtes Gewissen. Und ich riss mich zusammen.
Obwohl wir ihr regelmäßig Essen brachten, fing sie an Gewicht zu verlieren. Sie hatte schon vorher eine hagere Figur. Doch mit jedem Tag fielen ihre Wangen mehr ein, die Haut unter dem Kinn hing lustlos herunter,

die Augen wirkten, als ob sie in ihre Höhlen gerutscht wären.
An einem Abend, es war wohl die dritte Woche ihrer Krankheit, saßen wir an dem kleinen Holztisch in der Küche zusammen. Wir aßen seit der Erkrankung immer dort, damit wir Tante nicht störten, die während des Tages häufig schlief. Und wir waren ja nur noch zu dritt, so dass der Küchentisch ausreichte.
„Tante sieht gar nicht gut aus", erklärte ich.
Ich schaute meine Eltern an.
Mein Vater nickte, meine Mutter zuckte mit den Schultern. Sie sagte:
„Weißt du, Timmi. Wir können nicht mehr machen. Wir müssen hoffen und glauben, dass der liebe Gott deine Tante heilt. Dafür bete ich jeden Abend."
„Aber können wir denn wirklich nichts machen? Können wir sie nicht nach Reghin fahren, zu dem Arzt, von dem die Leute erzählen?", fragte ich.
Wieder schaute ich über den Tisch. Mein Vater runzelte die Stirn und legte ruhig sein Besteck ab bevor er antwortete:
„Timmi, ich sag das jetzt einmal und dann ist es auch gut. Wir können uns keinen Arzt leisten. Und außerdem wüssten wir gar nicht, ob das was hilft. Viele haben Geld nach Reghin getragen und an der Krankheit hat sich nichts geändert. Das werden wir

nicht machen. Du weißt selbst wie schwierig es ist, ohne deine Brüder den Hof zu bewirtschaften."
Meine Mutter nickte. Und ich gab auf. Es war wohl so, wie mein Vater sagte. Aber ich hätte es versuchen wollen, hätte meiner Tante ermöglichen wollen, dass dieser Arzt seine Mittel ausprobierte und nicht nur Mutter die Hausmittel ihrer Eltern und Großeltern.
Wir gingen unserem täglichen Tagesablauf nach. Man gewöhnte sich an Tante in ihrem Krankenbett. Sie tat alles, um uns nicht zu belasten. Fast nie klagte sie, fast nie verlangte sie etwas oder bat um Hilfe. Nur das Wimmern, das ihre Schmerzen begleitete, begleitete uns in diesen Wochen. Wie eine bedrückende Hintergrundmusik für unser Leben.
Und dann, mit einem Mal, war die Musik vorbei. Ich war gerade damit beschäftigt, meiner Mutter beim Kartoffelschälen zu helfen. Das Wimmern hatte aufgehört und zunächst machten wir weiter. Doch mit zunehmender Dauer der Stille fiel es meiner Mutter auf und sie sagte:
„Schau mal nach der Tante. Man hört ja gar nichts mehr."
„Sie wird eingeschlafen sein", entgegnete ich. Das Kartoffelmesser hatte ich aber schon abgelegt und ging in Richtung Schlafraum.
Als ich nach rechts blickte, dachte

ich, dass sich meine Vermutung bestätigte. Sie lag ruhig da, als ob sie schlief. Nach einem weiteren Schritt sah ich, dass ihre Augen offen waren. Ganz offen, ohne Bewegung, ohne dass die Augenlider zuschlugen. Ohne Leben.

Ich stieß einen Schrei aus und begann dann zu weinen. Meine Mutter war sofort gekommen, schloss die Augenlider meiner Tante und nahm mich in den Arm.

„Sie wird es gut haben bei Gott. Sie war so eine gute Frau", beruhigte mich meine Mutter. Doch ihre Stimme war brüchig und als ich aufblickte sah ich ihre Tränen auf den Wangen ein kleines Rinnsal bilden.

1944

14 - Ein Laib Brot und ein Stück Schinken

Ostern 1944 war ich konfirmiert worden. Damit gehörte ich nicht mehr zu den Kindern. Ab diesem Zeitpunkt bekam ich Pflaumenschnaps an den Feiern und alle erwarteten, dass ich mich als Mann benähme. Die Schule war damit schon fast vorbei. Es war das letzte Jahr. Die Konfirmation selbst war eine seltsame Feier. Ich erinnere mich nur noch bruchstückhaft, obwohl es das wichtigste Erlebnis für einen aufwachsenden Jungen im Dorf sein sollte. Generell waren die Feiern in dieser Zeit des Kriegs, mit den Brüdern und Söhnen an der Front, nicht mehr so ausgelassen und fröhlich. László spielte genauso wild und gut wie noch an Martins Hochzeit, doch es wurde weniger getanzt und weniger gejohlt. Fast unvorstellbar, aber ich hatte sogar den Eindruck, dass weniger getrunken wurde als sonst. Für mich war es die erste Feier in der kleinen Familie. Schon beim Aufstehen fühlte es sich falsch an. Da waren nur mein Vater und meine Mutter. Es fehlten so viele, die immer um mich herum gewesen waren. Tante Maria und meine Brüder. Nur Martins Frau und ihr Kind kamen später noch dazu und sorgten zumindest ein bisschen für

Familiengefühl. Meine Eltern ließen sich zwar nichts anmerken, aber ich bin sicher, dass es ihnen ähnlich ging. Ich hoffte, dass sie stolz auf mich waren und sich freuten. In diesen Zeiten waren aber zu viele Dinge schlecht, zu viele Sorgen in den Köpfen, als dass das Positive dieser einen Feier es verdrängen konnte. Wenigstens meine Freunde waren alle da. Meine Kumpane Weurer, Schuster, Motz und Klein aus der Oberen Gasse. Sie wurden gemeinsam mit mir konfirmiert. Und Simon aus der Levente kam als Besuch dazu. Den hatte ich nach dem Kappenvorfall kennengelernt, weil er bei den Marschübungen immer neben mir aufgestellt wurde. Er war etwas kleiner als ich, hatte eine schmale, dünne Nase und große, grüne Augen. Seine Haare waren pechschwarz und lockig. Er ließ sie immer länger wachsen als die anderen Jungs. Bei den Mädels kam er damit gut an. Außerdem machte er immer die besten Witze während der Übungen bei der Levente. Manchmal hatte er mich danach mit in die Metzgerei seines Vaters in Wetsch genommen und ich hatte ein paar der besten Stücke für uns aussuchen dürfen. Zuletzt hatte mein Vater wegen seiner Treue zu der Metzgerei aus Wetsch Ärger mit dem Ortsführer gehabt. Der sah es nicht gerne, dass wir dort einkauften, weil Simon und seine Familie Juden waren. Für mich

war das unverständlich. Alle wussten, dass es der beste Metzger in der Gegend war. Welche Rolle spielte da die Religion? Nur weil Hitler in Deutschland etwas gegen die Juden hatte?
Es war so ein Moment, in dem ich richtig stolz auf meinen Vater war. Denn er ging weiter zu Simons Vater und er bestand darauf, dass wir die Familie zu meiner Konfirmation einluden. Daneben kamen natürlich noch allerlei Verwandte und Nachbarn, die ich beim besten Willen nicht mehr alle aufzählen könnte.
Während die Erinnerungen an die Konfirmation verschwommen sind, sind die nächsten Wochen umso klarer.
Es fing damit an, dass Simon nicht mehr zur Levente kam. Links und rechts schaute ich durch die Reihen der jungen Burschen mit ihren Leventekappen. Viele hatten eine ganze Uniform, auch einige der Sachsen. Ich trug die Kappe und sonst ganz normale Kleidung. Simon war immer gekommen. Auch er nur mit Kappe und mit den weit geschnittenen Stoffhosen und dem Hemd aus dem groben, weißgrauen Stoff. War er vielleicht woanders aufgestellt worden? Schräg hinter mir stand, wie sonst auch, Schuster. Ich flüsterte ihm zu, ob er wüsste, was mit Simon wäre. Er zuckte mit den Achseln und deutete mit einer hastigen Bewegung seiner Nase an, dass ich besser nach vorne schaute. Dort hatte

der Levente-Leiter zu einer Ansprache angesetzt. Kaum schaute ich nach vorne, sah ich bereits seine vorwurfsvollen, stecknadelförmigen Augen auf mich gerichtet. Dann ging es los: Die Levente könne sich endlich beweisen. Eine verantwortungsvolle Aufgabe sei ihr übertragen worden. Wir hätten unseren Schulen und Familien mitzuteilen, dass zusätzliche Schichten notwendig würden. Der Einsatz in Reghin sei für alle verpflichtend. Ungarn und Deutsche wollten endlich auch in der Region Reghin dafür sorgen, dass uns die Juden nicht weiter übervorteilten und ausnutzten.

Ich horchte auf. Sollten die den Juden etwas antun wollen? Hatten sie vielleicht Simon und seine Familie geholt?

Viel mehr Informationen wurden uns nicht gegeben. Jeder bekam eine Zeit zur Meldung genannt. Es werde ein Wagen nach Obereidisch kommen, um uns zu unserer Schicht abzuholen.

Mit den Jungs aus der Oberen Gasse sprach ich nur kurz. Keiner wusste viel mehr als ich. Weurer sagte, er habe in den letzten Tagen zweimal ungarisches Militär in der Gegend gesehen. Einmal wären wohl Leute von der „Deutschen Jugend", also der sächsischen Hitlerjugend, dabei gewesen. Aber dass die Juden abgeholt wurden, das hatte keiner gesehen. Aber wie auch? In Obereidisch hatten wir ja

keine Juden. Was in den Nachbardörfern passierte, bekam man nicht gleich mit. Wir trennten uns zügig und liefen nach Hause.
Mein Vater hatte von der Sache gehört. Er legte die Stirn in tiefe Falten, als ich ihn ansprach. Dann legte er das Messer ab und rückte seinen Stuhl zurück. Meine Mutter hörte auf zu kauen und schaute ihn an. Er sprach ruhig und mit Bedacht, aber ich meinte ein Vibrieren in der Stimme zu hören:
„Es scheint, dass man in Reghin ein Lager gebaut hat. Da schaffen sie die jüdischen Familien hin. Und jetzt missbrauchen sie noch die Burschen, um dort Lagerwache zu schieben."
Meine Mutter und ich reagierten fast gleichzeitig: „Aber was wollen sie denn mit den Juden tun?"
Mein Vater wiegte den Kopf. Alle am Tisch wussten Bescheid über die Geschichten, die man aus Deutschland hörte. Da waren die Juden massenweise vertrieben worden. Viele mussten in Lager und keiner wusste genau, was dort passierte. Die Gerüchte ließen nichts Gutes erwarten. Das war meinem Vater in diesem Moment klar, als er sagte:
„Es ist auf jeden Fall grausam für die Familien. Egal, was genau sie mit ihnen vorhaben. Soviel ist klar."
Seine Stimme klang inzwischen verkrampft. Sein Schnurrbart zitterte

leicht. Ich fühlte die Ohnmacht, die er spürte, fühlte seinen Ärger, den er nicht herauslassen konnte, dem er keinen Platz schaffen konnte. Meine Mutter beendete den kurzen, unangenehmen Moment der Stille, als sie fragte:
„Wann musst du hin?"
Sie hatte aufmerksam zugehört und dachte an die Menschen, die sie kannte.
„Morgen, zur Abendschicht", antwortete ich.
Ohne lange nachzudenken sagte sie daraufhin:
„Ich gebe dir einen Laib Brot und ein Stück Schinken mit. Wenn sie fragen, sagst du, dass ich es für dich mitgegeben hätte. Aber wenn du eine Möglichkeit hast, gibst du es Simon. Wer weiß, was die dort zu essen bekommen. Ich will es mir gar nicht ausmalen."
Mein Vater verzog die Mundwinkel nach unten, sagte aber nichts. Ich nickte mit einer zaghaften Kopfbewegung. Mir war in diesem Moment nicht klar, welches Gefühl stärker war. Die Sorge um meinen Freund Simon oder die eigene Angst, mit dem Essen erwischt zu werden.
Am nächsten Tag hatte ich früh alles bereit gelegt. Es war recht warm, ein schöner Frühlingstag. Trotzdem hatte ich das warme Hemd angezogen, weil es in der Nacht noch frisch werden konnte. Das Essen war in einem Lei-

nensack, den ich mir an den Rücken schnallen würde. Meine Stiefel hatte ich nochmal geputzt und auf Hochglanz gebracht. Den Vormittag über beschäftigte ich mich mit Arbeit in Haus und Umgebung. Ich holte die Eier von den Hühnern, ich reparierte das Schloss am Eingangstor, ich molk die Kühe und ich überprüfte die Sensen für die Ernte. Sobald ich eine Minute Ruhe hatte, schlug mein Puls schneller und Bilder von Simon und seiner Familie kamen mir in den Sinn. Deshalb hastete ich von einer Aufgabe zur anderen, versuchte mich beschäftigt zu halten, um die aufkommende Angst, die Unsicherheit zu übertünchen. Nach dem Mittagessen zog ich die bereit gelegte Kleidung an und lief zur vereinbarten Zeit Richtung Schulgebäude, wo sie uns abholen wollten.
Mutter und Vater hatten mir einen Kuss gegeben und winkten als ich aus dem Tor auf die Obere Gasse trat. Vater hatte mir noch am Abend vorher ins Gewissen geredet. Ich sollte auf mich aufpassen. Auf jeden Fall sollte ich mich nicht offen für die Juden stark machen. Wenn ich das Essen dort ließ, dann so, dass keiner etwas merkte. Man wüsste nicht, was sie mit mir machten, wenn sie mitbekämen, dass ich den Juden helfen wollte.
An der Schule warteten noch zwei weitere Sachsen aus dem Dorf. Sie waren beide etwas jünger als ich. Sie sahen

eingeschüchtert aus. Keiner sagte etwas. Einer der Jungs lief ständig hin und her, der andere hockte tief in den Knien, so dass der Hintern fast auf dem Boden war. Er starrte an uns vorbei, die Obere Gasse hinauf. Von dort erwartete er den Wagen. Ich selbst lehnte mich an die Schultür und versuchte meinen Puls zu beruhigen. Meine Atmung war zu schnell und ließ sich auch mit bewusst langen Atemzügen nicht bändigen.
Kurze Zeit später fuhr ein einfacher Planwagen mit einem braunen, schwergängigen Zugpferd vor. Auf dem Führerbock saß kein Bekannter aus der Levente, sondern ein ungarischer Uniformierter. Auf der Schulter trug er ein großes Emblem, das ich bis dahin nicht gesehen hatte: Es war ein grünes Pfeilkreuz auf weißem Grund, das von einer roten Fläche umrahmt war.
Der Ungar machte nur eine Kopfbewegung in Richtung Planwagen. Als wir hineinblickten, sahen wir, dass noch andere Jungs für unsere Schicht abgeholt worden waren. Ich schaute mich kurz um zu den anderen beiden, dann stieg ich auf den Wagen und setzte mich. Ich blickte in angespannte Gesichter. Die sonst so wilden Burschen saßen aneinandergereiht, die Hände auf den Beinen. Eine jugendliche Wachtruppe aus Jungs, die alle mehr Angst vor der Aufgabe hatten, als sie zeigen wollten. Entsprechend still

war die Fahrt nach Reghin. Jeder war mit sich selbst beschäftigt, starrte vor sich hin.
Wir fuhren aus Obereidisch raus, passierten Niedereidisch und fuhren dann immer entlang des Mieresch nach Süden. Nach eineinhalb Stunden erreichten wir Reghin. Als erstes hielten wir am Stadtrand bei der alten Bierbrauerei. Die Straße war menschenleer. Die Wache, an der wir schon vorbeigefahren waren, ließ keinen in die Nähe des Gebäudes. Von außen konnte ich nicht erkennen, was sich im Inneren abspielte. Aber ich sah die Bewachung. Einige ungarische Polizisten standen direkt am Eingang. In einer Ecke weiter hinten machte ich die Hakenkreuzuniformen der „Deutschen Mannschaft“ aus. Das waren die Männer von Gassner und Benesch, den Gebietsleitern des Volksbunds der Deutschen in Ungarn. Wir machten es also selbst. Nicht nur die Ungarn, auch die Sachsen kümmerten sich um die Lager, hatten wahrscheinlich auch die jüdischen Familien geholt.
Der Pfeilkreuzler war abgesprungen, kam nach hinten zum Wagen, zeigte auf vier der acht Jungs. Die Vier zögerten kurz, stiegen dann aber mit all der noch vorhandenen Entschlossenheit und aufgeblasener Brust aus dem Wagen. Wir anderen blieben sitzen. Der Ungar grüßte einen der Deutschen am hinteren Ende des großen Fachwerkge-

bäudes. Dann übergab er ihm die vier Levente-Wachen.
Schon rumpelte der Wagen wieder los. Wir ließen das zweistöckige Brauereigebäude hinter uns, passierten eine weitere Straßenwache mit ungarischen Gendarmen und fuhren durch die Stadt, Richtung Nordwesten. Ich blickte mich kurz um, dann hatte ich mich wieder orientiert: Wir fuhren auf der Straße Richtung Dedrad. Nach weiteren fünf Minuten sah ich unser Ziel. Es war die stillgelegte Ziegelei kurz hinter der Stadtgrenze von Reghin. Als wir uns näherten, fühlte ich mein Herz verkrampfen. Die alte Ziegelei war schon lange nicht mehr benutzt. Es war ein Ruinenfeld ohne Dach. Sie war anscheinend das Lager für die jüdischen Familien geworden. Aus der Ferne sah ich mehr Menschen als ich jemals auf einer so kleinen Fläche gesehen hatte. Jede der Kammern, wo früher die Ziegel getrocknet wurden, war voll besetzt mit Menschen. An vielen Kammern sah ich provisorisch befestigte Mäntel und Tücher. Wahrscheinlich waren das Versuche, die Dächer zu ersetzen. Aber einen stärkeren Regenschauer schien keine der Konstruktionen auszuhalten. Unser Wagen hatte am Haupteingang des Komplexes gehalten. Der Fahrer deutete an, dass wir herunter kommen sollten.
Aus der Ziegelei kam ein ungarischer Polizist mit dem Jugendführer der Le-

vente auf uns zu. In radebrechendem Deutsch wurde uns vermittelt, dass wir für die Sicherung der Außengrenzen des Lagers zuständig sein würden. Falls also einer der Juden versuchte, die neu errichtete Umzäunung, ein mindestens zwei Mann hoher Stacheldrahtzaun, zu überwinden, so hatten wir Alarm zu schlagen. Der Jugendleiter übernahm die Erklärung. Der vollbärtige, ungarische Gendarm stand daneben und musterte uns aus seinen tief liegenden von tiefen Schatten umrandeten Augen.
Wir liefen am Zaun entlang. Das Bild der jüdischen Familien aus der Nähe bestätigte meine schlimmsten Befürchtungen. Die sonst so ordentlichen Mitbürger waren mit einem Mal gezwungen zu leben wie Tiere. Schlimmer noch, denn Tiere hatten meist ausreichend Platz und Auslauf. Ich zählte die Menschen, die ich sah, hörte aber entsetzt auf. Es mussten weit über Tausend sein, dachte ich damals. Später hörte ich die Zahl 4000. 4000 Menschen in einer Ziegelei, die fast kein Dach mehr hatte. Dort gab es kein Plumpsklo, keinen Brunnen. Es war absolut ungeeignet als Zuhause für Menschen. Aber mit dieser Anzahl von Menschen wurde es zu einer Gefahr für das Leben.
Wir hatten das Gelände zur Hälfte umrundet und schon einige Levente-Wachposten passiert, als wir anhielten.

Der Jugendführer sprach einen ungarischen Knaben vor uns an und bedeutete ihm, dass seine Schicht vorbei war. Er lächelte kurz. Mir wurde bedeutet, dass dies mein Posten sei. Ich sollte die nächsten fünf Stunden den Zaun vor mir nicht aus den Augen lassen. Einmal pro Stunde käme der Jugendführer vorbei, um nach dem Rechten zu sehen. Dann machten sich die anderen beiden Jungs, mein Vorgänger auf dem Wachposten und der Jugendführer auf. Und ich blieb. Alleine mit meinem pochenden Herz im Brustkorb.
Die Sonne stand tief im Westen und begann sich rötlich einzufärben. Ich hockte mich auf einen Baumstamm und blickte ins Lager. Dort bewegten sich die Menschen nun Richtung Haupthalle. Trotz der Menschenmassen schien es gut organisiert. Es gab kein Geschrei, die Menschen achteten aufeinander. Zurück kamen sie mit kleinen Schalen, wahrscheinlich mit Suppe. Ein anderer Wachmann sagte mir auf der Rückfahrt, dass es immer Kartoffelsuppe gäbe. Die Juden würden die selbst kochen und verteilen. Das Jüdische Konzil aus Reghin hatte die Koordination übernommen.
Was ich in den nächsten Minuten und Stunden beobachtete, brannte sich in mein Gedächtnis wie ein Brenneisen in das Fleisch eines Tieres. Zweimal in einer halben Stunde sah ich, wie Familien aus ihren kleinen Kammern ka-

men und Angehörige, Erwachsene und Kinder, an das Ende des Lagers schleppten. Dort in der entferntesten Ecke, wurden Leichen abgelegt. Ich wusste nicht, ob sie einfach dort lagerten oder ob sie jemand wegschaffte. Auf jeden Fall waren es viele, denn immer wenn der Wind aus dieser Richtung kam, drang ein bestialischer Geruch in meine Nasenflügel ein. Man grub dann zwar Gräber, aber kam wohl gar nicht hinterher mit dem Ausheben. Es fehlte das richtige Werkzeug, weil die ungarischen Polizisten verhindern wollten, dass die Juden mit Schaufeln auf sie losgingen. Woran die Leute starben wusste ich nicht. Ich konnte mir nur ausmalen, dass alle möglichen Erreger im Umlauf waren, wenn so viele Menschen zusammengepfercht wurden. Dazu konnte sich ja keiner der Juden richtig reinigen oder gar waschen. Mehr als ein bisschen Wasser zum Trinken gab es dort drinnen nicht.
Von meiner Wachposition hatte ich einen guten Blick ins Lager. Ich sah wie die Familien zusammengekauert saßen. Es wurde nicht viel gesprochen. Einige sah ich beten. Immer wieder schrie ein Kind. Den leeren Augen und dreckverschmierten Gesichtern sah man an, dass sie schon mehrere Tage, vielleicht sogar länger, in solchen Zuständen leben mussten.
Was hatten sie nur getan? Juden waren

unsere besten Kunden auf dem Marktplatz gewesen. Vater sagte immer, die könne man anschreiben lassen, da wüsste man, dass man sein Geld wiederbekäme. Sie verhandelten immer hart um den Preis, aber waren absolut fair. Und sie schätzten die Qualität. Es gab viele, die immer wieder zu unserem Stand kamen, weil sie die Gurken so mochten oder weil sie Mutters Kräuter frischer und sauberer fanden als die, die von anderen auf dem Markt in Rastolita angeboten wurden.
Umgekehrt waren die Produkte, die sie selbst anboten hervorragend. Besonders das Fleisch, das Simons Vater machte. Niemand in den Nachbardörfern hatte besseres Fleisch. Es war meisterhaft geschnitten, immer genau richtig abgehangen und nur von den besten Tieren.
In meinen Gedanken stand ich mit meinem Vater in der Metzgerei in Wetsch und schaute ihm zu, wie er sich die Fleischstücke aussuchte. Simons Vater strahlte, wenn er die Qualitäten der unterschiedlichen Stücke beschrieb. Er zeigte häufig sein breites Grinsen und seine runden Wangen waren leuchtend rot von der Anstrengung. Auf der vorderen Hälfte seiner Halbglatze glänzten einige Schweißperlen. Für mich hatte er immer einen Spaß parat und ließ mich immer von einer anderen Wurst probieren. Schon bevor ich mit

Simon befreundet war, hatte ich mich dort wohl gefühlt.
Ich schreckte aus dem Tagtraum auf und fokussierte meinen Blick wieder auf das Lager. Hatte ich da etwa gerade genau diese Halbglatze wieder gesehen? Der Mann war hinter einer der Zwischenmauern verschwunden. Einige Momente später tauchte er wieder auf. Er war es tatsächlich. Statt rosige Wangen und ein breites Grinsen, sah ich aber Wut und Verzweiflung und aufgesprungene Lippen. Mein Puls erwachte wieder, schlug mir bis zum Hals. Wo war Simon? Angestrengt fixierte ich die Parzelle der Ziegelei, wo der Metzger verschwunden war. Ich wartete eine gefühlte Ewigkeit.
Dann sah ich meinen Freund. Simon kam hinter der Ziegelmauer hervor und lief in Richtung Wasserausgabe. Dort gab es die mickrige Menge Trinkwasser, die den Ghettoinsassen gewährt wurde. Sie mussten es sich in kleinen Gläsern abholen. So eines hatte Simon in der Hand. Ich zögerte kurz. Dann sprang ich von meinem Wachposten die Böschung hinab und kauerte mich in einen Busch. Drei Vogellaute waren unser Signal, das wir uns bei den Militärspielen der Levente antrainiert hatten. Simon hörte es und schaute in meine Richtung. Dann sah ich, wie er sich in eine Ecke verzog und von dort mit dem gleichen Geräusch antwortete. Ich machte nochmal dreimal die Vogel-

laute. Dann sprang ich wieder hoch und setzte mich auf meinen Posten. Er musste mich gesehen haben, lief aber weiter und holte Wasser als ob nichts gewesen wäre. Ich verlor ihn aus den Augen. Zu dem Zeitpunkt war die Sonne schon fast untergegangen, ein grauer Schatten lag über dem Lager, im hinteren Teil konnte ich nur noch Umrisse der Menschen erkennen. Da wackelte unten der Zaun. Simon hatte tatsächlich die Wachen im Lager umrundet und war bis an den Zaun gekommen. Schnell schnappte ich das Brot und den Schinken und sprang ihm entgegen. Ein hektischer Blick nach links und nach rechts. Scheinbar hatte keiner der anderen Wachposten etwas mitbekommen. Zum Glück sah ich eine defekte Stelle im Zaun. Ich riss das Brot in drei Teile und steckte es durch das Loch. Langsam, jede hastige Bewegung vermeidend. Dann noch den Schinken. Simon hatte ein kleines Lächeln im Gesicht, schaute sich dabei ständig nach den Wachen um und hielt den Finger auf den Mund. Das hätte er nicht tun müssen, denn ich traute mich fast nicht zu atmen. Als er den Schinken entgegengenommen hatte, nickte er mir nochmal kurz zu und schlich schnell wieder am Zaun entlang, Richtung Wasserausgabestelle. Ich kroch zurück zu meinem Wachposten. Dort sank ich in mich zusammen. Meine Arme und Beine zitterten noch

fünf Minuten bis ich mich langsam wieder beruhigte.
In der Nacht nach meinem Wachdienst wachte ich mehrmals auf. Mein Hemd war nassgeschwitzt und klebte an der Haut. Im Traum hatte ich einen Laib Brot in der Hand und reichte ihn Richtung Simon. Aber Simon wurde von großen Klauen weggerissen und ein Soldat schlug mir das Brot aus den Händen und richtete eine dieser ungarischen Pistolen auf mich. Dann wachte ich auf.
Erst zwei Tage später sollte ich wieder zum Dienst antreten. Meine Träume spiegelten meine Angst, nochmal den Versuch zu unternehmen, mich nochmal nicht an die Regeln zu halten. Sie machten mir aber neue Angst und holten Simon immer wieder ganz nah zu mir. Simon und sein Schicksal.
Am Tag danach hatte ich Leventeübung. Wir marschierten und standen stramm wie jedes Mal. Keiner sprach von den Juden, keiner sprach über seine Erlebnisse beim Wachdienst. Alle wirkten noch eifriger und konzentrierter. Bestrebt, ja nicht aufzufallen, keinen Anlass für Beanstandung durch den Jugendführer zu geben. Über meinen Altersgenossen hing ein Ausrufezeichen:
„Die stecken uns da auch rein, wenn wir nicht parieren!“
Das musste keiner sagen. Das dachten alle, fühlten alle, wussten alle.

Unter all den braven Jungen fühlte ich mich als Sünder, als einer, der nicht pariert hatte, den sie reinstecken würden, wenn sie es wüssten.
Kurz vor Ablauf der Übungen rief der Jugendführer die sechs Jungs zusammen, die an den nächsten zwei Tagen schon für den Wachdienst eingeplant waren. Ich trottete hin, versuchte möglichst unbeteiligt zu schauen.
„Die Juden werden weggefahren. Man braucht euch nicht mehr."
Das war alles. Mein Wachdienst war nach einem Einsatz beendet. Ein Laib Brot und ein bisschen Schinken. Mehr konnte ich, konnten wir für Simon und seine Familie nicht tun. Sie wurden weggefahren. Und mein Vater sagte, was sie erwartete, war nichts Gutes.

15 - Die Front kommt

„Die Juden hättet ihr nicht mehr wegschaffen müssen“, meinte Mihai.
Er zuckte mit den Achseln, als er das sagte. Er half uns mit der Ernte. Wir packten in diesem Moment das getrocknete Heu vom Feld auf den Wagen.
„Was meinst du?“, fragte ich.
Ich war irritiert. Die Juden wegzuschaffen war nicht in Ordnung. Egal, wann. So dachte ich.
Er grinste und dozierte: „Na, ihr verliert den Krieg. Da muss man doch nicht mehr dem Führer folgen, wenn man schon weiß, dass man verliert. Da schaut man lieber, dass man eine weiße Weste hat. Aber ihr seid einfach zu fanatisch.“
Ich entgegnete: „Wir sind überhaupt nicht fanatisch, Mihai. Das weißt du genauso gut wie ich. Mein Vater hat mit der ganzen Deutschen Mannschaft nichts am Hut.“
Er schmunzelte, hob beschwichtigend die Hände und brummte: „Ich weiß doch, Domnule. Ich weiß. Ich hab über euch Deutsche insgesamt gesprochen.“
Das kurze Gespräch auf dem Feld hing mir im Magen. Ich hatte zwar schon genug andere Andeutungen gehört, dass es an der Russlandfront nicht gut lief. Aber von einem verlorenen Krieg hatten die Sachsen im Dorf nicht gesprochen.
Am folgenden Tag sammelten wir uns

wieder in Wetsch. Es war Levente-Training. Als ob nichts gewesen wäre, machten wir unsere Übungen. Die Dorfweiber saßen weiter am Straßenrand, schauten uns zu und tratschten miteinander. Der Jugendführer erwähnte unseren Wacheinsatz nicht mehr. Es war alles, wie vorher. Nur fehlten einige Levente-Jungen. Und einer fehlte mir besonders. Immer wieder hatte ich das Gesicht von Simon vor Augen. Immer wieder sah ich, wie er sanft lächelte als er das Brot und den Schinken entgegen nahm. Immer wieder schreckte ich auf, wenn mich die Befehle des Jugendführers aus den Gedanken rissen und ich für einen kurzen Moment dachte, er könnte sehen, was ich sah und fühlen, was ich fühlte.

Am Ende der Übungen ging ich auf den Jugendführer zu und fragte ihn direkt:

„Einer unserer rumänischen Arbeiter hat gesagt, dass der Krieg schon verloren sei. Stimmt das?"

Er wurde ganz rot im Gesicht, als er antwortete:

„Ein Rumäne. Was soll der schon wissen? Das sind sowieso elendige Überläufer. Das sind keine Männer, das sind Memmen."

Sagte es und drehte sich abrupt um. Statt meine Frage zu beantworten, hatte er die Rumänen beschimpft. Dass die Ungarn nicht die besten Freunde der Rumänen waren, war mir nicht neu.

Aber dieser Ton, dieser Hass, diese Anschuldigungen. Das war neu.
Etwas später hatte ich die Chance auf bessere Information, denn Hans war wieder zu Hause. An den ersten Abenden, nachdem er von der Front zurückgekehrt war, hatte er mit ungläubigem, aber irgendwie erschöpftem Blick zugehört. Ich hatte die Geschichte vom Brot und dem Schinken erzählt. Mutter hatte von vielen Geschichten von schlechten Nachrichten von der Front berichtet und wie sehr sie doch froh wäre, dass es ihn, den Hans, nicht getroffen hatte.
Und als ich Hans fragte, warum die Ungarn und die Rumänen anfingen, sich zu beschimpfen, sagte er:
„Mit den Leuten hier hat das nichts zu tun, Timmi. Aber die Leute regen sich über die Politik auf. Und weil sie keinen haben außer den Rumänen im Dorf, wenn sie sich über rumänische Politik, über Antonescu oder König Mihai, aufregen, bekommen es die, die hier wohnen, ab."
Dann erklärte er mir, was schon der Jugendführer gemeint hatte. Rumänien hatte die Seiten gewechselt. Noch bis in den August hatten sie mit Hitler gekämpft, als Tankstelle des Kriegs hatten sie fungiert mit ihren Ölreserven südlich der Karpaten, rund um die Vorgebirgsstadt Ploiesti. Ganz stolz hatte Pfarrer Roth uns die Karte gezeigt und die Ölfelder be-

schrieben, als ob es unser Land wäre. Da hatten wir schon zu Ungarn gehört. Inzwischen wären die Russen an die Grenze von Rumänien vorgerückt und sofort wären die Rumänen umgeknickt und kämpften von diesem Zeitpunkt an mit den Russen gegen Deutschland.
Hans hatte nicht viel von den Russen berichtet. Immer wenn ich fragte, wiegelte er ab. Er sagte Dinge wie:
„Krieg ist nichts für kleine Jungs."
Oder:
„Es ist schlimm genug, dass ich das alles erleben musste."
Nur einmal erwischte ich ihn allein. Da hatte er schon zwei oder drei Gläser Schnaps getrunken. Ich weiß nicht mehr, was ich ihn gefragt hatte. Doch er schaute mit etwas feuchten Augen an mir vorbei und berichtete von einer Szene, die sich ihm eingebrannt hatte. Da war ein russischer Soldat auf ihn zugelaufen und richtete bereits die Waffe auf ihn. Hans verteidigte sich gegenüber mir, ohne dass ich ihn angeklagt hätte:
„Wenn ich nicht geschossen hätte, hätte er es getan. Was bleibt einem da übrig?"
Das war es. Ich meinte ein Zucken in seinem Gesicht gesehen zu haben. Auf Nachfragen brummte er nur wieder eine seiner Floskeln. Aber von da an wusste ich, dass mein Bruder Menschen umgebracht hatte. Mein Bruder, der sich immer um mich gekümmert hat, der

in Obereidisch keinem Menschen etwas zu Leide getan hatte, der sich in der Schule nicht geschlagen hat. Er musste sein restliches Leben mit dem Wissen leben, dass er anderes Leben genommen hatte.
Mutter und Vater fragten gar nicht erst. Wollten sie vielleicht gar nicht wissen, was Hans im Krieg gemacht hatte? Machen musste? Wollten sie es weghalten von Obereidisch? Weghalten vom großen Eichentisch in der Stube, von der immer noch gut gefüllten Vorratskammer, der Küche, dem Hof, den Kirschbäumen? Von der Idylle, die schon tiefe, dunkle Risse hatte, die selbst ich in meiner Jugend nicht mehr übersehen konnte?
Etwas erzählte Hans aber doch. Schon kurz nach seiner Ankunft. Wir saßen draußen, ich am Boden, meine Eltern auf der Holzbank neben der Tür zur Stube. Es war ein etwas schwüler Sommertag. Einer der Tage, an denen die Wolken die Sonne verhängten und viel Wasser in der Luft war. Hemd und Hose klebten an der Haut. Hans schaute uns an. Sein Gesicht war ernst. Er fragte:
„Ihr wisst, was es heißt, dass ich wieder da bin, oder?"
Wir schauten ihn in Erwartung an. Ich wusste es nicht. Vater nickte wohl leicht, aber ich war mir nicht sicher, ob er wirklich wusste, was folgte. Hans fuhr fort:

„Die ungarischen Truppen, mit denen ich an der Front war, haben seit Längerem den Rückzug angetreten. Die Russen haben an Land gewonnen."
Hans schaute uns an, erwartete eine Reaktion. Die kam aber wohl nicht in der erwarteten Form. Bis auf ein Stirnrunzeln meines Vaters und aufgerissenen Augen meiner Mutter herrschte Stille. Er ergänzte:
„Auch die Deutschen sind auf dem Rückzug."
Er schnaufte und schaute dabei auf die Grasbüschel vor seinen Füßen. Dann platzte es richtiggehend aus ihm heraus:
„Das heißt, dass die Russen bald hier sein werden. In Rumänien zuerst und dann in Ungarn. Und hier werden sie als Erstes in Siebenbürgen ankommen."
Langsam sickerte die Erkenntnis durch. Wir hatten ja alle schon im Dorf davon gehört, dass die Deutschen zurückgedrängt würden. Aber es war abstrakt geblieben. Man hatte es nicht zu Ende gedacht. Hans öffnete uns in diesem Moment die Augen: Es würden wieder Truppen durch unser Land ziehen. Doch Hans machte uns schnell klar, dass es diesmal anders war:
„Für die Russen sind wir der Feind. Wir alle hier, aber insbesondere wir Deutsche."
Mir kam es vor als wären die Grillen lauter geworden. Wie ein tobendes Fi-

nale eines der wildesten Lieder von László und seiner Band. Erst nach und nach fokussierte ich mich wieder auf die Unterhaltung. Sie war nach einem kurzen Moment des Schocks weiter gegangen. Es ging um die ersten Flüchtlinge, die man in Siebenbürgen gesehen hatte. Transnistriendeutsche wären wohl schon im Frühjahr in einigen Orten angekommen. Viele krank, nur mit dem Nötigsten von zu Hause. So wollte mein Vater uns nicht sehen.
Die Diskussion mutete inzwischen fast an wie Streit. Mein Vater schimpfte:
„Ich sag es nochmal. Wir bleiben hier. Das ist unsere Heimat. Man kann uns hier nicht vertreiben."
Mein Vater hatte die Stimme erhoben. So laut war er geworden bei „Heimat", dass sich die Stimme überschlagen hatte.
Meine Mutter war bleich im Gesicht. Zwei, drei Strähnen ihres graubraunen Haares hangen über Stirn und Augen. Doch statt es wie sonst mit einer Bewegung hinter die Ohren zu stecken, ließ sie es hängen. Ihre Augen starrten ihren Mann an, zuckten dann hin und her zwischen Hans und meinem Vater.
Hans hatte beschwichtigend die Hände gehoben. Er antwortete:
„Du hast ja Recht, Vater. Aber du hast die Russen nicht gesehen. Ich hab arge Sorgen, dass die nicht unterscheiden werden. Für die sind alle

Deutschen gleich. Und glaub mir, die haben einiges, was sie zurückzahlen wollen."
Mutter schluchzte kurz, als Hans das mit dem „Zurückzahlen" sagte. Auch ich war zusammengezuckt.
Es brach aus mir heraus: „Was soll das heißen? Wir sind doch keine Soldaten. Papa, Mama und ich."
Hans antwortete prompt, verzog dabei keine Miene, wirkte fast eiskalt als er sagte:
„Das wird die Russen nicht groß interessieren, befürchte ich."
Mir verschlug es die Sprache. Ein bitterer Belag hatte sich auf meine Zunge gelegt und ein schauderndes Zittern durchfuhr meinen Körper.
Meine Mutter entrüstete sich:
„Ruhe jetzt, Hans. Mach dem Jungen keine Angst!"
Mein Vater rieb sich dreimal durch den Schnurrbart, kratzte sich am Kopf und stand dann auf. Er sagte:
„Genug. Ich werde mir das durch den Kopf gehen lassen. Die nächsten Tage will ich davon nichts hören. Wir haben ohnehin viel zu tun."
Vater hatte ein Machtwort gesprochen. Keiner sagte einen weiteren Ton. Wir standen auf, um Mutter zurück ins Haus zu helfen. Sie tat sich weiterhin schwer mit dem Gehen. Auch wenn das Geschwür etwas abgeheilt war, es schränkte sie noch erheblich ein.
Arbeit hatten wir Männer deshalb mehr

als genug. Die Ernte stand an und gleichzeitig halfen wir zu Hause aus, wo es ging. Manchmal kam meine Schwägerin und half, doch sie hatte mit dem Kind und ihrer Familie zu Hause genug zu tun.
Unsere Hände führten die Sense, misteten die Ställe aus, melkten die Kühe, hielten die Pferdehufe, wenn die Zigeuner die neuen Beschläge anbrachten, oder setzten den Eintopf aufs Feuer. Unsere Köpfe jedoch, fast jeder zweite Gedanke, waren bei den Russen, waren beim Krieg.
Ich hatte keinerlei Vorstellung, was oder wie ein Russe war. Der einzige Russe, den ich kannte, lebte in der Zigeunergasse in Obereidisch. Er war Kriegsgefangener im ersten Weltkrieg gewesen und hatte sich später entschieden, dass er gar nicht mehr zurück wollte. Und so wohnte er in der Zigeunergasse, zwei Häuser weiter von László. Er hatte eine Schusterei und war gar nicht so, wie man in dieser Zeit von den Russen sprach. Er war weder groß, noch stark, noch böse. Und er hatte keinen roten Kopf mit Glatze. Ganz im Gegenteil, ich bin immer gerne zu ihm gegangen, wenn wieder ein Schuh kaputtgelaufen war oder eine Sohle getauscht werden musste. Er guckte dann meist von seiner Werkbank über die randlose kleine Brille. Seine großen Augen leuchteten und er erzählte einen Witz, um mich

zum Lachen zu bringen. Wenn die Russen so waren, musste uns nicht bang sein. Doch die Russen, die in den Erzählungen im Dorf beschrieben wurden, waren nicht so. Die waren wahre Monster in Menschengestalt. Die vergingen sich an Frauen und mordeten Kinder. Die verbrannten ganze Dörfer. Jeden Tag hatte einer der Jungs aus dem Dorf eine andere Schreckensgeschichte parat. Und ich dachte an unseren Schuster.

Hans war ständig unterwegs. Er ging zu jedem Treffen mit dem Ortsführer und traf sich mit Leuten in den Nachbarorten. Jeden Tag kamen neue Nachrichten von der Front. Abends sah ich ihn häufig auf dem Hof mit Vater sprechen. Manch eine Information fand anschließend ihren Weg zum Abendessenstisch. Doch ich war mir sicher, dass ich nicht alles erfuhr.

Vater machte häufig den Eindruck, als würde ihn das alles nicht weiter interessieren. Er ging selbst zu keinem der Treffen, sprach nicht mit dem Ortsführer oder anderen Vertretern des Volksbunds der Deutschen in Ungarn. Er kümmerte sich um die Ernte, wies die Hilfskräfte an, sprach sich mit uns ab, wer sich um welchen Arbeitsschritt zu kümmern hatte. Abends kam er nassgeschwitzt von der Schwüle des Tages und der harten Arbeit nach Hause, wusch sich mit dem Brunnenwasser auf dem Hof, trank einen Pflau-

menschnaps, aß und ging ins Bett. Wenn wir es nicht besser gewusst hätten, ließ ihn all das Gerede von Krieg und von Russland absolut kalt.
Die erste Septemberwoche hatte begonnen. Kühle Abendluft und häufigere Regenfälle waren die Vorboten des Herbstes. Wie so häufig in dieser Zeit, hatte ich mich mit den Jungs vor dem Saal verabredet. Wir tauschten unsere letzten Erkenntnisse aus. Keiner lachte, keiner machte Späße. Obwohl wir gerade erst die Grundschule abgeschlossen hatten, fühlten wir uns erwachsen. Selbst Schuster schaute ernst drein. Er war der Erste, der das Wort aussprach:
„Die Meinen reden von Flucht."
Wir schluckten alle heftig. Seit der damaligen Diskussion mit Hans hatte man das Wort bei uns zu Hause nicht mehr gehört. Es herrschte ein Moment der Stille, die nur vom Krähen eines Hahns und dem Bellen eines Hunds unterbrochen wurde. Dann ergriff Weurer das Wort:
„Von Flucht wurde ja schon häufiger geredet. Aber jetzt ist es eine ganz andere Aufregung. Die Russen sind wohl schon in Rumänien. Ganz genau weiß es niemand."
Ich sprang auf und meinte:
„Das sind doch alles Gerüchte. In zwei Tagen hat der Ortsführer in den Saal geladen. Da wird es dann wirkliche Informationen geben."

Ich verschwieg, dass mein Vater nicht fliehen wollte. Doch ich machte mir Sorgen. Was sollte aus uns werden, wenn die Anderen alle die Flucht antraten. Deshalb schaute ich in die Runde und fragte:
„Wollt ihr alle fliehen? Oder nur die Schusters?“
Die Jungs zögerten. Einer nach dem anderen meinte, dass die Eltern sich wohl schon vorbereiteten. Dass man schon Dinge zusammenpackte, die man im Fall der Fälle mitnehmen wollte. Ich zuckte zusammen. Wir waren unvorbereitet. Was, wenn man fliehen müsste, und wir nichts gepackt hätten. Ich log und sagte, dass das bei uns nicht anders sei. Dass man schon seit Hans Rückkehr über eine mögliche Flucht sprach. Das war zumindest zur Hälfte die Wahrheit.
Ich schaute die Straße hinunter, Richtung unseres Hauses. Es waren mehr Leute auf der Straße als sonst. Vor einem Tor hatte sich mindestens ein Dutzend Frauen gesammelt, die so heftig stritten, dass man Wortfetzen bis zu uns vor dem Saal hörte. Nur zehn Meter weiter standen mehrere ältere Männer beieinander. Einer gestikulierte wild mit dem Gehstock, zeigte in alle Himmelsrichtungen. Aus dieser Gruppe hörte man den einen oder anderen Fluch. Ob der jeweils gegeneinander gerichtet war, gegen

Hitler, gegen die Russen oder gar gegen Gott, konnte ich nicht ausmachen. „Alle haben das gleiche Thema. Wir könnten auch gleich eine Dorfversammlung machen“, witzelte ich.
Doch bis auf ein zaghaftes Lächeln bei Weurer, das gleich wieder verschwand, änderte sich der Gesichtsausdruck der Jungs in keiner Weise. Sie schauten mit aufmerksamen Augen auf die verschiedenen Menschengruppen, versuchten etwas zu hören, etwas Neues zu erfahren. Die Gesichter waren staubverschmiert und wir hatten die Stirn zu tiefen Falten zusammengezogen.
Unverrichteter Dinge löste sich unser tägliches Informationstreffen auf. Gemeinsam liefen wir zu unseren Häusern zurück, vorbei an der Gruppe der streitenden Weiber und an den fluchenden Alten. Ich bog links in unseren Hof ab, griff zum Abschied an meine Kappe und sagte mit rauer Stimme „Servus“.
Vater und Hans machten sich am Wagen zu schaffen. Ein Rad lief nicht mehr rund. Sie hatten es wohl ganz ausgebaut und Hans zog gerade die Schrauben von hinten fest. Vater hielt das Rad gerade. Ich stürmte auf sie zu. Die zwanzig Meter kamen mir vor wie eine Ewigkeit. Meine Sorgen, alles, was ich in den vorhergegangenen Tagen gehört hatte, meine Liebe zu meiner Heimat und meiner Familie, all das

sammelte sich in einer wilden, verwirrenden Gefühlswallung. Doch als ich bei Vater und Bruder ankam, konnte ich gar nicht mehr sprechen. Statt einer Anklage, einer Aufforderung zur Tat kam nur ein lautes Schluchzen aus mir heraus. Ich zitterte am ganzen Körper. Vater hatte das Rad losgelassen und umarmte mich mit seinen hageren, von der Arbeit gestählten Armen. Ich schluchzte minutenlang, ohne etwas sagen zu können. Nach mehrmaligem „Was ist denn los, mein Junge“, riss ich mich endlich zusammen und schluchzte: „Alle bereiten sich auf eine Flucht vor. Die Russen sind schon ganz nah.“
Mein Vater beruhigte mich:
„Du darfst nicht alles glauben, was im Dorf geredet wird.“
Er streichelte über meinen Kopf, als er das sagte. Seine Stimme war ruhig und tief, ohne jede Aufregung. Das entspannte mich, obwohl ich ihm nicht recht glauben konnte. Hans runzelte die Stirn und meinte:
„In zwei Tagen hat der Ortsführer in den Saal gerufen. Ich befürchte, dass er keine guten Nachrichten hat.“
Mein Vater nickte und fragte uns:
„Ihr erinnert euch doch an die Familie Luca, oder?“
Natürlich erinnerten wir uns. Die Lucas waren Freunde unseres Vaters. Sie waren Rumänen und wohnten in Blocha, rumänisch Idicel, einer Nachbarge-

meinde. Vater hatte mit Herrn Luca häufig gehandelt und sie hatten sich gegenseitig auf ihren Höfen ausgeholfen. Außerdem hatten sie sich ab und an getroffen, um das rumänische Volksspiel „Table“ zu spielen.
Mein Vater erklärte seinen Plan:
„Da können wir alle unter kommen. Die werden uns verstecken, bis die russischen Truppen weiter gezogen sind. Und danach können wir unseren Hof wieder zurücknehmen.“
Vater hatte also nicht nur die Ernte im Kopf gehabt. Er hatte einen Plan. Aber es war ein anderer Plan als der, den die meisten anderen Väter im Dorf hatten. Er wollte seinen Hof, seine Felder, all das, was er sich hart erarbeitet hatte, nicht verlassen.
Hans sagte nichts. Ich meinte aber ein Stirnrunzeln zu erkennen. Ich sagte auch nichts und grub meinen Kopf tief in die Arme meines Vaters. In diesem Moment wollte ich nichts mehr, als dass er Recht hatte, dass wir bei den Lucas unterkommen würden und dass alles gut würde. Als die Tränen getrocknet waren, spannte ich alle Muskeln an, strich mir durch die Haare, spuckte aus und half dann den beiden bei den abschließenden Handgriffen am Wagenrad.
Beim Abendessen eröffnete mein Vater seinen Plan meiner Mutter. Sie reagierte anders als er dachte, denn sie klagte:

„Oh weh. Wenn das mal gut geht. Was machen wir, wenn die uns dort finden? Das kann ja keiner wissen."
Mein Vater war irritiert, er entgegnete:
„Deshalb verstecken wir uns ja dort. Damit sie uns nicht finden. Es muss alles den Anschein haben, als wären wir auch geflohen. Dann sucht uns keiner."
Sie zweifelte:
„Ich weiß nicht, Martin. Ich weiß nicht. Was denkst denn du, Hans?"
„Wie ihr wollt, Eltern. Ich mach, was ihr mir sagt", antwortete Hans.
Die Diskussion ging bis in die Nacht hinein. Immer wieder wurde das Für und Wider der beiden Alternativen, Verstecken oder Flucht, abgewogen.
Mutter sagte voller Klarheit und Überzeugung in der Stimme: „Nach allem, was ich im Dorf gehört habe, ist es so: Wenn wir hier bleiben, nehmen sie Timmi und Hans und bringen sie nach Sibirien. Wer weiß, ob sie da dann jemals zurückkommen."
Da war Vater still geworden. Er goss sich und Hans noch einen „Tsuika" ein. Die Glaskaraffe, in der Mutter den Schnaps serviert hatte, war leer. Er setzte an, trank das Glas bis zum Ende und raunzte dann etwas von „drüber schlafen". Daraufhin legte er sich in sein Bett und war in kürzester Zeit eingeschlafen.

16 - Abschiedsläuten

Hans kam abgehetzt in den Hof gerannt. Mutter saß auf der Bank, Vater und ich misteten den Hühnerstall aus. Als wir ihn erblickten, ließen wir alles liegen. In kurzen Worten beschrieb er, was im Saal abgelaufen war. Es bestätigte die schlimmsten Befürchtungen. Statt nur zu berichten, wie der Verlauf an der Front war, hatte der Ortsführer gleich zu Beginn klargemacht, weshalb er alle zusammengerufen hatte: Die Flucht musste geplant werden. Und man hätte keine Zeit zu verlieren. Für die Alten und Kranken sollte schon am Folgetag, dem 07. September 1944, ein Sonderzug fahren. Alle anderen deutschen Familien sollten ihre Wagen vorbereiten. Dafür wären noch vier Tage Zeit. Am 11. September wollte man in Kolonne abfahren. Der Zeitpunkt der Flucht war also gekommen. Hans berichtete, dass es fast keine Diskussion im Saal gegeben hatte. Eine Rückfrage, ob man bleiben könnte, wurde vom Ortsführer barsch abgewiesen. Hans zitierte:
„Jeder kann tun oder lassen, was er will. Aber das deutsche Militär hilft nur einmal bei der Evakuierung und der Flucht. Danach ist jeder auf sich allein gestellt."
Vater nickte. Seit der Diskussion zwei Tage vorher hatte er noch einige

Male mit Hans und Mutter gesprochen. Mir war immer noch nicht klar, was unser Plan war. Doch in diesem Moment sagte er:
„Wir fahren mit. Lasst uns die Wagen vorbereiten."
Mutter atmete hörbar auf. Sie musste wohl lange Überzeugungsarbeit geleistet haben. Am Ende war unsere Zukunft, Hans und meine, wohl ausschlaggebend dafür, dass wir uns für die Flucht entschieden. Eine Trennung der Familie kam nicht in Frage. Wir wollten zusammen bleiben, soweit wir das selbst bestimmen konnten. Das bestätigte auch Hans:
„Ich fliehe mit euch. Das mit der Meldung zum Wehrdienst wird keiner kontrollieren. Vielleicht vergessen sie mich auch ganz. Auf jeden Fall bleib ich so lange es geht bei euch."
Wir schmissen die Mistgabeln in den Stall. Es war nicht viel Zeit, um unser ganzes Hab und Gut auf zwei Wagen zu verstauen. Vater ging mit uns an den Esstisch und sprach ruhig mit uns über die nächsten Tage. Sein Ziel war, alles so zu hinterlassen, dass wir problemlos zurückkommen könnten. Dafür mussten wir die Tiere aus ihren Ställen lassen, damit sie sich selbst im Garten Essen suchen konnten. Außerdem durften wir nichts zurücklassen, was leichte Beute für durchziehende Soldaten war. Wir diskutierten lange, wie wir das Haus verschließen

und verbarrikadieren wollten. Besonders wichtige Gegenstände, wie die Nähmaschine meiner Mutter, sollten gesondert versteckt werden, unter der Krippe im Kuhstall und an anderen unzugänglichen Orten. So sollten sie den Augen ungewollter Besucher entgehen. Es war allen klar, dass keine Barriere mögliche Plünderer wirklich aufhalten konnte. Aber wir wollten es ihnen so schwer wie möglich machen.
Mutter sollte sich um die Verpflegung kümmern. Die Nachbarn kamen am nächsten Tag und sprachen sich mit uns ab. Man wollte noch ein Schwein schlachten und es dann zwischen den beiden Familien für die Reise aufteilen. Mutter machte das Fleisch mit Fett haltbar und packte es in kleinen Portionen ein. Die großen Fässer, die sie sonst verwendete, konnten wir unmöglich auf den Wagen mitnehmen. Daneben schaffte sie aus der Vorratskammer Säcke voll mit Maisgrieß, Weizenmehl, Einweckgläser mit saurem Gemüse, Stoffbeutel mit Gewürzen, grobe Säcke mit Kartoffeln und Zwiebeln und vieles mehr auf den Innenhof. Dort hatten wir ein provisorisches Zwischenlager aufgebaut, damit wir schrittweise und mit Überblick die Beladung der Wagen angehen konnten.
In einer der wenigen Pausen setzte ich mich erschöpft auf den Hof, lehnte mich an einen der Kartoffelsä-

cke und schaute auf den Pferdewagen. Er sollte unsere Heimat ersetzen. Davon schien er nicht sonderlich beeindruckt. Die eisenbeschlagenen Holzräder standen fest auf dem Grund. Die schwarzen, geölten Achsen richteten sich entschlossen Richtung Eingangstor, als ob er loswollte. Er hatte sich in sein bestes Kleid geschmissen. Wir hatten in diesem Sommer alles frisch gestrichen, die Räder, die Beschläge, die Achsen, Wände und Boden und den Kutschbock. Der Wagen glänzte schöner, als er das je getan hatte. Nicht mal zu Martins Hochzeit hatten wir ihn so herausgeputzt. Es war seltsam. Dieses Auftreten, diese Entschlossenheit, diese Ruhe des Pferdewagens beruhigte mich. Es gab mir das komfortable Gefühl, das Gefühl, das mich begleitet hatte, als ich hoch oben auf dem Kutschbock mit meinem Vater Richtung Gebirge fuhr. Manchmal, wenn das Wetter ganz schlecht wurde, hatten wir schon auf dem Marktplatz übernachtet - Zwischen dem Gemüse, das wir nicht verkauft hatten, unter der großen Plane des Wagens. Er war ein Mitglied unserer Familie, das mit der Flucht zum wichtigsten Teil wurde. Wir mussten uns auf ihn verlassen.

Auf ihn und auf seinen hässlichen Bruder, den Hans inzwischen dahinter aufgestellt hatte. Es war das Kuhgespann, das wir sonst verwendet hat-

ten, wenn wir die Äcker pflügten. Aus schwerem Holz gezimmert, ohne Farbe und mit grobschlächtigen Rädern stand es im kruden Gegensatz zum Pferdewagen. Zwei Kühe würden wir einspannen. Nur mit zwei Wagen hatten wir genug Platz für die Vorräte und Utensilien, die sich inzwischen auf dem Hof angesammelt hatten. Schon beim Gedanken an die Fahrt fasste ich mir vor Grauen in die Haare. Wie häufig hatte ich mich über den behäbigen und störrigen Gang der Kühe geärgert.
Kurz darauf ging es ans Packen. Schwere Dinge, die wir erst bei der Ankunft brauchen würden, packten wir ganz unten. Dazu gehörten auch manche Lebensmittel. Weiter oben dann die Kleidungsstücke, die wir während der Flucht brauchen würden, Stiefel und Strümpfe, Strickjacken gegen die Kälte. Immer wieder änderten wir die Reihenfolge, packten und zurrten fest. Die Sonne stand schon tief am graublauen Himmel, als wir die letzten Töpfe festmachten, die wir zur Zubereitung von Essen auf der Flucht nutzen wollten.
Mehr war nicht zu tun. Wir schauten uns an, Vater klopfte jedem von uns auf die Schulter, umarmte meine Mutter, nickte kurz und lief dann mit kleinen, langsamen Schritten durch den Hof, schaute auf den Hühnerstall, auf jede einzelne Holzplanke, als ob er sie das erste Mal sah, inspizierte

den Kuhstall und verschwand schließlich im hinteren Garten, wo die Tiere schon frei liefen. Ob er sich von jedem Tier einzeln verabschiedete? Jedenfalls schauten die Kühe ihn genauso vertrauensvoll und naiv an, wie sie immer schauten. Sie waren sich sicher, dass er ihnen am nächsten Tag wieder das Heu geben würde.
Mutter war in die Küche gegangen. Sie machte Essen für den Abend und für den folgenden Tag. Wir wollten gut ausgeruht und satt starten, wenn zur Abfahrt gerufen wurde. Mutter kochte an diesem Abend ein wunderbares Essen. In dem Wissen, dass es keiner von uns genießen konnte, aber vollen Bewusstseins, dass dieses Essen erst einmal die letzte Erinnerung an Abende in Obereidisch sein würde.
Hans und ich blieben im Hof. Er hatte eine Karaffe mit Wein geholt und schenkte mir ein. Wir sagten nicht viel. Zumindest nichts von Bedeutung. Wir saßen auf der Bank vor dem Haupthaus, unsere Füße legten wir hoch auf die Begrenzungsmauer der Veranda. So sahen wir zu, wie der Himmel hinter dem Pferdewagen und dem Kuhgespann langsam die Farben wechselte, von blau zu gelb zu rot und schließlich zu einem alles umschließenden grau. Da hatte Mutter schon mehrmals zum Essen gerufen. Doch wir sagten ihr jedes Mal, dass wir diesen Tag, diesen Sonnenuntergang bis zum Ende er-

leben wollten. Wie viele Sonnenuntergänge hatten wir erlebt? Niemals hatte man sich die Zeit genommen, ihn wirklich zu erfassen. Als all das, unsere ganze Umgebung, unser Ort in der Welt in Frage gestellt wurde, übermannte uns die Bedeutung und Wichtigkeit. Ich hatte dickflüssige Tränen in den Augen als wir schließlich in die Stube gingen. Bevor ich eintrat wischte ich sie mit dem Handrücken weg. Doch als ich aufblickte, sah ich, dass alle Augen in meiner Familie an diesem Abend ein ungewöhnliches Glänzen hatten, das Reden ganz überflüssig machte.

Am nächsten Tag wurden wir früh wach. Wir hatten den Schusters, Martins Schwiegerleuten, am Tag der Ankündigung unserer Flucht versprochen, zu helfen. Sie waren gleich am Tag nach der Ankündigung mit der erneut schwangeren Katharina im Sonderzug für Schwangere, Alte und Schwache aufgebrochen. Dadurch hatten sie fast keine Vorbereitungszeit. Sie waren nicht mehr dazu gekommen, die Ställe mit Brettern zu verschließen und das Haus zu verbarrikadieren. Das machten an diesem Morgen Hans und ich. Zu Hause räumten meine Eltern die letzten Dinge zusammen, fütterten das Pferd und die beiden Kühe und nahmen das Mittagsmahl ein.

Am Nachmittag fuhren die ersten Gespanne auf die Straße. Einige Volksbündler gaben Anweisungen. Allerdings drangen sie bei all der Aufregung nicht wirklich durch. Viele Wagen standen in die gegengesetzte Richtung, andere quer zur Fahrbahn. Dazwischen liefen die Menschen auf und ab, fluchten und schrien. Auf meinem Weg zurück zu unserem Haus sah ich verheulte Gesichter. Männer und Frauen, die ich sonst immer nur kontrolliert und stark erlebt hatte, gaben sich ihren Emotionen hin. Manch einer war einfach in sich zusammengefallen und saß am Straßenrand bis ihn ein Familienmitglied aus der Trauer riss und zur Arbeit rief. Dort am Straßenrand war sonst der Platz der Alten - vor allem der Weiber - gewesen. Doch deren Fröhlichkeit und Geschwätzigkeit, die sonst den Wegrand säumte und jede Bewegung im Dorf kommentierte, war schon mit dem Zug fortgefahren.

Als Hans und ich unser Eingangstor erreicht hatten, verharrte ich kurz. Ich blickte die Obere Gasse hinunter über die Wagenplanen und Pferdemähnen hinweg. Es war ein ungewöhnlicher Anblick. Mit einem Mal waren alle aus ihren Höhlen und Löchern gekrabbelt. Wie ein riesiger Ameisenstock, den ein russischer Stiefel aufgescheucht hatte.

Wir sollten uns einreihen. Vater hatte schon gepfiffen und bedeutete mir, dass ich auf der Straße für

Platz sorgen sollte. Ich sprach kurz mit dem Nachbarn, der an seinem Tor stand. Dann griff ich deren weiß gescheckte Graumähne und bewegte den Pferdewagen fünf Meter die Obere Gasse hinauf. Vater fuhr zunächst unseren Kuhwagen am Spalier der beiden rot-braun leuchtenden Obstbäume vorbei auf die sandige Fahrbahn, anschließend den Pferdewagen. Sie wurden Teil des Trecks, Teil der Ameisenherde, die sich aufgeregt sammelte. Mutter humpelte auf die Straße. Sie trug schwer an dem letzten Proviant, den sie zubereitet und in großen Tragetüchern verpackt hatte. Ich sprang auf sie zu und nahm ihr die Last ab. Vom Tor hörte ich Vater rufen:
„Susanna, du sollst doch nicht schwer tragen! Timmi, verstau das Zeug vorn auf dem Kutschbock, hinten machen wir nicht mehr auf."
Ich tat wie mir geheißen. Vom Kutschbock sah ich wie mein Vater und Hans das Tor schlossen und es mit zusätzlichen Brettern zu vernageln begannen. Die hatte Vater noch einige Dörfer weiter besorgt. Einige Nachbarn spöttelten und riefen uns zu, dass die Russen da einfach drüber kletterten und dass das vergebene Mühe wäre. Doch mein Vater ließ sich nicht irritieren, brachte Brett um Brett an, bis das Tor komplett verschlossen war. Genauso hatte er es bei Ställen

und Haupthaus mit Türen und jedem einzelnen Fenster gemacht.
Erschöpft setzten sich mein Vater und Hans auf das Gras vor unserem Tor und lehnten an die neu geschaffene Bretterwand. Mutter hatte sich bereits hoch auf den Kutschbock gesetzt und besprach ihre Essensvorräte mit drei Nachbarsfrauen, die sich um unseren Wagen gesammelt hatten. Ich setzte mich zu den Männern und schaute von einem zum anderen. Sie waren verschwitzt. Irgendwie wirkten sie unruhiger als die ganzen letzten Tage. Es war wohl der erste Moment, in dem nichts mehr zu tun war, in dem alles erledigt war. Es war ein lähmendes Gefühl. All die Aktion, all die Arbeit, all die Planung endete in Ohnmacht. Wir wussten nicht, wohin wir an diesem Nachmittag oder Abend aufbrechen würden. Wir wussten nicht einmal, wann es genau losgehen sollte. Die Kirchenglocke sollte läuten, wenn der Treck abfahren sollte. Sie hatte den gleichen Namen wie meine Mutter: Susanna. Wenn Susanna erklänge, brächen wir auf.
„Vater, wie viel Uhr ist es?“, fragte ich nach der ersten, bereits unerträglich lange wirkenden Wartezeit, in der nichts zwischen uns drei gesprochen wurde und jeder nur seinen trübseligen Gedanken nachhing.
Vater zog seine Taschenuhr aus der Jacke und sagte: „Es ist vier Uhr,

mein Junge. Lang werden wir nicht mehr warten müssen."
Susanna ließ ihre dumpfe Stimme zwei Stunden später erklingen. Sie läutete länger als sonntags, wenn sie zur Messe gerufen hatte. Denn diesmal schickte sie uns fort. Und fast neunhundert Menschen folgten ihr. Zurück blieben die Zigeuner, der Russe und einige Rumänen. Der Treck setzte sich langsam in Bewegung, die Wagen fanden sich nach und nach in einer Reihe ein. Es waren Wagen aller Größe. Ich fuhr mit Mutter den Pferdewagen, Vater mit Hans dirigierte die störrigen Kühe. Die Kuhwägen gaben das Tempo für den gesamten Treck vor. Entsprechend langsam ging es voran.
„Wohin geht es?", rief ich aus.
„Timmi, wir wissen es auch nicht", rief Vater mir zu.
„Und wann kommen wir zurück?", wagte ich zu fragen.
Mutter und Vater zuckten mit den Achseln. Meine Mutter griff meine Schulter und drückte mich an sich. Wir hatten inzwischen das Ende von Obereidisch erreicht. Susanna läutete immer noch. Ich blickte zurück, an den braunen, grauen und weißen Gäulen, an den braun-weißen Kühen, an den vielen hölzernen Fuhrwerken entlang. Ich sah die letzten Häuser und Höfe und weiter hinten den Kirchturm, in dem gerade die letzten Glockentöne verklangen.

Die Sonne war schon am Horizont verschwunden, als der Treck Reghin passierte. Ein Teil der Wagen fuhr in eine andere Richtung weiter. Wir blieben mit Anderen auf der Straße gen Bistritz. Auf der Straße begegneten uns mehrfach deutsche Soldaten, Lastwägen passierten uns, manchmal trafen wir auf versprengte Truppenteile, die am Straßenrand marschierten, darunter ungarische Soldaten. Und natürlich weitere Trecks. Sie kamen aus allen Richtungen, fast als hätten sich alle abgesprochen, gerade an diesem Tag zu fliehen. Manche hatten nicht mal einen richtigen Wagen und waren zu Fuß unterwegs. Am Wegesrand standen unsere bisherigen Mitbürgerinnen und Mitbürger, die Rumänen, die Zigeuner, die Ungarn, die anscheinend weniger Angst vor den Vergeltungsmaßnahmen der Russen hatten und blieben. Wo sollten sie auch hin, ihre Heimat war ja nur hier. Manch einer winkte uns, viele tuschelten und quasselten, stellten Vermutungen an, kommentierten die Wägen, Pferde und Kühe, zeigten mit Fingern auf uns. Wir waren nicht mehr Bürger. Wir waren Flüchtlinge.
Ich schluckte und schaute nach vorn auf den Treck, der für meine Begriffe im Schneckentempo vorankam. Es war Nacht geworden und die Wagen hatten ihre Öllampen angezündet. Man musste noch langsamer fahren, denn weit nach

vorne reichte das Licht nicht. Anhalten wollte man nicht. Mutter hatte auf dem Kutschbock Kissen und Decken ausgebreitet. Mutter und ich wechselten uns an den Zügeln ab. An richtigen Schlaf war nicht zu denken, allein wegen der empfindlich abgekühlten Nachtluft, die über den Pferderücken zu unseren Füßen und Körpern emporkroch.

Wir waren wohl irgendwo in der Nähe von Bistritz. Es war eine kristallklare Nacht. Schneidende, herrische Männerstimmen weckten mich aus meinem Dämmerzustand. Mutter hatte den Wagen schon angehalten. Die Wagen hatten sich auf einem Platz gesammelt, es waren wohl so zehn oder fünfzehn. Nicht alle dieser Wagen waren mit uns aus Obereidisch gekommen, es hatten sich Trecks gemischt. Die Familien meiner Freunde aus der Oberen Gasse waren nicht mehr dabei. Die Männer des Trecks standen zusammen mit einigen Soldaten. Ich war schnell ganz wach und konnte Stimmen und Gesichter zusammenbringen. Mehrfach zeigten sie auf die Militärlastwagen und unsere Wagen. Ich hörte, was sie immer wieder wiederholten:

„Das dauert zu lange mit euren Pferden und Kühen. Ihr müsst auf die Lastwagen! Wir müssen euch verladen, sonst seid ihr noch in Siebenbürgen, wenn die Russen schon da sind!“

Ich schrak zusammen. Wir hatten so

viel Arbeit in unsere Wagen gesteckt, hatten sie zu einem fahrenden Zuhause umfunktioniert, hatten unser Pferd gestriegelt. Für gerade mal eine Nacht Fahrt? Um alles einfach hier zu lassen? Wie sollten wir die Wagen denn wiederfinden oder gar wiederbekommen, wenn wir zurückkamen?
Ich sah meinen Vater, dessen Gesicht ganz rot angelaufen war. Er hatte aber schon aufgehört, auf die fahrigen Soldaten einzureden. Noch waren zwar Männer dort, die sich empörten. Die Gruppe wurde aber schnell kleiner. Die Ansage der Soldaten war klar. Es gab keine Alternative.
Ich schaute mich um. Die Frauen saßen noch oben auf den Wagen, zum Teil mit ihren Kindern in den Armen. Kleine Geschöpfe, gerade ein paar Tage alt, eingewickelt in Tücher. Knaben und Mädchen, die vielleicht gerade in die Schule gekommen waren, die ersten Buchstaben gelernt hatten und die ersten Zahlen summieren mussten. Junge Männer und Frauen, die sich eng aneinander oder an ihre Mütter kauerten. Viele schliefen sogar noch, was ich mir bei dem Lärm und der Aufregung, die auf dem Platz herrschte, nur schwerlich erklären konnte. Die Frauen, die wach waren, schauten mit blassen Gesichtern und von der Müdigkeit gläsernen Augen auf die Szene vor ihnen. Wieder hörte ich Schluchzen und sah Stofftaschentücher, die

rund um den Platz Tränen den Weg versperrten, sie davon abhielten, in Bächen an den Wangen und Hälsen hinunterzulaufen.
Der Himmel hatte von tiefem Schwarz zu einem dunklen Grau gewechselt, das zum Horizont hin heller wurde. Die ersten Männer hatten angefangen ihre Wagen zu entladen. Riemen wurden gelöst, schwere Planen zurückgeworfen. Ich schrak zusammen, weil Vater meinen Fuß gepackt hatte.
„Aufwachen. Wir müssen umpacken. Der Militärlastwagen ganz links ist unserer. Da müssen wir unsere Ladung verstauen. Packt mit an!"
Als ich vom Kutschbock hinunter gestiegen war, sah ich Hans bereits hinten am Kuhgespann mit den ersten Vorratssäcken, die er auf den Rücken hievte und dann leicht gebückt, aber ohne eine Miene zu verziehen, über den kleinen Platz bis zu unserem Lastwagen schleppte. Kurze Zeit später war der Platz zu einem reinsten Gewusel geworden. Die Familien beeilten sich, ihr Hab und Gut in den Lastwagen unterzubringen. Keiner wollte etwas zurücklassen und deshalb so schnell wie möglich den Platz in den Lastwagen belegen. Die bleierne Müdigkeit war hektischer Aufgeregtheit gewichen. Kommandos von Vater an Kinder, Mutter an Vater und großen Brüdern an kleine Geschwister mischten sich mit den schneidenden Befeh-

len der Soldaten, die immer wieder für Ordnung sorgen und aufkommende Streitigkeiten unterbinden mussten.
Als alles verladen war, stand die Sonne schon hoch am Himmel. Die Soldaten befahlen uns neben unseren Vorräten auf der noch freiliegenden Ladefläche Platz zu nehmen. Die Pferde und Kühe hatten wir frei laufend auf dem Platz gelassen. Dahinter standen die Wagen, unsere Heimat für eine Nacht. Das letzte Symbol unserer Arbeit und Anstrengung stand dort am Straßenrand. Wie lieblos vergessen. Sie würden nicht auf uns warten, weder das Pferd, noch die Kühe, noch die Wagen. Die nächste Familie, die nur zu Fuß unterwegs war, der nächste Rumäne, der keinen Wagen hatte, würde ihnen gut zusprechen und sie würden sich locken lassen, würden keinen Widerstand leisten. Wir würden sie nicht wiedersehen. Ich winkte ihnen, als ob sie Menschen wären. Bis mein Vater verärgert nach meiner Hand griff.
Das Nageln der schweren Dieselmotoren ersetzte ein Glockenläuten. Der zweite Aufbruch. Wir, unser Vorrat und zwei weitere Familien aus der Niederen Gasse in Obereidisch, mit denen wir uns den Lastwagen teilten und die wir flüchtig aus Kirche und Dorfleben kannten, setzten uns in Bewegung. Der schwere Motor nahm schnell Fahrt auf. Es ging deutlich

zügiger voran als auf unseren Wagen. Fasziniert schaute ich auf die vorbei schießenden Bäume am Wegrand, auf die Felder, die ineinander übergingen. Immer wieder wurde ich hoch geschleudert, wenn ein Rad ein Loch erwischt hatte. Wir hielten uns gegenseitig fest. Es ging nur über schmale Wege, selten durch Dörfer. Hans sagte, dass sie den Weg unserer Sicherheit zu Liebe so gewählt hatten. Vielleicht war das so. Ich sammelte blaue Flecken, versuchte aber trotzdem immer wieder aufzustehen, um mehr von der für mich beeindruckend schnellen Fahrt zu erheischen.
Die Sonne stand schon tief im Westen, blendete mich, wenn ich am Führerhaus entlang nach vorne schaute. Da nagelte der Motor langsamer und das Militärfahrzeug bog in eine Hofeinfahrt ein. Rechts lag das Haupthaus der ansässigen Bauern. Sie waren bereits vorgewarnt worden, denn die Soldaten mussten nur kurz mit ihnen sprechen, dann zeigten sie auf die große Scheune am linken Ende des Hofes. Die Soldaten entschieden, dass wir dort unser Nachtlager aufschlagen sollten und alle unsere Sachen ausladen mussten.
In der Scheune bauten wir uns mit Stroh ein weiches Lager, auf dem alle drei Familien Platz fanden. Mutter hatte Decken ausgebreitet. Die ungarischen Gastgeber brachten uns warme

Gulaschsuppe. Sie war viel schärfer als die von Tante Maria. Sie wärmte den Körper von innen und ich begann wieder Mut zu fassen.
Nach dem Essen lief ich auf den Hof, schaute mir das Haupthaus an, die hügelige Landschaft hinter dem Haus. Viele Parzellen bewirtschaftete Acker mit hölzernen Grenzzäunen, manchmal mit kleinen Begrenzungsmauern. Hier musste es viel schwieriger sein, ein Feld zu bestellen. Immer ging es auf und ab. Wie sollte man da mit einem Pflug durchkommen? Weiter hinten am Horizont sah ich eine große Ansiedlung, die sich weit in die Ferne erstreckte. Ich ging zu einem der Soldaten, um zu wissen was das war. Er sagte „Klausenburg". Natürlich kannte ich diese Stadt. Die größte Stadt Siebenbürgens und ein Zentrum für Handel. In der Schule hatte man uns erklärt, dass hier das kulturelle Leben zu Hause war. Theater, Oper, Konzerte - all das hatte ich erzählt bekommen, aber nie selbst gesehen oder erlebt. In der Levente wurde regelmäßig stolz von Kolozsvár - so nannten die Ungarn Klausenburg - erzählt, wo die größten Aufmärsche der Levente in Siebenbürgen organisiert wurden und wo viel mehr Ungarn lebten als bei uns am Mieresch.
Vielleicht hätten die Bauersleute ja noch Arbeit für einige helfende Hände, um ihre hügeligen Äcker zu be-

stellen. Dann könnten wir uns nützlich machen und so lange bleiben, bis der Krieg vorbei gezogen war. Wir müssten nur aufpassen, dass wir uns versteckten, wenn Russen vorbei kämen.

„Hier könnte man es aushalten", brummte Hans. Er stand hinter mir. Ich war so in Gedanken versunken, dass ich ihn gar nicht bemerkt hatte.

„Ja", sagte ich und freute mich, dass Hans dachte, dass das vielleicht unser Versteck sein konnte. Dort mitten in Siebenbürgen, nicht zu weit weg von der Heimat, wollten wir am liebsten die Flucht beenden und das Verstecken beginnen.

17 - Bomben über den Köpfen

„Alles wird verladen! Ihr müsst weiter mit dem Zug!", rief der SS-Mann über den Hof. Er kam gar nicht zur Scheune. Er vertraute auf seine Stimme. Sie war so schneidend wie der Wind, der an diesem Morgen über den Hof fegte.

Der Lastwagen nagelte schon wieder. Eiligst luden wir unser Hab und Gut auf. Zum Glück hatten wir wenig ausgepackt und waren deshalb sehr schnell fertig. Keiner sagte ein Wort.

Der ungarische Hof mit den hügeligen Äckern und dem Blick auf Klausenburg war also doch nicht unser Versteck. Wir konnten uns nicht einrichten, wo wir es doch gar nicht schlecht fanden. Es ging weiter. Weiter weg von zu Hause. Weiter hinein in das Unbekannte, Ungewisse. Schon an diesem Morgen war ich weiter von zu Hause weg als jemals zuvor.

Den großen Bahnhof, den wir erwarteten, erreichten wir nicht. Mitten in der Landschaft fuhr der Laster mit einem Mal in einen Feldweg. Ich schaute nach vorn. Zuerst erblickte ich die Bahnlinie und dann rückte hinter einer Baumgruppe ein kleines Dorf in unser Blickfeld. Wenig später sahen wir den Zug, der an dem kleinen Dorfbahnhof stand. Dort hatten sich zahlreiche Lastwagen, aber auch einige Pferdewagen gesammelt, die sich schnell leerten. Der Zug ängstigte mich. Es waren bestimmt dreißig Wagen. Doch nicht schöne Personenwagen waren das, sondern die schweren Güterwagen. Die transportierten normalerweise Stückgut oder Vieh. Sie hatten an der Seite eine schwere, eiserne Schiebetür. Fenster sah ich keine, vielleicht ließen sich irgendwo ein paar Schlitze öffnen. Wenn man die Schiebetür schloss, war Dunkel. Und dieses Dunkel erwartete uns. Noch mehr verstörte mich das Ende des Zugs. Da sah ich einige Wagen, die gar kein Verdeck hatten. Einfache, offene Güterwagen. Man hatte aus Holzbrettern ein Dach gebastelt, das nach erstem Eindruck schon einen stärkeren Windstoß nicht überstehen würde. Die meisten Wagen waren voll mit anderen Flüchtlingen aus dem Bistritzer Land, die wohl schon früher umgestiegen waren. Wir wurden einem der vorderen, geschlossenen Güterwagen zugeteilt. Wieder schleppten wir unsere Sachen. Wieder stapelten wir sie aufeinander und banden sie fest, so dass sie möglichst wenig Platz im Güterwagen einnahmen. Denn wir mussten selbst noch hinein.

Wir hatten Glück. Die zwei sächsischen Familien, die schon in unserem Wagon waren, nahmen uns herzlich auf, halfen beim Einladen und machten uns Platz.

„Servus. Setz dich doch hier zu uns", klang es aus der hinteren Ecke.
Ein Junge, der ungefähr so alt war wie ich, lächelte mir entgegen. Sein Gesicht war ein bisschen rußverschmiert und er hatte tiefe Augenringe, wahrscheinlich weil er schon länger im Zug unterwegs war.
„Servus. Ich heiße Thomas. Wo kommt ihr denn her?", fragte ich.
„Ich bin der Klaus aus Deutsch-Zeplin. Wir fahren schon drei Tage, weil der Zug immer wieder angehalten hat. Wir hatten immer Angst, dass uns die Russen eingeholt hatten. Es fehlte aber wohl nur Brennstoff oder es wurden noch andere eingeladen. So wie ihr."
„Da seid ihr ja länger unterwegs als wir, obwohl wir mit dem Treck gefahren sind", staunte ich.
Es fühlte sich gut an, jemanden zum Reden zu haben. Das erleichterte mir die Zeit, in der der Zug weiter stehen blieb. Wir hatten uns anfangs in den Wagen gesetzt, doch nach einer halben Stunde stellte sich einer nach dem anderen wieder hinaus auf den Bahnsteig. Zigaretten wurden geraucht und nervös in die Umgebung des Zuges geschaut. Klaus hatte mir die Idee mit den Russen in den Kopf gesetzt und sie ließ mich nicht mehr los. Bis dahin hatte ich mir gar nicht vorgestellt, dass sie vielleicht schon in unmittelbarer Nähe waren, dass sie

uns vielleicht einholen und stoppen sollten. Meine Augen streiften immer wieder den Horizont. Ich schaute zwischen den Wagen hindurch auf die andere Seite. An den braunen Wagentüren entlang in Fahrtrichtung, über die Hügel und über die krummen, aber penibel bestellten Felder in Richtung unserer Heimat.
„Warum geht es denn nicht los? Die Wagen sind doch voll“, drängte ich meinen Vater.
„Hab Geduld mein Junge. Wir wissen es auch nicht. Wir müssen uns auf die Soldaten verlassen. Es gibt für uns keine andere Möglichkeit“, brummte er.
Fast hatte ich den Eindruck, dass er mehr mit sich sprach. Er, der sonst ja immer eine andere Möglichkeit gefunden hatte. Mein Vater, der, so erzählte die Familienlegende, bei der größten Dürre und Hungersnot in Obereidisch für das ganze Dorf die Versorgung mit Getreide organisiert hatte und dafür bis nach Ungarn gefahren war. Er konnte nur warten und war ganz wie die Frauen, wie die Kinder und wie ich: hilflos, ratlos und ängstlich.
Ich hatte mich wieder zu Klaus gesellt und wir fingen an zu spekulieren. Er meinte, dass wir mindestens bis Österreich fahren würden. Österreich - das war eine ferne Welt für mich. Bis auf den Schulunterricht

hatte sie in meinem Leben bisher keine Rolle gespielt.
„Aber vielleicht fahren wir ja sogar nach Deutschland", räsonierte er weiter.
„Deutschland? Dahin, wo der Krieg angefangen hat? Wird es da nicht am schlimmsten sein? Wenn Deutschland doch den Krieg verliert", brach es aus mir heraus.
Meine Eltern saßen nicht weit von uns am Bahnsteig. Ich war mir fast sicher, dass sie mich gehört hatten. Aber sie schauten weg.
Klaus grübelte, schaute mich ernst an und sagte: „Du hast schon recht. Doch nur dort sind wir unter vielen anderen Deutschen. In allen anderen Ländern werden wir immer als Schuldige für den großen Krieg gesehen."
Ein schriller Pfiff ertönte. Er brachte mein Herz kurz zum Stehen und riss uns aus unseren Vermutungen. Eilig sprangen wir in unseren Wagen. Die Tür schloss hinter uns. Das kalte Einrasten der Verladetür ließ das Tageslicht fast vollständig erlöschen. Nur ein paar Lichtstrahlen drangen noch in den muffigen Innenraum, in dem sich das Gepäck und fünf Familien den engen Raum teilten.
Ich gewöhnte mich nur langsam an die Enge und Dunkelheit. Während der ersten Stunden raste mein Puls, die Enge trieb mir Schweiß auf die Stirn. Ich drückte mich an den äußersten Rand

des Wagens bis meine Wirbelsäule schmerzte. Zumindest ein bisschen Raum zwischen mir und den Anderen, das war mein Ziel. Es gab mir das Gefühl, mehr Luft zum Atmen zu haben. Das Panikgefühl ebbte mit der Zeit etwas ab, verließ mich aber nie ganz. Die Fahrt dauerte Ewigkeiten. Wegen der Dunkelheit im Wagen verlor ich jedes Zeitgefühl. Phasen des Dösens, lösten sich mit Phasen der Wachheit ab. Immer wieder hielt der Zug und wir spähten durch die Spalten, versuchten etwas zu sehen, das vertraut aussah. Mal war es Nacht, mal war es Tag. Doch bei Tag zogen die Landschaften wie ein lang gezogener Pinselstrich vorbei. Wir konnten ohnehin nichts mehr erkennen, weil wir nichts mehr kannten. Keiner von uns. Nicht der Greis, der mit einem ständigen Auf und Ab seines Kopfes und halb geschlossenen Augen am anderen Wagenende saß. Und nicht wir Kinder und Jugendlichen.
In der Ferne hörten wir immer wieder laute Geräusche. Einer raunte zum anderen, dass das Explosionen waren. Oder ein anderes Mal Maschinengewehrstakkato. Der Krieg war nicht weit weg. Er kroch von den Rändern des Wagens langsam auf mich zu, berührte mich, umschlang mich. Mehrfach robbte ich zu meiner Mutter, klammerte mich an sie. Bis ich merkte, dass auch sie zitterte, dass aus ih-

ren Augen bei jedem Kriegsgeräusch Furcht und Verunsicherung auf mich übersprang. War es das, was man erwachsen werden nannte? Dass man bei seinen Eltern keine Zuflucht mehr findet, dass man seine Ängste selbst aushalten muss? Wenn ja, dann war die Zugfahrt durch das Kriegsgeheul, die Düsternis mit der Hoffnung auf die rettende Grenze ein steiler Passweg zum Erwachsensein, den ich Hals über Kopf herunterfiel.
Später erfuhr ich, dass wir kurz vor Wien waren, als der Zug anhielt. Die Bremsen kreischten direkt in das Explosionsgeräusch, das uns schon minutenlang begleitet hatte. Die Soldaten sprangen von Wagen zu Wagen, rissen die Metalltüren auf und winkten mit fahrigen Bewegungen. Als ich mich darauf konzentrierte, verstand ich, was sie dabei riefen.
„Bombenalarm. Wir müssen in den Wald. Raus! Raus!"
Sie hatten uns. Wir waren zu langsam gewesen. Hätten wir schneller aus Obereidisch fliehen müssen? War alles umsonst? Ich stolperte über ein unbestelltes Feld. Als ich das erste Mal auf meine Knie fiel, griff Hans meine Hand. Er zerrte mich, ja trug mich fast. Meine Beine schienen mir nicht mehr zu gehorchen. Zu stark prasselten die Gedanken auf mich ein, zu sehr erschreckten mich die Explosio-

nen am Horizont, die Flugzeugmotoren über uns.
Das satte Grün der Beerenbüsche kündigte den Waldrand an. Ein letzter Sprung und wir waren von großen Kiefern umgeben. Erst dort schaute ich mich um. Einige Familien waren noch auf dem Feld, die Insassen unseres Wagens waren inzwischen vollständig im Wald. Klaus und seine Familie waren gleich neben uns. Sie mussten neben uns gelaufen sein, ohne dass ich sie wahrgenommen hatte. Vater und Mutter hatten es ebenfalls geschafft. Wir kauerten uns alle aneinander und lauschten den Bombenexplosionen, die man hören aber nicht sehen konnte. Würde unser Zug überleben? Er stand einsam auf seinem Gleis, ohne Schutz den Bomben ausgeliefert. Zwar waren wir in einigem Abstand versteckt. Sollte aber der Zug getroffen werden, war an ein Fortkommen nicht mehr zu denken. Ich schauderte. Jede Explosion durchfuhr mich von Kopf bis Fuß. Es war, als ob mich ein Peitschenhieb traf, der Leben oder Tod bedeuten konnte. Jedes Mal. Zukunft in der Ferne oder Verlorensein im Frontgebiet.
Wir verharrten bestimmt zwei Stunden dort. Die klamme Kälte umschlang meinen Körper. Bilder aus Obereidisch schnellten mit dem Knallen der Bomben durch meinen Kopf, flackerten auf und verblassten wieder vor dem Bild der

zusammengekauerten Reisegesellschaft im Wald. Keiner sagte ein Wort.
Mit einem Mal kehrte Stille ein. Wir nahmen Dinge wahr, die vorher von den Angriffen verschluckt wurden, die gar nicht zu uns durchgedrungen waren. Dass die Sonne schien; dass Vögel zwitscherten; dass es zwar etwas kalt war, aber in der Sonne noch recht angenehm; dass rechts und links von den großen Kiefern Laubwald anfing, der in den schönsten Herbstfarben strahlte, sattes Gelb, dunkles Orange und ein warmes, intensives Rot. Langsam erhoben wir uns, gingen wieder auf den Zug zu. Einer fing an zu reden und in kürzester Zeit fiel die Angst und Erregung von uns ab. Ich hörte das erste Lachen, noch etwas hysterisch, aber positiv, erleichtert. Wir hatten überlebt.
Die Soldaten drängten uns zur Eile. Wir mussten sofort wieder in die Wagen. Der Zug setzte sich kurz darauf mit Quietschen wieder in Bewegung.
Im Dunkel des Wagens nahmen wir eine Brotzeit zu uns. Mutter hatte Bratwurst und Brot ausgepackt.
„Gut, dass wir noch unser eigenes Essen haben. In Deutschland wird man es nur noch mit Essensmarken bekommen", sagte ein Mann.
„Wir sind doch verrückt. Wir fahren in das Land, was gerade von Bomben zerstört wird. Was sollen wir dort für eine Chance haben, wenn schon die

Deutschen, die dort sind, leiden müssen?“, sagte ein anderer.
Ein dritter Mann beschwichtigte: „Wenn wir nur schwarz sehen, wird es schwarz werden. Wir haben zu Hause alles selbst erarbeitet. Das können wir auch woanders.“
Aber fast alle anderen im Wagen antworteten gemeinsam: „Deshalb müssen wir ja so schnell wie möglich zurück in die Heimat. Das, was wir uns aufgebaut haben, nehmen sich sonst andere. Und wir haben nicht noch ein ganzes Leben, um mit Nichts zu beginnen.“
Klaus und ich schauten uns vielsagend an. Es ging allen genauso. Der Zug fuhr Richtung Deutschland. Doch alle Männer und Frauen hatten das umgekehrte Ziel - zurück ins Bistritzer Land, sobald es ging. Jeder Meter, den die quietschenden Metallräder hinter uns ließen, verlängerte den Weg zurück. Gleichzeitig schien er aber die Entschlossenheit der Gruppe zu stärken, diesen Weg auf jeden Fall zu gehen.

18 - Familie Schröder

Wien hatten wir schnell hinter uns gelassen. Danach verlief die Fahrt reibungsloser. Der Zug hielt nicht mehr an. Wir mussten hunderte von Kilometern gefahren sein. Wieder hatte mich mein Zeitgefühl verlassen. Wir erreichten eine größere Stadt, erhielten dort ein Paar Wienerle und Brötchen von deutschen Frauen, die am Bahnhof warteten. Klaus und ich schauten uns mit großen Augen und offenen Mündern an. Wir zählten über zwanzig Gleise, die in den mächtigen Kopfbahnhof einliefen. Darüber thronte eine Konstruktion aus Eisen wie wir sie in unserem Leben noch nicht gesehen hatten. Wir wollten uns gerade auf nähere Erkundungstour machen, da pfiff es hinter uns schrill. Die Soldaten trieben uns zurück in die Wagen. Es sollte gleich weiter gehen. Wir waren immer noch nicht am Ende angelangt, dabei waren wir doch in Deutschland. In München, der Hauptstadt Bayerns. Sie sollte nicht unsere Stadt sein. Kurze Zeit später verschwanden ihre Umrisse im Ruß der Diesellokomotive.

Fünf Stunden darauf erreichten wir die Endstation. Schon von weitem sah ich die Anhöhe über dem Saaletal. Mehrere kleine Schlösser und Kirchen säumten den Berg, dessen Laubbewaldung in herbstlichen Farben glühte

und dessen Seiten von Wein begrünt waren. Der Zug hielt im Bahnhof Dornburg, der unten am Fluss lag und wesentlich schmuckloser war. Kaum öffneten sich die Eisentüren sahen wir eine Aneinanderreihung von Pferdewagen mit ihren Inhabern auf den Kutschböcken, die uns mit prüfenden Blicken begrüßten.
Die Soldaten begannen, eine Familie nach der anderen zu einem Pferdewagen zu lotsen. Wir wurden zugeteilt. Schnell war unser Gepäck auf zwei Pferdewagen verstaut und wir verließen Dornburg. Ich blickte zurück auf den Hang mit den Weinreben und den Schlössern. Dann nach vorne, Richtung Tautenburger Wald. Dort fuhren wir hindurch, für etwas mehr als eine Stunde, es werden etwa zehn Kilometer gewesen sein. Fast die gesamte Strecke war die Straße links und rechts von Bäumen umgeben. Es wechselten munter Laubbäume in gelb und orange und Nadelgewächs in tiefem Grün. Kaum verließ die Straße den Wald, mündete sie in ein kleines Dorf mit drei parallelen Straßen. Unser Fahrer hielt vor dem großen Saal. Wir luden ab und folgten den Soldaten hinein. Vorne stand ein bärtiger, groß gewachsener Herr. Später erfuhren wir, dass es der Bürgermeister des Örtchens war. Er sprach mit den wartenden Familien. Als er uns am Eingang erblickte, dirigierte er uns in die linke Saal-

hälfte, gegenüber von den wartenden Wetzdorfern. Mit uns waren noch drei weitere sächsische Familien nach Wetzdorf gekommen, die kurz nach uns angekommen waren und sich neben uns aufgestellt hatten. Eine der Familien war Frau Deutschländer mit ihren zwei Töchtern und einer Enkelin, mit der sich Mutter im Zug länger unterhalten hatte. Ich fühlte die Augenpaare der Gegenseite auf uns. Prüfend, skeptisch, unsicher. Wir wussten nicht, wer uns da erwartet, aber sie wussten nicht, wer da kam. Wir waren Fremde, die ohne weitere Vorbereitung aufeinander trafen.

Der Bürgermeister hatte gerade zu Ordnung gerufen, da rief eine stämmige Frau mit rosa Bäckchen in breitem Thüringisch:

„Die zwei Burschen kommen zu uns."

Ihre Nachbarin reagierte prompt: „Und die Eltern nehmen wir."

Meine Mutter schrak auf, trat entschlossen nach vorne und bat: „Ich bitte Sie, wir wollen zusammen bleiben, als Familie. Ich muss doch für die Familie kochen."

„Es wird gekocht. Da brauchen sie sich keine Sorgen machen. Und außerdem sind wir Nachbarn", antwortete die Zweite.

Der Bürgermeister ging auf meine Mutter zu, sagte ihr einige beruhigende Worte. Und die Soldaten schauten streng vom Saalende. Das war genug,

um weitere Diskussionen im Keim zu ersticken. Mein Vater brummte etwas und meine Mutter senkte den Kopf und seufzte.
Unsere neue Gastgeberin drückte uns die Hände.
„Ich bin Frau Schröder. Lasst uns die Sachen packen!“, forderte sie uns auf.
Sie nahm eine unserer Taschen, und stampfte Richtung Ausgang. Sie hatte kräftige Arme und kurze, dauergewellte Haare. Auf dem Weg plapperte sie unentwegt, fragte uns nach der Fahrt, ob wir Hunger hatten, wie wir Dornburg fanden, dass es doch ein wunderschöner Ort sei, dass wir willkommen wären, weil viel zu tun wäre und dass wir erstmal gut essen würden, um uns zu stärken. Wir antworteten mit „Ja“ und „Nein“, erzählten wenig und studierten die fröhliche, kleine Frau mit den roten Bäckchen, die ihre Unsicherheit in Worten ertränkte.
Das Schrödersche Landgut lag am Ende der ersten Querstraße vor dem Wald Richtung Dornburg. Schon auf den ersten Blick war ich beeindruckt von dem zweistöckigen Gutshaus und dem massiv gemauerten Stall. Alles war ein bisschen größer und solider als bei uns in Obereidisch.
Frau Schröder zeigte auf ein Haus schräg gegenüber. Dort würden meine Eltern unterkommen. Im Haus erwartete

Herr Schröder die Ankömmlinge. Er war ein mächtiger, breit gebauter Mann mit einer tiefen Stimme. Nach dem ersten Willkommen lotste er uns direkt in das Esszimmer. Ich rümpfte die Nase. Die ganze Stube roch nach Fisch. Schon damals fand ich, dass man sich von Fisch nur hungrig essen konnte. Wir legten ab, wuschen die Hände und ließen uns an unsere Plätze lotsen. Ich saß am Ende des Tisches und hörte etwas abwesend zu, als Frau Schröder den Inhalt der verschiedenen Töpfe erklärte und uns jeweils ordentliche Portionen auf die Teller lud. Am Tisch saß noch ein Mädchen, das wohl drei Jahre älter war als ich. Edith war die Tochter der Schröders und wurde uns ausführlich von Frau Schröder vorgestellt. Sie selbst schaute auf ihren Teller, richtete ihren Blick immer nur kurz auf Hans und mich, wenn sie dachte, dass wir es nicht merkten. Es gab noch einen Bruder, der im Krieg war. Im Haus sah ich noch zwei Dienstmädchen, die nicht mit uns aßen. Ich aß nur die Kartoffeln und das Gemüse, den Fisch rührte ich nicht an. Auf den fragenden Blick der Schröders sagte ich nur:

„Das mag ich nicht."

Herr Schröder lachte, schnappte sich meinen Teller und aß den Fisch.

„Mehr für mich. Find ich gut", schmatzte er.

Kaum waren wir auf unseren Zimmern bekam ich einen festen Schlag auf den Hinterkopf. Ich schrak zusammen und schaute meinen Bruder an, dessen Augen wütend funkelten.
„Das kannst du doch nicht machen. Die bereiten ein Willkommensessen vor und du mäkelst herum und isst den Fisch nicht“, schimpfte er.
Ich verschränkte die Arme.
„Wenn es mir nicht schmeckt, dann schmeckt es mir nicht“, bockte ich.
Hans machte eine wegwerfende Bewegung und schmiss sich auf sein Bett. Die Schröders hatten uns erklärt, dass wir gleich am nächsten Morgen auf dem Hof gebraucht würden. Es musste Mist aufgeladen werden.
Nach einer unruhigen Nacht standen wir vor dem Sonnenaufgang auf und fanden uns auf dem Hof ein. Schröder reichte jedem eine Mistgabel und wir fingen mit der Arbeit an. Es war jede Menge Mist. Die erste Pause machten wir erst als die Sonne schon hoch stand. Ich schnaufte und hielt mir den Rücken. Doch Hans mahnte zur Eile.
„Wir müssen zeigen, dass wir ordentlich anpacken. Die sollen nicht bereuen, dass sie uns genommen haben. Reiß dich zusammen!“, verlangte er.
Also riss ich mich zusammen, schippte Gabel für Gabel Mist auf den Wagen und vom Wagen wieder herunter, ignorierte die Schmerzen, die vom Steiß-

bein immer weiter die Wirbelsäule hinaufkrochen und wischte den Schweiß mit dem Ärmelbund weg. Einmal, zweimal, hundertmal.

An Nachtruhe war danach nicht zu denken. Immer wieder weckten mich die Schmerzen. Die übersäuerten Muskeln machten klar, dass mein junger Körper seine Grenzen überschritten hatte.

Als Hans mich am nächsten Morgen das dritte Mal weckte und schubste, erklärte ich meine Kapitulation:

„Es geht nicht. Es schmerzt zu sehr. Ich kann mich nicht bewegen."

Hans versuchte zu beschwichtigen, mich bei meiner Ehre zu packen.

„Der vergeht. Du bist ein Mann. Du darfst nicht liegenbleiben", sagte er.

Doch ich blieb liegen. Schröder sprach sich mit meinem Vater ab und am zweiten Tag in Thüringen lernte ich bereits den örtlichen Arzt kennen. Er verschrieb Schmerzmittel, die nach ein paar Stunden für Linderung sorgten. Entgegen der Sorgen von Hans, war Herr Schröder voller Mitgefühl und Verständnis.

„Ruh dich ein paar Tage aus, mein Bub!", beruhigte er mich.

Am zweiten Tag erkundigte er sich:

„Geht es ein bisschen besser?"

Ich nickte.

„Kannst du melken?", fragte er.

Ich nickte wieder und dachte an meine ersten Melkversuche in Obereidisch

und wie gut ich es inzwischen gelernt hatte.
Die Schröders hatten viele Kühe. Drei Tage lang molk ich eine Kuh nach der anderen. Frau Schröder war sehr zufrieden und lobte mich immer wieder, wenn ich die Milch brachte.
Mittags gab es Essen mit Familie Schröder, abends aßen Hans und ich mit meinen Eltern. Sie hatten einen kleinen, rußigen Ofen mit einer Feuerstelle im Zimmer und konnten dort kochen.
Die erste Woche war schnell vergangen. Am Sonntagmorgen sah ich Frau Schröder schon sehr früh in der Küche. Sie bereitete das Sonntagsmahl vor. Als wir von der Kirche zurückkamen, versammelten wir uns alle am Tisch. Es gab Fleisch und Klöße. Klöße aß ich das erste Mal. Es waren große Bälle aus rohen und gekochten Kartoffeln. Sie hatten eine seltsame, klebrige Konsistenz. Schon nach den ersten Bissen war mir klar - sie schmeckten mir nicht. Und sie hatten mir gleich zwei riesige Klöße aufgetan. Ich aß das Fleisch und knabberte ein bisschen am ersten Kloß herum. Meine Lustlosigkeit musste dem restlichen Tisch auffallen und nach weiteren fünf Minuten schallte die tiefe, freundliche Stimme von Herrn Schröder über den Tisch.
„Was ist denn, mein Junge? Zwei musst

du schon essen, damit du uns nicht wieder umfällst“, meinte er.
Ich schaute abfällig auf den Kloß in meinem Teller, erhob mich vom Tisch und bevor mich Hans schnappen konnte, rief ich:
„Ich geh zur Mutter. Die macht mir etwas, was mir schmeckt.“
Als ich die grün gestrichene Holztür zwischen Speisezimmer und Eingangshalle hinter mir gelassen hatte, schaute ich nochmal zurück und sah erstaunte Mienen bei den Schröders und ein ziemlich wütendes Gesicht bei meinem großen Bruder.
Mutter freute sich mich zu sehen. Als sie hörte, dass ich Hunger hatte, schien sie sich noch mehr zu freuen. Sie stellte einen Topf auf die kleine Feuerstelle. Da köchelte nach kurzer Zeit meine Leib- und Magenspeise. Schulfa mit Schafskäse. Den Käse holte sie aus einem Holzfass mit Maismehl, in dem wir die weißen, leicht bröckeligen Käselaibe die ganze Fahrt über transportiert hatten. Ich speiste ohne zu atmen, schaufelte einen nach dem anderen Löffel des dickflüssigen, von Käse triefenden Breis in mich hinein.
Am Tag darauf kam Herr Schröder in den Kuhstall, wo ich wieder molk.
„Was hat dir denn die Mutter gestern so Gutes gemacht?“, fragte er.
„Das, was mir geschmeckt hat“, antwortete ich.

„Das will ich auch mal probieren. Meinst du das wäre möglich?", bat er. Schröder schaute mich mit seinen großen, tiefblauen Augen an.
Ich nickte, obwohl ich gar nicht unbedingt wollte, dass er von meinem Leibgericht aß. Aber er war mein Chef, was konnte ich also machen. Wenig später bat ich meine Mutter:
„Mutter, gib mir ein bisschen von dem Schulfa mit Käse mit. Der Herr Schröder will das kosten, weil ich es lieber mag als die Klöße."
Mutter lachte hell auf. Sie nahm eine Schüssel und löffelte das Schulfa aus dem Topf hinein, gluckste dabei immer noch vor sich hin. Ich schrak auf.
„Aber nicht zu viel. Er will ja nur kosten", stellte ich sicher.
Er sollte ja nicht meinen Notvorrat wegessen, dachte ich mir.
Als Herr Schröder den zweiten Löffel geschluckt hatte, schaute er seine Frau an, die aus der Küche in die Stube gekommen war.
„Der Junge hat einen guten Geschmack. Das muss man ihm lassen", stellte er fest.
Er grinste, gab seiner Frau etwas zum Probieren und klopfte mir auf die Schultern.
Herr Schröder war gut zu uns. Wir fühlten uns schnell zu Hause und packten jeden Tag ordentlich mit an, als ob wir auf unserem eigenen Hof wären. Die Schröders hatten ihre Fel-

der rund um Wetzdorf verteilt - wie wir in Obereidisch. Aber sie hatten mehr Fläche zu bewirtschaften. Da kam es gelegen, dass tagsüber noch zwei Kriegsgefangene mit anpackten. Es waren Franzosen. Wir verstanden uns irgendwie. Ein paar Brocken von ihrem Französisch konnte ich erraten, aber viel war es nicht. Sie sprachen ein bisschen Deutsch, verstanden manchmal, wenn ich etwas auf Rumänisch sagte. Sie arbeiteten gut mit und bekamen von den Schröders ordentlich zu essen. Abends mussten sie immer in ihr Lager zurück.

Eines Abends, es war im November, pfiff ein eisiger Wind um die Häuser. Es war viel schneller kalt geworden, als ich das von zu Hause kannte. Hans hatte Post erhalten und wir rückten auf der kleinen Eckbank neben der Kochstelle meiner Eltern zusammen, als er den Brief auspackte:

„Katharina ist auch in Deutschland gelandet“, rief er, nachdem er die ersten Zeilen gelesen hatte.

„Gott sei gelobt“, seufzte meine Mutter und mein Vater nickte und rieb sich den Schnauzbart.

„Sie wird bald ihr drittes Kind bekommen. Und die anderen beiden Kinder sind wohlauf!“, ergänzte Hans.

Mein Bruder Martin war also schon dreifacher Vater, wie schön für ihn, doch wie traurig im gleichen Moment, dass er wieder nicht erleben konnte,

wie das Kind geboren wurde, wie es getauft würde und die ersten Töne von sich gab. Sein zweites Kind hatte er gezeugt, kurz bevor er eingezogen wurde. Das dritte Kind war das Ergebnis eines kurzen Fronturlaubs vor neun Monaten gewesen, als er nochmal nach Obereidisch zurückgekommen war. Danach ging es zurück nach Finnland. Dort kämpfte er einen Krieg, der mir verloren schien. Vielleicht war er in Gefangenschaft geraten, wie die Franzosen, die bei Schröder mithalfen.
Hans las weiter, runzelte kurz die Stirn und ließ uns dann wieder wissen, was er sah:
„Sie wird bald entbinden und ihr Kind taufen."
„Wo sind sie denn? Ist das in der Nähe?", fragte ich.
„Reichmannsdorf", sagte Hans und der Ton ließ auf ein großes Fragezeichen in seinem Kopf schließen.
„Hier steht, dass es im nördlichen Teil von Bayern ist. In der Nähe von Bamberg", las er.
„Dann ist es ja nicht so weit weg", sagte Mutter, „Bayern grenzt ja an Thüringen."
„Lass uns hinfahren!", rief ich.
„Wenn ihr fahren wollt, dann fahrt", meinte Vater und räusperte sich, „Wir bleiben hier. Ich hab genug von Zügen."
„Wenn die Schröders es euch erlauben", mahnte Mutter.

Hans lachte.
„Na, wenn Timmi endlich die Klöße von Frau Schröder isst, haben wir vielleicht eine Chance“, frotzelte er.
Ich verzog das Gesicht und Vater und Mutter stimmten in das Lachen ein.
Als wir am nächsten Tag zu ihm gingen, gratulierte Herr Schröder uns zum Nachwuchs in der Familie. Er zeigte sich sehr großzügig und meinte, dass sich eine solche Fahrt ja lohnen müsste. Wir sollten ruhig zwei Wochen dort bleiben. So lange könnte man auf uns verzichten. Es war ja Winter und da gab es nicht mehr ganz so viel auf dem Hof zu tun.

19 - Überraschung zur Taufe

Herr Schröder hatte uns angeboten, mit ihm nach Dornburg zu fahren. Er hatte dort ohnehin Beschaffungen zu machen und nahm uns auf dem Pferdewagen mit. Wir hatten erfahren, dass ein Zug der Reichsbahn um 10:25 aus Dornburg abfuhr und uns bis Burgebrach bringen würde.

Am Dornburger Bahnhof griffen wir beide unsere Taschen, winkten Herrn Schröder und traten auf den Bahnsteig. Wir nahmen auf einer der gelb gestrichenen Holzbänke Platz. Schräg über uns zeigte die Anzeige die Abfahrtzeit an. 10:25 Richtung Bamberg. Die runde schwarz-weiße Bahnhofsuhr zeigte 10:20. Kurz darauf hörten wir das vertraute Geräusch einer Diesellok. Sie näherte sich schnell aus Norden, entwickelte sich von einem schwarzen Punkt zu einer mächtigen und lauten Maschine, erreichte uns und fuhr an uns vorbei. Sie zog hinter sich eine lange Kordel von Reichsbahn-Wagons. Es waren richtige Personenwagen, in tiefem Grün gestrichen, mit Türen und Fenstern und einem weißen, halbrunden Dach. Die Bremsen quietschten, als die grün-weiße Kordel langsam zum Stehen kam. Wir suchten unsere Zugnummer, traten ein und nahmen auf der Holzbank zur Linken, gleich nach dem Eingang, in Fahrtrichtung Platz. Wie anders es

sich doch anfühlte, erhobenen Hauptes, mit Blick aus dem Fenster und gemütlich sitzend eine Zugfahrt anzugehen. Ich war stolz und aufgeregt zugleich.
„Werden wir Katharina denn finden, wenn wir dort ankommen?"
„Das Dorf, wo sie wohnen, kann ja nicht so groß sein. Da finden wir sie schon", beschwichtigte Hans.
Das Schmunzeln in seinem Gesicht zeigte, dass er Freude und vielleicht ein bisschen Aufregung in sich trug. Der Überraschungsbesuch war in vollem Gange, als die Zugfenster das letzte Mal den Blick auf den Dornburger Berg mit den Schlösschen und den winterlich eingeschneiten Nadelgewächsen erlaubte.
Wir hatten einen Regionalzug gebucht, die günstigste Verbindung. Er hielt an jedem Örtchen entlang des Wegs. Ich beobachtete die Deutschen, die ein- und ausstiegen. In allen größeren Orten sahen wir viel Militär, SS-Uniformen, Hakenkreuze. Junge Männer im Alter von Hans sahen wir gar nicht in Zivil. Einige schauten ihn im Wagon schräg von der Seite an. Vielleicht dachten die, warum er nicht für die deutsche Sache an der Front war. Ich wollte Hans darauf ansprechen. Ich schaute zu ihm hinüber. Seine Stirn warf mehrere Falten und seine Augen streiften von einem jungen Mann in Uniform zum nächsten. Da

legte ich nur meinen Kopf an seine Schulter und sagte gar nichts. Ich war sehr froh, dass er bei mir war und nicht wie die anderen Brüder im Krieg.
Um etwa 17 Uhr hatten wir Bamberg erreicht und kurz darauf fuhr der Zug in den kleinen Bahnhof von Burgebrach ein. Er bestand aus einem kurzen Bahnsteig und einem aus grauen Steinen gemauerten Haus, das im Dachgeschoss mit Fachwerk ausgebaut war und fünf spitz zulaufende, rote Dächer hatte. Ein großes in der Mitte und vier kleinere an den Ecken, ganz wie bei einer kleinen Burg.
Wir stiegen aus und schauten uns um. Außer uns war nur ein Soldat von der Marine ausgestiegen und zwei ältere Weiber, die gleich Richtung Dorfmitte wackelten und sich heftig miteinander stritten. Jedenfalls schloss ich das aus der Lautstärke und Erregung ihrer Stimmen. Verstanden hatte ich kein Wort. Sie sprachen in tiefem Fränkisch.
Hans ging auf den Soldaten zu.
„Heil Hitler. Wir wollen nach Reichmannsdorf. Kennen Sie den Weg?"
„Heil Hitler. Geht einfach mit mir, ich muss auch dorthin. Es ist ein kleiner Marsch. So um die sieben Kilometer."
Hans nickte erfreut und die beiden marschierten voran. Sie gingen wie sie es beim Militär gewohnt waren,

mit weit ausgreifenden Schritten. Ich musste mehrfach in den Laufschritt wechseln, um nicht zurückzufallen.
Nach zwanzig Minuten war es vollends dunkel geworden und ich erkannt nur noch Umrisse von den Bäumen, die die Straße säumten. Wir hielten uns immer am linken Straßenrand. Der Weg war hügelig, es ging hoch und runter. Am Ende eines recht steilen Abstiegs kamen wir im ersten Dorf an.
„Das ist Treppendorf", sagte der Marinesoldat.
Wir schauten entlang seines ausgestreckten Arms nach links. Dort erkannten wir die groben Umrisse eines kleinen Dorfs mit ein paar Straßen. Unser Marsch ging weiter zur Rechten und wir ließen Treppendorf schnell hinter uns. Am Plätschern und am Geruch erkannte ich, dass wir einen Bach überquerten. Nach dem Bach stieg die Straße wieder steil an. Es ging noch ein bisschen durch den Wald bevor wir rechts von uns Ackerfläche erahnen konnten. Kurze Zeit später sah ich die ersten Umrisse von Häusern, die sich an der Hauptstraße entlang einen Berg hinauf schlängelten. Wir hatten Reichmannsdorf erreicht.
Der Marinesoldat hatte erzählt, dass es rund achthundert Menschen in dem Örtchen gäbe. Es war also in etwa so groß wie Obereidisch, aber deutlich größer als Wetzdorf. Was es aber von

allen Orten, die ich kannte, unterschied, war das Schloss. Wir erreichten es kurze Zeit später als wir die dunkle, von Häuserreihen eingeschlossene Hauptstraße empor gestiegen waren. Der Soldat hatte es schon angekündigt und zeigte durch die Toreinfahrt auf Schloss Reichmannsdorf. Es gehörte den von Schrottenbergs. Sie waren Adelige und nannten einen Großteil der Ackerfläche rund um den Ort ihr Eigen. In Siebenbürgen hatte ich bis auf König Mihai und den Baron von Wetsch, der aber schon lang gestorben war, von keinem Adeligen gehört. Mit einer gewissen Ehrfurcht schaute ich auf das riesenhafte Gebäude. Erst in den nächsten Tagen sollte ich sehen, wie filigran dekoriert, wie farbenreich es war. In diesem Moment wirkte es groß und grau, fast bedrohlich.
Der Soldat hatte sich gleich nach dem Schloss verabschiedet und war in einem der Häuser verschwunden. Er kannte den Namen der Gastgeber von Katharina nicht und wünschte uns viel Erfolg bei der Suche. Ein paar ältere Männer kamen uns entgegen und Hans ging gleich auf sie zu. Sie nickten, als er den Namen sagte und zeigten weiter die Straße runter. Sie gestikulierten mit beiden Händen, während sie den weiteren Weg beschrieben. Hans hörte zu, wiederholte den Weg und den Straßennamen zweimal, bis alle nickten. Auch er schien Schwie-

rigkeiten zu haben den Dialekt auf Anhieb zu verstehen.
Wir liefen die Hauptstraße wieder hinunter und bogen dann am Fuße des Schlossbergs rechts ab in die Straße, die nach Mühlhausen führte. Dort fanden wir tatsächlich das kleine Häuschen. Es war einstöckig und hatte nur einen ganz schmalen Vorgarten. Die Bewohner hatten keinen Stall, keine Tiere. Das gab es in Obereidisch nicht. Selbst der Pfarrer hatte dort Hühner und Schweine im Hinterhof.
In der Stube brannte Licht und wir sahen Bewegung. Mein Herz schlug mir bis zum Hals. Wir hatten die Schusters nicht mehr gesehen, seit sie im Sonderzug losgefahren waren. Das waren über drei Monate. Und ich konnte nicht erwarten, ihre überraschten Gesichter zu sehen. Wir klopften an die hölzerne Eingangstür. Einmal, dann noch einmal. Mit einem Ruck öffnete sie sich einen Spalt. Herr Seiermann schaute hinaus.
„Sie müssen sich vertan haben."
Er wollte die Tür wieder schließen. Doch Hans hielt seinen Fuß hinein.
„Warten Sie, mein Herr. Wir gehören zu den Flüchtlingen. Katharina Emrich ist unsere Schwägerin und wir kommen auf Besuch. Es ist eine Überraschung. Sie wohnt doch bei Ihnen?"
Da hellte sich das Gesicht des kleinen Mannes auf. Er lächelte.
„Ah. Das ist etwas Anderes. Ich

dachte, sie wären Wanderarbeiter. Na, dann kommen Sie herein. Sie sind in der Stube."
Katharina sah uns zuerst und stieß einen Schrei aus. Im nächsten Moment hatte sie meinen Hals umschlungen.
„Timmilein, mein Timmilein!"
Dann herzte sie meinen Bruder, küsste ihn mehrmals.
„Ihr seid ja verrückt. Dass ihr hier einfach auftaucht. Ohne Ankündigung, ohne Schreiben, einfach so."
Hans grinste.
„Wir können dich bei der Taufe ja nicht allein lassen, wenn Martin schon nicht da ist."
Ein breites Lächeln legte sich auf das Gesicht der dreifachen Mutter, die immer noch jung an Jahren war, aber schon alt an Erfahrung. Ihre Eltern waren inzwischen aufgesprungen, begrüßten uns herzlich, drückten uns an sich.
Man schenkte sich Tee ein und wir begannen zu sprechen bis spät in die Nacht. Jeder hatte seine eigene Geschichte der Flucht, seine eigenen Erlebnisse. Hans berichtete im Detail, wie er das Schustersche Haus mit mir verbarrikadiert hatte, beschwichtigte Herrn Schuster, dass er sich nicht zu sehr Sorgen machen sollte. Katharina berichtete von der langen Zugfahrt, wie schwer es ihr mit dem dicken Bauch gefallen war, wie übel es ihr häufig war. Dann be-

richteten sie von der Ankunft in Reichmannsdorf. Sie zeigten sich sehr zufrieden mit der Gastfreundschaft. Herr Schuster hatte schon eine Aushilfsarbeit auf einem der Bauernhöfe gefunden.
Die Taufe sollte eine Woche später stattfinden. Genug Zeit also, um den Ort näher zu betrachten, um andere Siebenbürger Sachsen im Ort zu treffen. Viele aus Obereidisch und Umgebung waren in Reichmannsdorf gelandet. Zeit, um immer wieder die Fluchtgeschichte zu erzählen. Und von Wetzdorf und von Dornburg. Genug Zeit, um den Ort bei Tageslicht kennenzulernen. Um zu sehen, dass der Judenfriedhof im Norden des Dorfs ganz kaputt und beschmiert war von den Nazis. Ein SS-Trupp von auswärts hätte das gemacht, sagte man uns. Juden gab es keine mehr im Ort. Die wenigen Familien, die es noch gegeben hatte, wären weg. Man wusste nicht, was ihnen widerfahren war. Wir hatten Gelegenheit, am großen Mühlsee entlangzuwandern und von dort den Blick auf das erhaben auf dem Hügel liegende Schloss zu richten. Wir schauten uns die großen Stallanlagen neben dem Schloss an und liefen an den vielen kleinen, selbst gebauten Arbeiterhäusern vorbei. Herr Seiermann, der Gastgeber, war ein Arbeiter, arbeitete in einer Fabrik in Schlüsselfeld, der nächstgelegenen Kleinstadt.

Ich fühlte mich trotz schönem Schloss, trotz großem See und freundlichem Empfang bei den Schusters nicht ganz wohl in meiner Haut. Die Leute im Dorf wirkten unfreundlicher als in Wetzdorf. Das war nicht nur der Dialekt, den ich nach ein paar Tagen noch nicht besser verstehen konnte. Es war ein ruppigerer Umgangston, mit dem miteinander gesprochen wurde. Mir fehlte Wetzdorf, wo ich mich in den drei Monaten schon besser eingelebt hatte, als ich es jemals gedacht hatte. Frau Schuster kochte zwar, doch den Vergleich mit den Rezepten meiner Mutter verlor sie in meinen Augen haushoch. Das Kinderbett in dem ich schlief war zudem klein und unbequem.

Die Taufe fand an einem Sonntag statt. Wir hatten uns in unsere besten Hemden geworfen und liefen alle gemeinsam zur Kirche am Hang des Berges. Es war ein kleiner Kreis von Siebenbürgern, die uns an der St. Sebastian Kirche erwarteten. Die Taufpaten stellten die Familien Schuster und Klein, die auch aus Obereidisch waren. Die Kirche wurde von der Sonne angestrahlt und leuchtete weiß. Sie hatte ein rotes Dach und einen Turm mit einer Spitze aus tiefschwarzen Ziegeln. Am unteren Ende, dort wo die Spitze noch breiter war bevor sie ganz spitz zulief, war eine Uhr angebracht. Sie hatte ein himmelblaues

Zentrum und einen schwarzen Rand. Die Zeiger und das Zifferblatt waren beide mit Blattgold verziert und blinkten uns entgegen. Es war eine katholische Kirche, was man schnell merkte, als man eingetreten war. Überall waren Verzierungen, Bildnisse von Heiligen und die ein oder andere Skulptur zu sehen. Das erinnerte mich ein bisschen an die orthodoxen Kirchen der Rumänen, nur mit weniger Farben und weniger Gold. Der Pfarrer war aber Protestant wie wir. Er war für die Taufe aus einem Nachbarort gekommen, aus Mühlhausen, hatte mir Katharina erzählt. Er trug einen schwarzen Talar mit weißem Kragen.
Wir nahmen in den vorderen Holzbänken Platz. Nach den Gebeten und dem Gesang füllten Kinderschreie, erschreckt vom Wasser und der fremden Hand, die Kirche. Erst nach weiteren Gesängen und zurück in den Armen der Mutter, hörten die Schreie wieder auf. Wir beteten zusammen das Vaterunser. Ich fühlte mich gut, fast wie daheim. Nur, dass der Pfarrer dick, pausbäckig und fröhlich war. Er schaute nicht streng über eine zu kleine Brille und war auch sonst nicht so furchteinflößend wie Pfarrer Roth aus Obereidisch. Er sprach noch lang mit uns nach der Zeremonie, ließ sich von der Flucht erzählen und wünschte uns Gottes Segen, so dass wir möglichst bald wieder in unsere

Heimat zurückkehren könnten und bis dahin gut unterkämen.
Frau Schuster und Katharina hatten schon zwei Tage vorher mit den Vorbereitungen begonnen. An diesem Tag fanden sich alle bei Seiermanns im Wohnzimmer ein, wo eine Tafel aufgebaut worden war, um die sich die kleine Feiergesellschaft sortierte. Es gab keinen Alkohol, dafür aber leckere Sauerkirschensuppe und anschließend Krautwickel mit dampfendem Schulfa. Ein Gast fragte:
„Was wisst ihr von Martin?"
Katharina zuckte zusammen und antwortete dann in einem ruhigen, eingeübten Ton:
„Den letzten Brief haben wir in Obereidisch bekommen. Da war er an der Front in Finnland."
Der Frager kommentierte weiter:
„Die Finnen haben sich jetzt auch gegen uns gestellt. Da wird er nicht mehr lange kämpfen müssen. Unsere Truppen sind auf dem Rückzug."
Herr Schuster sprang Katharina zur Seite:
„Er soll nur gesund zurückkommen. Wir hoffen sehr, bald wieder ein Zeichen von ihm zu bekommen."
So bekam die fröhliche Tauffeier doch immer wieder etwas Schieflage. Die Sorgen um unsere Brüder drängten immer wieder an den Tisch. Wir ließen sie aber an diesem Abend nicht die Oberhand gewinnen. Manchmal dachte

ich, wie der Abend verlaufen wäre, wenn Michael da gewesen wäre. Er hätte die Gesellschaft sicher noch mehr zum Lachen gebracht, als die Anwesenden es schafften. Der Abend dauerte noch lang und die Brüder in der Ferne waren wieder für eine Weile vergessen.

Wir erzählten uns gegenseitig die lustigsten Erlebnisse von unserer Flucht und ließen absichtlich die erschreckenden Dinge aus. An diesem Abend wirkte die Flucht wie ein Abenteuer, wie ein Erlebnis, von dem man gern berichtete. Es war eine Mischung aus komischen Gestalten, lustigen Geräuschen, unangenehmen Gerüchen und schönen Überraschungen. So wollte ich die Flucht in Erinnerung behalten, nahm ich mir an jenem Abend vor.

Die restlichen Tage in Reichmannsdorf vergingen wie ein Lufthauch, der, kaum realisiert man, dass er da ist, schon wieder entschwunden ist. Mehrmals versuchten die Schusters uns zum Bleiben zu überreden, mehrmals sagten sie, wir sollten doch lieber die Eltern nachholen, statt zurück nach Thüringen zu gehen. Man wüsste doch nicht, was noch passiere und da wäre es am besten, wenn die ganze Familie zusammen wäre. Und wohin sollte Martin zurückkehren, wenn ein Teil der Familie an einem Ort und der andere an einem anderen waren?

Wir sagten, wir würden mit den Eltern

sprechen. Aber erstmal wollten wir zurück. Wir standen bei Herrn Schröder im Wort und wollten ihn nicht enttäuschen. Er war sehr gut zu uns gewesen in den drei Monaten seit unserer Ankunft. Warum sollten wir ihn schon wieder verlassen? Wer wusste, ob wir nicht schon bald wieder zurück nach Hause, nach Obereidisch fahren konnten. Dann würden wir uns doch ohnehin alle dort wiedersehen. Martin könnte dann einfach dahin zurückkehren, wo er herkommt, statt in ein anderes Land, einen anderen Ort und zu anderen Menschen.

Wir umarmten alle mehrfach und lange, sicherten nochmal zu, dass wir möglichst schnell mit den Eltern über einen Umzug nach Reichmannsdorf sprechen würden. Dann packten wir unsere Sachen und marschierten zurück nach Burgebrach, um dort die Reichsbahn zu nehmen. Die Bremsen quietschten als wir wieder in Dornburg einfuhren.

20 - An die Front

Ein großer Weihnachtsbaum stand im Wohnzimmer. Frau Schröder hatte ihn in bunten Farben geschmückt und mit Kerzen aus honigfarbenem Wachs bestückt. Edith, die Tochter der Schröders, spielte mit einer hellhölzernen Flöte und untermalte den Gesang der restlichen Familie. Wir verbrachten Heiligabend mit den Schröders, unsere Eltern mit ihrer Gastgeberin, Frau Kunze, deren Mann trotz seiner fünfzig Jahre inzwischen in den Krieg eingezogen worden war. Wir saßen dicht an dicht auf dem Sofa der Schröders im Wohnzimmer, aßen Schrödersche Zimtsterne und saftigen Christstollen und wunderbaren Mohnkuchen. Es schmeckte ganz hervorragend. Nur für uns beide hatten die Schröders zwei volle Teller mit Kuchen bereitgestellt.

Später gingen wir zu den Eltern hinüber. Mutter fasste ihre drei Männer nacheinander an den Händen. Ihre Augen glänzten. Sie schaute uns an und flüsterte:

„Wie gut, dass wir hier zusammen sind."

Hans und ich nickten. Vater wirkte erstmals seit unserer Ankunft ein bisschen zufrieden, ein bisschen entspannt.

Wir fühlten uns angekommen und willkommen. Trotz Sorge um meine drei

großen Brüder, trotz Entfernung zu unserem Hof, unseren Tieren, unseren Feldern, zu unserer Heimat. Es war ein gutes Gefühl an diesem Weihnachten 1944.
Es sollte nicht lange halten. Zwei Wochen später traf der erste Brief ein. Ein Brief, wie die Klaue eines Raubtiers, das nach der Beute greift. Wenn der Volksempfänger von Herrn Schröder mich an den Krieg erinnert hatte, war ich aus dem Raum gegangen oder hatte ihn ausgeschaltet. Doch das Schreiben von den deutschen Behörden ließ sich nicht ausschalten. Es lag einfach da auf dem Ecktisch in der Kammer meiner Eltern. Mutter stand zwei Meter vom Tisch entfernt. Sie war aufgesprungen als Hans aus dem Brief vorgelesen hatte. Sie starrte auf das Stück Papier und stammelte:
„Noch einmal. Jetzt noch? Wo doch die Russen schon in unserer Heimat stehen, wo die deutschen Soldaten überall auf dem Rückzug sind."
Hans beschwichtigte, doch seine Stimme war dünn und brüchig:
„Erstmal muss ich mich nur in Jena melden. Wer weiß, ob sie mich noch brauchen."
Vater rieb sich den Schnauzbart. Er sagte aber nichts. Mutter liefen die Tränen an den Wangen hinab. Sie rissen gar nicht mehr ab, formten einen Sturzbach, den erst der Blusenkragen

stoppte. Ich saß nur da, starrte an die Wand.
Es half nicht, dass Mutter seit der Ankunft in Deutschland regelmäßig den Volksempfänger hören konnte und in Wetzdorf viel mehr Informationen bekam als noch in Obereidisch. Der Schleier von Tränen lichtete sich immer wieder für kurze Wortfetzen:
„Jena, große Stadt, Kasernen, erste Ziele für Bombenangriffe."
Mein Vater ging hinüber, nahm sie in den Arm:
„Wir wollen den Teufel nicht an die Wand malen. Unsere Söhne sind alle noch am Leben. Hans wird sich vorsichtig verhalten."
Sie schrie kurz und schrill und fing dann an auf die Schulter meines Vaters einzuschlagen.
„Es ist nicht in Ordnung. Erst vertreibt man uns und dann nimmt man uns noch einen Sohn! Sollen doch die an die Front, die ihre Heimat noch haben!", wütete sie.
Vater versuchte ihre Hände festzuhalten. Sein Ton blieb ruhig und milde:
„Beruhige dich, Susanna! Beruhige dich!", beschwor er seine Frau.
Ich kämpfte mit mir, kämpfte mit meinen Tränen, die ich mit aller Kraft zurückhalten wollte. Ich wollte stark sein, wollte mir nicht anmerken lassen, wie sehr es mich schmerzte. Mein letzter Bruder, mit dem ich die Flucht überstanden hatte, mit dem ich

Tag für Tag auf Schröders Hof arbeitete, mit dem ich mich selten stritt und häufig lachte, sollte mir genommen werden. Meine Hände verkrampften, mein Mund zuckte. Als ich spürte, dass ich den Kampf gegen meine Tränen verloren hatte, sprang ich auf, riss die Tür auf, knallte sie hinter mir zu und rannte auf die Straße. Ich trat gegen Zäune, schmiss mit Schneebällen, rannte, taumelte. Bis ich mich leer fühlte und die Kälte sich durch alle Schichten meiner Kleidung gefressen hatte.
Am nächsten Morgen entschieden sich meine Eltern und Hans ein letztes Aufbäumen zu versuchen. Sie sprachen mit Herrn Schröder. Sie wussten, dass er gute Beziehungen hatte, dass er im ganzen Ort hohes Ansehen genoss und über den Ort hinaus bekannt war. Wenn einer Hans einer helfen könnte, so der Gedanke meines Vaters, dann er. Herr Schröder wollte helfen. Er hatte selbst großes Interesse daran, dass Hans blieb. Es müsste doch ausreichen, dass Hans bereits an der Front gewesen war. Also sprach er mit dem Bürgermeister, fragte nach einer Ausnahmegenehmigung. Er erzählte von der Wichtigkeit von Hans für die Abläufe auf dem Hof, er berichtete von der besonderen Betroffenheit der Familie durch die Flucht. Er erzählte von den zwei Söhnen in der Waffen-SS. Doch als er vom Gespräch zurückkam, zuckte

er nur mit den Achseln, schaute Hans und meinen Vater mit seinen sonst so fröhlichen Augen an. In diesem Moment waren sie wie in Nebel gehüllt, bedeckt von einem Schleier der Enttäuschung. Er fasste es so in Worte:
„Ich fürchte, ich kann euch nicht helfen. Diese Nationalsozialisten lassen nicht mit sich reden. Der Bürgermeister ist ein besonders Überzeugter."
Von diesem Moment an erstarb der Widerstand. Weder mein Vater, noch Herr Schröder, noch Hans hatten weitere Ideen. Man schimpfte über den Bürgermeister, der nur den eigenen Vorteil, nicht aber die Menschen im Sinn hatte. Dann ging man auseinander und Hans bereitete sich vor.
Zwei Tage später hatte er uns verlassen. Mehrmals versprach er zu schreiben, sobald er wüsste, was sie mit ihm vorhatten. Dann lief er die Straße hinunter und ließ seine Mutter, seinen Vater und mich stehen. Es schmerzte wie beim ersten Mal, als wir ihn verabschieden mussten. Ich fragte mich, wer in diesem Moment wohl mehr Angst hatte. Er, der vielleicht kurz davor stand, sich für ein fremdes Land in den Gewehrhagel der Feinde zu stellen. Oder wir, die wir ihn Schritt für Schritt von uns gehen sahen und wussten, dass er im schlimmsten Fall nicht zurückkehren würde.

Erst im Februar kam der lange ersehnte Brief. Wir hatten immer wieder zitternd am Volksempfänger gehangen. Wir hatten gehört, dass die Amerikaner Bombenangriffe auf Jena flogen, hatten uns jeder für sich Schreckensbilder ausgemalt. Wir hatten uns jedes Mal zurückerinnert an die Bomben über Wien, an das Kauern im Dickicht des Waldrandes. Vater war zum Amt gegangen, um nachzufragen, ob man wüsste, wohin sein Sohn entsandt worden war. Sie hatten ihn weggeschickt. Wir saßen zusammen über dem Brief und lasen die Zeilen:
„Ich bin gesund und guten Mutes. Morgen brechen wir gen Russland auf. Ich umarme euch und grüße herzlich. Euer Hans."
Unterschrieben war der Brief mit Frankfurt/Oder. Er war also schon weiter im Osten, nicht mehr in Jena. Wir umarmten uns und sprachen uns gegenseitig Mut zu. Doch das Bangen hatte mit diesem Brief erst begonnen. Hans fuhr wieder in die andere Richtung, nicht von den russischen Truppen weg, sondern auf sie zu.
Ich lenkte mich mit Arbeit ab. Ich wachte noch früher auf und arbeitete häufig bis in die Dunkelheit. Es erinnerte mich an die Zeit, als nur Vater und ich unsere Felder in Obereidisch bestellten, weil die Brüder alle im Krieg gewesen waren. Mit der gleichen Entschlossenheit arbeitete

ich für Herrn Schröder. Inzwischen aß ich auch das Essen von Frau Schröder. Immer wieder bekam ich Lob, die Schröders mochten mich, schätzten meinen Arbeitswillen. So gab es Tage, an denen ich gar nicht an meine Brüder dachte, an denen ich einfach in der Arbeit aufging und ganz bei den Schröders und ihrem Hof war.
Doch der März sollte diese Tage beenden. Denn die zweite Klaue griff nach mir. Zunächst freuten wir uns, als wir den Poststempel der Wehrmacht sahen. Wir dachten einen Brief von Hans erhalten zu haben. Mutter riss den Umschlag auf, übersah, dass er an mich adressiert war, legte das Schreiben vor uns auf den Tisch, strich es glatt. Alle begannen zu lesen. Schon die Anrede brach die freudige Erwartung. „Sehr geehrter Herr Thomas Emrich". Hastig lasen wir weiter. Die erste Zeile, dann die zweite. Am Ende des kurzen Schreibens wich das Blut aus den Adern meiner Eltern. Mutter sackte in sich zusammen, schien keine Kraft mehr zu haben, um zu schreien, keine Tränenflüssigkeit, um zu weinen. Vater, der sonst ruhig geblieben war, schmiss das Schreiben vom Tisch, schlug mehrmals auf das knarrende Holz, biss sich auf die Lippen, rieb immer wieder seinen Schnauzbart. Ich hob den Brief auf und las die wenigen Zeilen noch einmal. Mein Vaterland brauchte

mich, so stand es da. Sie brauchten mich. Ich spürte natürlich Angst. Noch stärker fühlte ich aber, dass ich als Mann Verantwortung übernehmen musste. Das war nichts mehr für Kinder. Ich hatte auf dem Feld gearbeitet, ich hatte im Stall geholfen. Ich würde in den Krieg ziehen. Das machten nur Erwachsene. Ich schluckte die Beklommenheit hinunter, wischte die Feuchtigkeit mit den Hemdsärmeln aus meinen Augen. Ich räusperte mich und sprach mit bewusst tiefer und entschlossener Stimme:

„Macht euch keine Sorgen um mich. Ich pass gut auf mich auf."

Mutter schaute mich entsetzt an. Vater spannte die Halsmuskeln und stützte sich auf die Tischplatte.

„Mein Junge, was redest du da? Das ist Krieg. Da hast du nichts verloren. Du bist keine 16 Jahre alt", entfuhr es ihm.

Es stellte sich heraus, dass auch mein Cousin Georg einen solchen Brief erhalten hatte. Die Familie Klein, war kurz nach uns in Wetzdorf untergekommen. Schnell waren sich mein Onkel und mein Vater einig, dass sie nach Eisenach gehen wollten, wo Georg und ich uns melden sollten. Sie wollten Widerspruch einlegen, wollten auf die vielen Brüder verweisen, die schon im Krieg waren, wollten Gnade für Georg und mich erbitten.

Die ausdruckslosen Gesichter meines

Onkels und meines Vaters überbrachten die Antwort bei ihrer Rückkehr vom zweitägigen Fußmarsch aus Eisenach. Sie wirkten in diesem Moment grau und alt. Gebrochen von einem Staat, der ihnen das letzte Kind nahm. Ein Staat, der sich gegenüber Argumenten und Bitten einzelner Menschen nicht aufgeschlossen zeigte.

„Wir konnten nichts machen. Ihr müsst euch in Eisenach melden", seufzten sie.

Die Amerikaner standen schon in Deutschland, die Russen waren nicht mehr weit weg. Was wollte die Wehrmacht mit ein paar Jugendlichen, die keinerlei Ausbildung hatten? Später erfuhr ich, dass in jenem März eine Sonderverordnung von Wilhelm Keitel, dem Chef des Oberkommandos der Wehrmacht, die Wehrpflicht auf noch Jüngere ausgedehnt hatte. Schon seit Herbst des Jahres 1944 hatten sie alle waffenfähigen Männer von 16 bis 60 Jahre eingezogen. Volkssturm nannte sich das. Im Frühjahr 1945 mussten auch die noch Jüngeren ran.

Mutter kochte nochmal ein großes Mahl. Wir sollten uns stärken, sollten Reserven aufbauen für das, was uns erwartete. Doch weder Georg noch ich hatten großen Appetit. Zu groß war unsere Aufregung, zu groß die Unsicherheit. Mutter musste dreimal nachfragen bis ich zumindest das

Schulfa aufaß, das auf meinem Teller war.
Am nächsten Tag marschierten wir in aller Frühe los, als das erste Licht die verschneiten Felder in einem warmen Grau erscheinen ließ. Kurze Zeit später, wir hatten Wetzdorf hinter uns gelassen, beobachteten wir den Sonnenaufgang. Die Sonne spiegelte sich in den Fenstern der Bauernhäuser, die wir passierten, und an den Baumwipfeln der Tannen und Fichten, die den Weg säumten. Der Krieg war weit weg in diesem Moment, er war eine abstrakte Idee. Weder Georg noch ich hatten eine wirkliche Vorstellung, was da vor uns lag. Wir sprachen uns gegenseitig Mut zu, spielten uns vor, wir wären starke Männer ohne Angst. Mit unserer Angst mussten wir ganz alleine auskommen. Ich hatte das Gefühl, dass mein Herz doppelt so schnell schlug als es das normalerweise tat, es pochte Richtung Hals, beruhigte sich auch nach einer Stunde Marsch nicht wesentlich.
Wir liefen den ganzen Tag und die ganze Nacht durch, bis wir Eisenach am frühen Morgen erreicht hatten. Dort fragten wir uns durch bis wir den richtigen Ort fanden. Meist waren es SS-Soldaten, die wir ansprachen. Zwei von ihnen standen am Büroeingang der Meldestelle. Wir traten ein, legten unsere Ausweise vor und schauten

den Mann hinter dem Tresen mit fragenden Augen an.
„Wir sollen uns hier melden. Wir haben ein Schreiben erhalten“, sagte ich und versuchte möglichst entschlossen zu wirken.
Der Mann runzelte die Stirn, schrieb unsere Namen in eine Liste, die bereits voll von Namen war und versah sie mit einem Stempel. Unsere Ausweise gab er uns zurück und winkte einem der SS-Soldaten. Er sollte uns in die Unterkunft bringen. Wir stiegen in einen Militärwagen, fuhren zehn Minuten und kamen an einer Scheune, etwas außerhalb der Stadt, an. Es war ein großes, gemauertes Gebäude mit einem roten Ziegeldach und einem großen Tor aus schwarz gestrichenem Holz. Kaum blickten wir hinein, sahen wir, dass es in ein Lager umfunktioniert worden war. Reihe an Reihe waren Feldbetten aufgebaut, die meisten davon belegt von Jungs in unserem Alter.
Der SS-Mann zeigte auf zwei Betten.
„Richtet euch hier ein. Verhaltet euch ruhig!“, befahl er, machte kehrt und verließ die Scheune. Wir hatten von Mutter ein Essenspaket mitbekommen. Das packten wir aus und aßen. Dann legten wir uns auf unsere Betten und warteten.
Es dauerte nicht lang, vielleicht zwei Stunden, bis wieder zwei SS-Männer am Scheuneneingang auftauchten.

„Ruhe", bellten sie in den Raum. Nach Sekunden herrschte absolute Stille.
„Der Jahrgang 1930 wird entlassen. Alle, die in 1930 oder später geboren sind, melden sich sofort hier bei uns. Sie gehen nach Hause!", kommandierten sie.
Georg gluckste, schaute dann mich an und verschluckte sich, hustete.
„Mach dir keinen Kopf! Es ist gut, dass nur einer geht", sagte ich und ergänzte:
„Richte meinen Eltern aus, dass es mir gut geht."
Ich hatte Georg die Hand auf die Schulter gelegt und schaute entschlossen in seine Augen. Ich sah, wie sich dort Wasser sammelte.
„Aber, ich kann dich doch nicht...", stotterte er.
Ihm versagte die Stimme und ich packte ihn an beiden Schultern.
„Doch das kannst du. Es ist gut, dass du die Eltern zu Hause unterstützen kannst. Wir haben keine Wahl. Ich komme zurecht", redete ich auf ihn ein.
Er zog die Nase hoch und nickte. Dann schnappte er seinen Rucksack, ging los, drehte sich nochmal um, winkte verhalten, stapfte zum Scheunentor, warf noch einen Blick zurück, diesmal ohne Winken, und verließ das Lager.
Ich war allein.
Wenig später begann man uns zu bewaffnen uns auszustatten. Jeder

sollte ein Fahrrad und eine Panzerfaust erhalten. Die Fahrräder hatte man wohl den umliegenden Bauern und Bürgern abgenommen. Jedes sah anders aus, mal Damen- mal Herrenrad, mal schwarz mal bunt. Die Panzerfäuste waren Angst einflößende Geräte. Es waren Rohre von über einem Meter Länge und bestimmt 10 Kilogramm schwer. An einer Seite eine Zielvorrichtung, an der anderen Seite das Geschoss, eierförmig und so groß wie ein Kohlkopf. Da war über ein Kilo Sprengstoff drin, sagte man uns. Doch wie wir das Gerät bedienen sollten, war weder mir noch meinen Nachbarn klar.

In der Dunkelheit der Nacht mussten wir aufbrechen. Wir schoben die Räder, weil wir mit Panzerfaust und Gepäck so viel tragen mussten, dass an Fahren gar nicht zu denken war.

„Wo geht es denn hin?", fragte einer. Wir zuckten alle mit den Schultern. Man hatte es uns nicht gesagt. Wir folgten einer dem Anderen in die Schwärze. Kaum war ich aus der Scheune getreten fühlte ich den Regen, der auf uns niederprasselte. Ich zog meine Mütze tief ins Gesicht, schaute nach unten und trabte den anderen hinterher. Einer weiter vorne hatte wohl den Dynamo angeschlossen. Ich sah ein Licht, dass hin und her zuckte und immer einen anderen Teil unseres seltsamen Trecks aus der Dun-

kelheit holte. Doch schnell war ein SS-Mann bei ihm.
„Mach das Licht aus! Die Flieger dürfen uns nicht sehen“, herrschte er ihn an.
Ich schaute instinktiv nach oben. Welche Flieger? Ich hatte keine gehört. Würden die ein paar Jungs mit alten Fahrrädern bombardieren? Ich fröstelte, machte meine Jacke am Kragen noch enger und ging weiter im Marschschritt.
Wir waren eine Nacht und einen Tag unterwegs gewesen. Meine Kleidung war von Wasser und Schweiß durchtränkt, ich fühlte jeden Regentropfen auf der Haut, hatte keine Schutzschicht mehr gegen die kalte Nässe. Es wurde schon wieder dunkel, als ich einen anderen Jungen rufen hörte.
„Schlöben. Das ist Schlöben.“
Schlöben lag 10 Kilometer von Jena. Hier steuerte der Treck auf eine etwas außerhalb gelegene Scheune zu. Wir stellten die Fahrräder außen ab, traten ein. Jeder erhielt eine Decke und eine kleine Brotzeit. Schnell zog ich die Kleidung aus, hängte sie über einen Pfeiler zum Trocknen und hüllte mich in die Decke. Meine Arme und Beine zuckten und zitterten noch ein bisschen, aber langsam wärmte ich mich auf. Neugierig schaute ich mir die Verpflegung an. Eine Dose Wurst, eine große Scheibe Brot. Das war alles. In diesem Moment sehnte ich mich

nach Mamas Schulfa, sogar Frau Schröders Fisch hätte ich lieber gegessen. Nach einer Nacht, in der ich fast nicht schlief, immer wieder aufwachte und in den kurzen Schlafphasen seltsamste Träume hatte, weckte mich die schneidende Stimme eines Soldaten.
„Kameraden, macht euch fertig und tretet vor die Scheune!"
Jeder beeilte sich, zog sich zügig an und stolperte vor die Scheune. Dort warteten mehrere Soldaten auf uns. Einer schien der Anführer zu sein. Er kam auf uns zu. In seiner Hand eine Liste.
„Ich lese die Namen für die erste Gruppe vor, die ausrücken wird. Alle, die jetzt genannt werden, haben anschließend unverzüglich Meldung zu machen!", kündigte er an.
Ich schaute mich um. Wir waren so um die achtzig Sechzehnjährige, standen stramm nebeneinander, wie wir es in Hitlerjugend oder Levente gelernt hatten. Ich stoppte meinen Rundumblick, schaute zurück auf den braunhaarigen, kleinen Burschen. Den kannte ich doch. Ich wartete kurz bis er sein Gesicht ein bisschen mehr in meine Richtung drehte. Ja, diese Sommersprossen, diese kleine Nase. Das war Wachsmann aus Obereidisch.
„Thomas Emrich."
Ich schrak auf. Die Freude Wachsmann zu sehen hatte mich ganz vergessen lassen, dass da vorne gerade diejeni-

gen ausgerufen wurden, die sich definitiv den Russen entgegenstellen würden. Und einen Moment vorher war mein Name gefallen.
Entgeistert schaute ich auf die Militärabzeichen des Vorlesenden. Wie durch ein dickes Fell hörte ich die weiteren Namen, insgesamt etwa zwanzig. Als der letzte Name gelesen war, brach die Ordnung in kürzester Zeit auseinander. Die Mehrzahl war noch einmal davongekommen, entsprechend freudig wurde kommentiert, gescherzt und gefeixt. Ich hätte mir am liebsten die Ohren zugehalten, als ich mich langsam in Bewegung setzte, um mich zu melden.
„Timmi! Timmi, du bist es doch. Warte!“, hörte ich eine Jungenstimme von weiter hinten rufen.
Ich drehte mich um. Wachsmann hatte mich also gesehen und erkannt.
„Wachsmann, was für eine Freude. Das hat Gott gegeben, dass ich hier noch jemanden treffe, den ich kenne“, begrüßte ich ihn.
„Ja. So geht es mir auch. Sag mal, ich hab gerade deinen Namen gehört. Sie haben dich ausgerufen, was?“, fragte er.
„Ja“, schnaufte ich. Damit war klar, wie er auf mich aufmerksam geworden war.
„Ich mach jetzt Meldung“, fuhr ich fort.
„Ich geh mit dir. Wenn du los musst,

will ich mit. Besser wir sind zusammen an der Front als ganz allein auf uns gestellt", bestimmte er und schaute mich dabei entschlossen an.
„Das musst du nicht, Wachsmann. Bleib hier! Vielleicht hast du Glück und die restlichen Jungs müssen gar nicht mehr losziehen", wehrte ich ab.
„Nein, jetzt hab ich dich gerade gefunden, da lasse ich dich nicht gleich wieder gehen", machte Wachsmann deutlich und schlang seinen Arm um meine Schulter.
Es war nichts zu machen. Er hätte sich nicht überzeugen lassen. Also gingen wir zu zweit zu den Soldaten hinüber.
„Thomas Emrich und Hans Wachsmann. Wir melden uns zu zweit. Wir sind aus dem gleichen Dorf und wollen zusammen bleiben. Wenn Sie mich schicken wollen, schicken Sie uns beide!", rief ich dem Anführer zu.
Der Soldat schaute uns an. Ich meinte sogar ein leichtes Schmunzeln erkannt zu haben.
„Ihr könnt noch da bleiben. Verhaltet euch ruhig!", antwortete er zu unserer großen Verwunderung.
Eine Viertelstunde vorher hatten sie meinen Namen noch laut vorgelesen. Doch es war wohl doch nicht so wichtig, dass ich in der ersten Gruppe war. Ob es daran lag, dass wir uns zu zweit gemeldet hatten oder ob sie einfach chaotisch organisiert waren

und selbst nicht genau wussten, was sie mit den Burschen aus der Scheune machen sollten. Ich weiß es nicht. Aber diese Entscheidung bewahrte mich vom ersten Zug Richtung russische Panzer.
Wir dachten, dass es vielleicht am nächsten Tag schon weiter ginge, dass in kürzester Zeit das ganze Lager an die Front geschickt würde.
Der nächste Tag verlief aber ruhig. Nur beim Verteilen der Verpflegung bekamen wir etwas von den Soldaten mit. Wir vertrieben uns die Zeit mit kleinen Spielen, lagen herum und diskutierten immer wieder wie wir uns an der Front verhalten wollten. Jeder stellte seine Theorie vor, wie man am effektivsten mit der Panzerfaust kämpfen könnte. Wir sprachen uns Mut zu, gaben uns das Gefühl, dass wir eine starke Truppe von jungen Männern wären. Und kein Himmelfahrtskommando.
So ging es noch fünf weitere Tage. Wir gammelten herum, lagen auf unseren Pritschen. Es gab nichts zu tun, keine Arbeit, keine Abwechslung, keine Beschäftigung.
Am fünften Tag wachte ich morgens früh auf, trat vor die Scheune und schaute der aufgehenden Sonne zu. Am Eingang zum Hof erkannte ich den Umriss eines älteren Manns. Er kam mir seltsam vertraut vor. Der Mann trat in den Hof und näherte sich. Er trat in den Schatten des Hauptgebäudes, so

dass ich nicht mehr von der Sonne geblendet wurde und ihn erkannte. Ich sprang auf ihn zu, fiel ihm um den Hals, drückte mich an seinen sehnigen Körper.
„Junge, ich bin gekommen, um dich zu holen. Der Krieg geht verloren", sagte mein Vater.
„Die sagen hier, dass wir zurückschlagen werden, dass wir die Russen wieder vertreiben", entgegnete ich.
„Ach Junge, das erzählen sie uns doch seit Monaten. Lass mich mit deinem Vorgesetzten reden", forderte mein Vater.
„Das geht nicht so einfach. Ich muss Meldung machen", sagte ich.
„Dann mach das, mein Junge", nickte er.
Ich drückte meinen Vater nochmal. Er setzte sich auf den Randstein neben dem Scheuneneingang. Ich lief zum Haus neben der Scheune, wo sich die Soldaten einquartiert hatten, die unsere Truppe kommandierten. Als ich mich nochmal umschaute, sah ich meinen Vater zusammengekauert an der Wand lehnen. Er wirkte alt und hilflos. Ich versuchte das Bild zu verdrängen, klopfte an und machte Meldung.
„Heil Hitler! Mein Vater hat den Stützpunkt besucht. Er möchte mit dem Kompanieführer sprechen", meldete ich und bemühte mich mit fester Stimme zu sprechen.

Der Soldat, mit dem ich sprach, zog die Augenbrauen hoch. Er ging ins Hinterzimmer, ich hörte ein kurzes Murmeln, dann ein Lachen.
Er kam zurück, schaute mich mit hochgezogenen Mundwinkeln an und meinte: „Jawohl. Bringen Sie den Vater."
Mit einem mulmigen Gefühl verließ ich das Haus, sprang die drei Stufen am Eingang hinunter und trabte zügig zurück zu meinem Vater. Warum hatten sie so gelacht? Würden sie meinen Vater wirklich anhören? Könnte ich gar zurück zur Familie?
„Er wird mit dir sprechen. Komm!", rief ich meinem Vater zu.
Seine Augen weiteten sich. Er sagte nichts, aber das Pochen seiner Halsschlagader verriet, dass er voller Erregung war. Was mussten sie zu Hause diskutiert haben, dass er sich zu diesem Besuch entschlossen hatte. Nach den Erfahrungen, die er schon über sich hatte ergehen lassen, als er versucht hatte Hans und meinen Einzug zu verhindern. Trotz dieser Erniedrigungen war er nochmals gekommen, wollte nicht mit ansehen, dass ich in den Krieg zog, wo das Ende so nah schien, wo der Feind schon im eigenen Land war.
Wir gingen gemeinsam die drei Stufen zum Hauseingang hoch. Der Soldat mit den hochgezogenen Mundwinkeln schaute abschätzig an meinem Vater hinab. Er zog die Nase hoch, so dass wir das

rotzende Geräusch laut und deutlich vernahmen. Dann machte er kehrt, um den Kompanieführer zu holen. Kurz darauf, die Männer hatten wieder im Hinterzimmer gesprochen und wieder hatte ich dieses dreckige, hässliche Lachen gehört, trat er ein. Sein Gesicht erinnerte mich an den Moment des Schreckens als er eine Woche vorher meinen Namen ausgerufen hatte.
„Heil Hitler! Was wollen Sie?“, raunzte er.
„Lassen Sie meinen Jungen gehen. Die deutsche Armee hat schon vier meiner Söhne. Lassen Sie den Jüngsten frei!“, forderte mein Vater.
Der Soldat schaute kurz irritiert, dann blitzten seine Augen. Er trat zwei Schritte auf meinen Vater zu. Er war mindestens einen Kopf größer und schaute auf ihn hinab wie auf einen räudigen Hund.
„Was bilden Sie sich ein? Wir stehen im Entscheidungskrieg mit Russland. Alle Männer werden gebraucht!“, brüllte er.
„Aber er ist noch ein Kind. Was soll er euch denn helfen?“, fragte mein Vater. Seine Stimme war schon weniger entschlossen als zu Beginn, brach leicht am Ende der Frage.
„Genug. Sie können wieder heimgehen. Ohne den Sohn. Das ist mein letztes Wort und ich will sie hier nicht mehr sehen!“, blaffte der Soldat.
Die letzten Sätze hatte er in schnei-

dendem Ton vorgetragen, wie Gewehrsalven waren sie auf meinen Vater eingeprasselt. Es war genug, um ihn verstummen zu lassen.
Wir machten kehrt, trotteten aus dem Haus der Kommandoleitung. Erst nach fünf Minuten begann ich wieder zu sprechen:
„Vater, geh nach Hause und schau, dass dir auf dem Weg nichts passiert! Ich pass schon auf mich auf. Bald komm ich wieder heim."
Mein Vater senkte den Kopf, starrte auf den Boden und sagte nichts mehr. Er war erneut gebrochen worden, musste sich von halbstarken Soldaten, die nur ein paar Jahre älter waren als ich, Beschimpfungen gefallen lassen und musste mit anschauen, wie sein letzter Sohn sich auf den Auszug gegen russische Panzer vorbereitete.
Vater schaute mir tief in die Augen. Seine Augenränder waren feucht, seine Pupillen glänzten. Auf jeder meiner Schultern lag eine seiner Hände, die mich fest drückten. Es war alles gesagt. Er hatte einen letzten Versuch unternommen. In diesem Moment, in dieser Sekunde, in der er so schwach und zerbrechlich, so erniedrigt und enttäuscht war, war ich unheimlich stolz auf ihn und unheimlich dankbar für seine unerschütterliche Liebe zu mir. Eine Liebe, die er nie groß artikuliert hatte, die in diesen Wochen aber schwerer wog als sein eigener

Stolz. Er ließ sich erniedrigen, um mich zu schützen. Da schossen auch mir die Tränen in die Augen. Ich weiß nicht mehr, wie lange wir so standen, bis er sich abrupt umdrehte und den Rückweg antrat.

21 - Ein Schuss mit Folgen

An einem der folgenden Tage wachte ich früher auf als sonst. Es war Aufregung auf dem Vorplatz. Hektische Rufe, Maschinengeräusche. Soldaten trampelten durch die Scheune, weckten die Jungs auf. Wir mussten uns fertig machen. Einer flüsterte dem anderen zu. Es waren wohl amerikanische Militärwagen oben an der Hauptstraße gesichtet worden. Wir mussten weiter, mussten das Lager räumen. Sie wollten mit der gesamten Kompanie ausrücken gen Osten, weg von den Amerikanern, hin zu den Russen.

Die Amerikaner. Auf der Hauptstraße. Mein Kopf dröhnte. Es stand also wirklich sehr schlecht um Deutschland. Wenn die Amerikaner schon mitten im Land unterwegs waren, dann hatten die Deutschen doch die Kontrolle schon verloren. Doch viel Zeit für solche Gedanken blieb nicht. Hastig schulterten wir unsere Jutesäcke und die Panzerfaust und sammelten uns auf dem Vorplatz.

Ich war in einer Gruppe am Rand des Platzes. Einige von uns packte die Neugier und wir liefen weiter weg vom Platz, Richtung Hauptstraße. Als wir einen kleinen Hügel erklommen hatten, konnten wir die Militärwagen auf der Straße sehen. Sie waren ganz nah. Einer der Jungs schulterte die Panzerfaust.

„Da wollen wir doch mal sehen, ob die funktioniert."
Ich schrak zusammen, als sich der Schuss löste. Der Junge war vom Rückstoß umgeworfen worden. Wir packten ihn und sprangen zurück zum Platz. Kaum waren wir dort angekommen, war das Chaos ausgebrochen. Die Amerikaner erwiderten das Feuer. Wir hörten noch die Kommandos:
„Auf den Boden! In den Graben! Robben!"
Dann hörten wir nur noch Schüsse, Explosionen und unseren eigenen Atem. Alle robbten in unterschiedliche Richtungen, keiner hörte mehr auf Kommandos. Zunächst waren noch viele Jungs neben und hinter mir. Ich robbte und robbte, schaute mich nicht mehr um, hielt den Kopf unten und konzentrierte mich nur auf meine Ellbogen. Die waren nach kurzer Zeit durchgerieben. Blut vermischte sich mit dem lockeren Erdreich, das ich aufwühlte. Trotzdem fühlte ich keinen Schmerz. Ich achtete nur an die Einschläge der Granaten, die ich immer wieder hörte. Je länger ich robbte, desto leiser wurde das Gewehrgeknatter. Ich robbte noch zehn Minuten weiter, dann hielt ich das erste Mal inne, atmete schwer und schaute mich um. Es war nur ein Junge kurz hinter mir zu sehen. Er holte schnell auf. Ich schaute ihn an und sagte:

„Es ist vorbei. Die werden uns nicht mehr holen."
„Die sind selbst gerannt, unsere Kommandanten. Wir schaffen es nach Hause. Lass uns zusammen weiter!", antwortete er und zeigte nach vorne.
„Wohin?", fragte ich.
„Ich wohne hier gleich in der Nähe, in Bürgel."
Ich nickte. Bürgel war auf dem Weg nach Wetzdorf. Das kam mir ganz recht. Wir schnauften nochmal durch, dann robbten wir weiter. Kurze Zeit später hatten wir ein Waldstück erreicht. Wir kletterten durch die Büsche und das Unterholz am Waldrand, dann richteten wir uns auf.
Mein Fluchtkamerad sagte: „Wir müssen die Waffen loswerden."
Ich nickte. Hundert Meter weiter kam eine kleine Lichtung mit viel Laub. Wir räumten das Laub weg, gruben den leichten Humus mit Händen und den Enden der Panzerfäuste auf und legten die beiden Waffen hinein. Anschließend schütteten wir das Loch zu und deckten es mit dem Laub wieder ab.
Dann liefen wir weiter. Wir hielten uns immer Richtung Nord, Nord-Ost, liefen meist im Wald und vermieden die Straßen, wo immer wieder Militärwagen auftauchten. Nach etwa zwei Stunden erreichten wir Bürgel. Schon von weitem sahen wir die Klosterkirche, die auf einem kleinen Hügel thronte. Sie war umringt von Fach-

werkhäusern mit terrassenartig angelegten Gärten am Hang.
Kaum hatten wir das Haus meines Kameraden erreicht, wollte ich weiter, Richtung Wetzdorf. Doch seine Mutter hielt mich fest, redete auf mich ein, dass es zu gefährlich wäre, dass sie mich gleich außerhalb des Dorfes wieder einsammeln würden. Und wenn keine Deutschen dort wären, würde ich den Amerikanern in die Arme laufen. Ich begehrte auf. Doch nach einer Weile gab ich nach, sagte zu, dass ich zunächst mit der Familie essen würde, um zu Kräften zu kommen.
Erst als ich am Esstisch Platz genommen hatte und die ersten Löffel geschlürft hatte, fing mein Körper an sich zu entspannen. Die dicke Gemüsesuppe wärmte mich, gab mir Kraft zurück. Doch gleichzeitig spürte ich mit einem Mal die Angst, die Anstrengung und die Schmerzen. Knie und Ellbogen brannten, die Muskeln versetzten mir Stiche, wie von einem spitzen Messer. Trotz allem, als der letzte Löffel Suppe meinen Hals hinuntergelaufen war, sprang ich auf und trabte Richtung Tür. Ich hatte die Rechnung ohne die Hausherrin gemacht. Sie packte mich mit ihren speckigen, von Feldarbeit gestählten Armen.
„Es ist zu deinem Besten."
Im nächsten Moment fand ich mich in einem kleinen Zimmer mit hellem Holzschrank, Bett und einem kleinen Bett-

kästchen wieder. Ich hörte, wie sich der Schlüssel im Schloss drehte. Sie hatte sich wirklich vorgenommen, mich vor denen da draußen zu bewahren – ob es die Deutschen waren, die mir vorwerfen könnten, dass ich weggerannt war, oder die Amerikaner, die mir vorwerfen könnten, dass ich Soldat war. Ich wollte mich aber nicht beschützen lassen. Was sollte das? Ich drehte mich um, schlug an die weiß getünchte Tür.

„Lassen Sie mich hier raus! Sie haben nicht das Recht, mich hier festzuhalten!“, rief ich.

„Schlaf, mein Bub. Ruh dich aus. Wenn du morgen früh immer noch das Risiko eingehen willst, lass ich dich laufen. Aber auf die Nacht zu, kann ich es nicht verantworten“, sagte sie.

Sie hatte das in ganz ruhigen Worten gesagt. Die Frau, die mich eingeschlossen hatte, sprach klar und bestimmt. So klar, dass ich weiteres Klopfen und Rufen unterließ. Stattdessen beschloss ich, dass ich am nächsten Morgen aufbrechen würde.

Ich zog meine Militärklamotten aus, hängte sie im Schrank auf und streckte mich auf dem Bett aus. Der Tag lief an meinem geistigen Auge vorbei. Immer wieder sah ich den Kameraden mit der Panzerfaust. Immer wieder hörte ich den Knall und die kurz darauf folgenden Maschinengewehrsalven der Amerikaner. Ich zuckte

zusammen, als ob ich erneut in dem Graben lag und mich wegrobbte. So ging es die ganze Nacht. Nur kurz schlief ich ein, dann schreckte ich schon wieder auf.
Als das erste Morgengrauen durch das kleine Sprossenfenster kroch, setzte ich mich auf, griff meine Kleidung und zog mich vorsichtig an. Die wunden Stellen an Armen und Beinen versuchte ich möglichst wenig zu streifen. Ich trat an die Tür, drückte die Messingklinke langsam herunter, zuckte bei jedem Quietschen und zog vorsichtig an der Tür. Sie war nicht mehr verschlossen. Die Mutter musste in der Nacht oder früh am Morgen aufgesperrt haben. Ich trat auf den Gang, schlich mich Richtung Haustür. Schon konnte ich die Tür sehen, da rief es von hinten:
„Du bist wirklich entschlossen, Bub. Ich werde dich gehen lassen, keine Sorge. Willst du nicht wenigstens noch etwas frühstücken, um dich zu stärken?“, fragte die Hausherrin.
„Nein. Danke. Ich geh jetzt. Machen Sie es gut“, antwortete ich.
Mit diesen Worten hatte ich die letzten Meter zur Tür zurückgelegt, die ich hastig öffnete und hinter mir ins Schloss schmiss. Mein Herz raste. Kurz hatte ich befürchtet, ich müsste mich auf eine erneute körperliche Auseinandersetzung einlassen, um endlich den Weg nach Hause antreten zu

können. Ich wäre diesmal entschlossen gewesen, mich zu wehren.
Sie öffnete die Tür nochmal hinter mir, bot mir an, mit mir nach Wetzdorf zu gehen. Ich lehnte zweimal ab bis sie endlich mit den Schultern zuckte und mir viel Glück wünschte.
Das Morgengrauen war verflogen. Ich hörte Vögel zwitschern. Die Straßen waren noch leer. Bis auf den einen oder anderen Bauerngreis, der sich um sein Vieh kümmerte - junge Männer gab es ja keine mehr. In den Dörfern sah ich keine Menschenseele. Ich verließ Bürgel gen Norden schnellen Schrittes auf der linken Seite der geteerten Landstraße. Am Wegesrand sah ich immer wieder Patronenhülsen. Dort war geschossen worden. Wieder gingen mir die Bilder durch den Kopf, wie sich unser Lager aufgelöst hatte, wie alle in unterschiedliche Richtungen fortgerannt waren. Mit einem Mal hatte ich Wachsmanns Gesicht vor mir. Ob er den Gewehrsalven entkommen war? Er war nicht mit der kleinen Gruppe Richtung Amerikaner gegangen, so dass ich ihn bei meiner Flucht nicht mehr gesehen hatte. Ich hatte hinter mir Schreie gehört. Sollte er dabei gewesen sein? Oder hatten sie ihn geschnappt, die Amerikaner? Was sie wohl mit ihm machen würden? Mein Schritt beschleunigte sich. Ich musste nach Wetzdorf kommen.
Die Straße verlief in einer lang ge-

zogenen Kurve, die scheibchenweise, vorbei an den großen Laubbäumen am Wegrand, den Blick auf eine Kreuzung freigab. Die schwarze Uniform, das rote Band mit dem Hakenkreuz auf weißem Grund. Ich brauchte nur eine Sekunde, um den SS-Offizier zu erkennen. Kurz stockte mir der Atem, kurz verlangsamte sich mein Schritt, überlegte ich umzudrehen, zu rennen. Oder in die Büsche, über das Feld, zum Wald hin? Doch dann schaute ich an mir herunter, sah die deutsche Soldatenuniform, drückte mein Kreuz durch und ging weiter auf die Kreuzung zu. Der SS-ler hatte mich längst gesehen, schaute mir entgegen. Er hatte ein bubenhaftes, rundes Gesicht, rote Backen und grünblau schimmernde Augen. Viel älter als ich konnte er nicht sein. Aber die SS-Uniformierung verlieh ihm Autorität. Erst, als ich fast vor ihm stand, sah ich den zweiten Soldaten, der in der kreuzenden Straße am Militärwagen lehnte und eine selbst gedrehte Zigarette rauchte. Der bubenhafte SS-Soldat hatte sich mit durchgestrecktem Rücken in die Mitte der Straße gestellt. Sie würden mich nicht weiterlassen. Mit jedem Schritt, den ich weiter auf ihn zutrat, schwand mein Mut. Da schallte mir die raue Stimme des Mannes entgegen, der zwischen mir und meiner Heimat stand:
„Heil Hitler!“

Ich räusperte mich, ging noch zwei Schritte auf ihn zu, stellte mich ebenfalls in die Mitte der Straße, streckte den Rücken durch und antwortete mit möglichst großer Entschlossenheit.
„Heil Hitler!“
„Wo wollen Sie hin“, fragte er.
„Heim ins Reich. Zu meinen Eltern“, antwortete ich.
Als ich das sagte, sah ich ein kurzes Glänzen in seinen Augen. Sein Mundwinkel schien kurz gezuckt zu haben.
„Hast du noch weit?“, wollte er wissen. Er hatte mich geduzt. Ich schöpfte Hoffnung.
„Etwa sechs Kilometer bis Wetzdorf, immer am Wald entlang“, rief ich.
„Das wirst du nicht schaffen. Die Amerikaner sind schon in den Dörfern. Wir räumen hier gleich unsere Station“, warnte er mich.
Ich zuckte mit den Schultern. Noch immer befürchtete ich, dass sie mich gleich in ihren Wagen laden würden. Der Pausbäckige schaute mir in die Augen, zwinkerte mehrmals, schaute zu seinem Kollegen, der die Zigarette wegschnipste und die Schultern hob.
„Ok. Es ist deine Entscheidung. Viel Glück!“, sagte er.
Er ging einen Schritt zur Seite. Ich hielt kurz inne, schaute beide Soldaten nochmal kurz an, vergewisserte mich, dass sie es ernst meinten. Dann marschierte ich los, über die Kreu-

zung hinweg und schaute mich nicht mehr um bis die Straße eine weitere leichte Kurve gemacht hatte.
Sie hatten mich laufen lassen. Ich atmete schwer durch, versuchte meinen Puls wieder zu beruhigen, der an der Kreuzung in die Höhe geschnellt war. Die Straße machte einen scharfen Knick nach rechts, Richtung Rauschwitz. Ich ging aber weiter geradeaus, auf dem befestigten Schotterweg, der weiter entlang des Waldes lief. Dort hoffte ich ungestört zu bleiben. Es war zudem der direkteste Weg nach Wetzdorf. So marschierte ich für etwa vierzig Minuten. Der Weg führte an dieser Stelle in ein Waldstück. Als mich die Dunkelheit des Waldes umschlossen hatte, begann mein Körper zu zittern. Der Wald rief wieder Bilder hervor. Bilder von Erde, die ich mit meinen Händen über den grauen Stahl der Panzerfäuste scharrte. Bilder von meinen Eltern und Hans wie sie im Gebüsch kauerten und ein Ende der Bombenexplosionen abwarteten. Ich beschleunigte meinen Schritt, atmete durch den Mund, um mehr Sauerstoff in meine Lungen zu bekommen. Ich fing an mir amerikanische Soldaten vorzustellen, die gleich, wenn ich aus dem Wald trat, das Feuer eröffnen würden. Ich sah mich selbst wieder auf dem Boden, um mein Leben robben. Krampfhaft drängte ich die Gedanken zurück, machte mir bewusst, dass alles, was

ich hörte, das Tackern eines Spechts und das Rauschen der Baumwipfel war. Doch das Zittern blieb und die Gedanken ließen sich nicht bändigen.
Die Straße lief wieder aus dem Wald hinaus. Das Tageslicht beruhigte mich kurz. Doch als Nächstes musste ich eine Ortschaft durchqueren. Rockau, ein ähnlich kleiner Ort wie Wetzdorf, lag noch zwischen mir und den Meinen. Die roten Ziegeldächer leuchteten in der Sonne, die inzwischen ganz aufgegangen war. Ich kannte den Ort gut. Schröder hatte hier häufig Saatgut besorgt. Als ich gerade an der Dorfkirche vorbei gelaufen war, hörte ich eine dünne Stimme:
„Timmi, bist du es?"
Ich drehte mich nach rechts und sah Regina. Sie war eines der Mädchen aus Obereidisch. Ihre Familie war in Rockau untergekommen. Wir hatten uns ein- bis zweimal gesehen seit wir in Deutschland waren.
„Timmi, was machst du hier in Uniform auf der Straße?", fragte sie.
„Ich geh heim, Regina. Zu den Eltern", erklärte ich.
„Hier sagen alle, dass die Amerikaner nicht weit sind. Dass sie alle in Uniform gefangen nehmen", warnte sie mich, wie vorher schon die Soldaten.
„Ich weiß. Aber ich muss nach Hause", stellte ich klar.
„Willst du nicht bei uns unterkommen.

Ich bin sicher, die Mutter hat nichts dagegen", bot sie an.
„Danke, Regina. Das ist nett. Aber ich will nach Hause", beharrte ich.
Sie sah mich kurz an, dann nickte sie still.
Rockau und Wetzdorf trennt nur ein kurzes Stück Wald. Ich trabte, ja rannte die letzten Meter. Es begegnete mir noch ein Bauernfuhrwerk. Der Mann schaute mich etwas verdutzt an, ließ sich aber ansonsten nicht weiter ablenken. Ich erreichte Wetzdorf, bog die erste Straße rechts ab und stoppte erst an der kleinen Tür, die direkt in das Zimmer meiner Eltern führte. Meine Hand ballte sich zusammen und klopfte dreimal, dann nochmal.
Meine Mutter öffnete die Tür. Ihre Augen funkelten, ihr Mund öffnete und schloss sich. Sie umarmte mich, hielt mich fest, drückte mit all ihrer Kraft, ließ mich gar nicht mehr los. Tränen der Freude liefen an ihren Wangen hinunter und tropften auf meinen Nacken. Immer wieder stammelte sie: „Timmi, oh Timmilein."
Dann schaute sie an mir herab, sah die Uniform und schreckte zusammen:
„Komm schnell herein, zieh die Uniform aus!"
Ich tat wie mir geheißen und sah, dass Mutter prüfend nach außen schaute, bevor sie die Tür schloss. Die Uniform war schnell abgestreift.

Am Morgen hatte ich bereits Zivilkleider darunter angezogen. Wir versteckten die Uniform unter dem Bett, schoben sie ganz nach hinten in die Ecke und schoben diverse Säcke davor, so dass man schon das ganze Bett wegnehmen musste, um sie zu finden.
Eine Stunde später saßen Mutter und ich beim Essen. Ich verschlang einen Löffel Schulfa nach dem anderen. Dazu gab es Speck und Spiegelei. Es war ein Festmahl. Bis es an der Tür klopfte. Ein herrisches, bestimmendes Klopfen. Und noch bevor Mutter zur Tür konnte, hatten die Soldaten sie von außen aufgestoßen. Erst sah ich den kalten Stahl der Gewehre, dann die beiden großen Männer. Einer hatte einen Nacken wie ein Stier und große Muskelpakete. Der andere war dünner, hatte schwarze, glatte Haare und eine große Nase, die in dem schmalen Gesicht ganz deplatziert wirkte. Sie hatten nicht gegrüßt, sondern schauten sofort im ganzen Raum herum. Sie schoben den Tisch zur Seite, schauten in den Küchenschrank. Der Schmalgesichtige ging zum Bett. Mutter wich das Blut aus dem Gesicht, ich biss mir auf die Lippe. Er hob die Decke hoch, schaute in den Kleidersack, der gleich am Rand unter dem Bett lag. Würde er alles rausziehen? Wie konnte man ihn ablenken? Er stöberte etwas in dem Sack, dann warf er ihn aufs Bett und drehte sich zu mir um.

„Are you a soldier?"
Ich schaute ihn fragend an, da ich kein Wort verstanden hatte. Er fragte erneut, diesmal in schwer verständlichem Deutsch:
„Du Soldat?"
Ich überlegte kurz. Dann sagte ich:
„Ich nix Soldat."
„Do you have a gun?"
Er zeigte auf sein Gewehr. Ich schüttelte den Kopf, sagte: „Kein Gewehr, keine Waffen."
Die beiden sprachen untereinander. Wir verstanden nichts. Dann drehten sie sich um, winkten uns kurz zu und verließen das Zimmer.
Mutter setzte sich auf ihren Stuhl. Sie zitterte am ganzen Körper und atmete tief ein und aus. Ich ging zu ihr, hielt ihre Hände. Nach einiger Zeit schauten wir uns in die Augen. Sie schaute direkt in mich hinein, so liebevoll, so voller Güte und Zuneigung. Wenigstens ich, so musste sie sich gedacht haben, wenigstens ein Bruder von fünf, der vom Krieg unangetastet blieb. Zwei Stunden, nur ein Wimpernschlag hatte zwischen Kriegsgefangenschaft und Unversehrtheit gelegen. Erst langsam realisierte ich die Gefahr, in der ich geschwebt hatte. Ich schaute auf die von Feldarbeit gezeichneten Hände meiner Mutter und fühlte die Angst, die ich schon auf dem Weg hätte fühlen müssen. Wie töricht, dass ich noch ein-

mal in Uniform auf die Straße gegangen bin.
Wie lange wir wohl so dort gesessen waren? Unsere Hände blieben verschlungen, hielten sich fest bis das letzte Zittern abgeklungen war. Ich erinnere mich, dass Vater durch die beschädigte Tür trat. Er schrie nicht auf, er sagte nichts, sondern schritt langsam auf uns zu. Mit beiden Armen umfasste er Sohn und Ehefrau. Sein schwerer Atem strich über meinen Nacken.
Er hatte den ganzen Tag in der Scheune gearbeitet. Weder mein Ankommen noch das Eindringen der Soldaten hatte er bemerkt. Als er von uns hörte, was passiert war, war seinen Augen der Schrecken anzumerken. Er griff unsere Hände, drückte sie fest: „Es ist so gut, dich wieder bei uns zu haben. Wir haben großes Glück gehabt. Lasst uns zu den Schröders gehen und die frohe Nachricht teilen."
Herr Schröder drückte mich mit seinen Bärenarmen bis mir der Atem stockte. Er wies direkt an, dass ich zwei Tage ausruhen sollte und die ganze Familie an diesem Abend bei den Schröders essen sollte. Wir akzeptierten die Einladung und ich musste immer wieder jede Einzelheit meiner Flucht berichten, musste beschreiben, wie wir die Panzerfäuste vergraben hatten und wie wir vor dem Kugelhagel weggerobbt waren. Für besondere Erheiterung sorgte

meine Niederlage gegen den weiblichen Beschützerinstinkt in Bürgel. Das sollte ich in den folgenden Tagen noch häufiger zu hören bekommen. Es machte mir nichts aus. Ich konnte mitlachen, freute mich, dass es das war, was von dem Schrecken blieb. Das Lachen über eine Kleinigkeit, das über den Horror dessen tröstete, was hätte passieren können.

22 - Im Lager der Russen

Es war nur wenige Tage später. Inzwischen hatte ich wieder begonnen, für die Schröders zu arbeiten. Der Volksempfänger krächzte. Schröder rieb sich die Stirn. Sie hatten gerade verkündigt, dass Deutschland sich ergeben hatte. Das war es also? Die Kapitulation. Dieser achte Mai brachte die Geschichte zu einem Ende. All die Zerstörungen durch die Bomben, all die jungen Männer, die umgekommen waren, all die Brutalität von der man hörte und all die Menschen auf der Flucht, zu denen wir gehörten. All das umsonst. Absolute Niederlage. Konnte jeder wieder zurück zu seinem Leben? Gab es das Leben noch, was vorher war?

Schröder hing in diesen Tagen ständig am Volksempfänger. Er berichtete uns, wenn sich neue Entwicklungen ergaben. Von ihm erfuhr ich, wie schlimm es in den Städten stand, dass die Leute nichts mehr zu essen hatten. Immer häufiger kamen sie nach Wetzdorf, fragten nach Lebensmitteln, die sie mit Zigaretten oder Wertgegenständen bezahlen wollten. Geld war nichts mehr wert. Ich sah wie Geldscheine, die früher nur reiche Leute verwendet hatten, für das Bezahlen von ein paar Gurken gezückt wurden. Und selbst in die setzte keiner mehr Vertrauen. Schröder verkaufte fast nur noch ge-

gen andere Waren. Da wusste er zumindest, was sie ihm wert waren.
Es war ein sonniger Tag als Schröder über den Hof rief. Alle sollten zusammenkommen. Er hatte wieder am Volksempfänger geklebt. Dabei hatte er sich die Haare gerauft. Sie standen in alle Richtungen. Statt seiner ruhigen und besonnenen Stimme hörte ich gehetztes und unsicheres Stammeln:
„Die haben in Berlin beschlossen, dass wir an die Russen fallen. Der ganze Osten von Deutschland."
Seine Frau reagierte sofort:
„Was heißt denn an die Russen fallen? Die Amerikaner stehen hier doch an jeder Straßenecke."
„Ich dachte das ja auch. Aber die ziehen sich wohl zurück", erklärte er.
Es herrschte kurz Stille. Ich schaute von einem zum anderen. Dann fasste ich mir ein Herz:
„Und was werden die Russen hier machen?", fragte ich.
„Das weiß ich nicht, mein Junge. Man hört nichts Gutes!", antwortete Schröder und gestikulierte etwas hilflos in der Luft.
Meine Eltern waren noch entsetzter als Schröder. Waren wir wirklich bis nach Deutschland, tausende Kilometer von zu Hause, vor den Russen geflohen, nur damit sie uns hier auffinden? Würden sie immer noch mit uns so

umgehen, wie man damals in Oberei-disch vorhergesagt hatte? Würden sie die Kinder und Jugendlichen in Lager in Russland verfrachten wie sie es mit Siebenbürgern und Banatschwaben gemacht haben sollen, die nicht aus Rumänien und Ungarn geflohen waren?

Kaum war am fünften Juni die sowjetische Besatzungszone mit der Berliner Erklärung besiegelt, traten amerikanische Truppen den Rückzug an und sowjetische Einheiten verteilten sich über das ganze Land.

Schröder kümmerte sich, traf die ersten eintreffenden Einheiten. Die Amerikaner hatten den Nazi-Bürgermeister in ihren letzten Tagen vor Ort abgesetzt und Schröder an seiner Stelle eingesetzt. Er war der vertrauenswürdigste Bürger und war am Wenigsten durch Nähe zur NSDAP aufgefallen. Statt sich um den Hof kümmern zu können, war er Kummerkasten und erster Ansprechpartner für die Wetzdorfer. Kein Tag verging, an dem er sich nicht neuen Fragen, Sorgen und Nöten stellte. Häufig konnte er nur mit den Schultern zucken, manchmal wusste er mehr. Wir fragten ihn regelmäßig, ob er wüsste, was die Russen mit den Flüchtlingsfamilien machen wollten. Er versicherte, dass wir die ersten wären, die er informierte, wenn er etwas hörte.

Einige Tage später standen drei russische Soldaten im Hof. Ich hatte sie

von weitem gesehen, als ich vom Melken kam. Drei Männer in grünbrauner Uniform. Ihre weit geschnittenen Hosen warfen breite Falten oberhalb der schwarzen hochschaftigen Stiefel. Ihr Oberhemd hing weit über den Bund nach unten und hatte einen rot umrandeten Kragen. Darüber trugen sie einen braunen Gürtel, der mit Riemen über den Schultern verbunden war. Zwei von ihnen waren groß und massig, mit breiten Hälsen, einer etwas kleiner und dicklich. Der Kleine schien der Wortführer zu sein, denn er sprach mit Schröder. Dessen immer wieder verschränkten Arme, dessen abwehrende Körperhaltung und dessen, als ich näher kam, klar erkennbares Stirnrunzeln flößten mir Angst ein. Ich beschleunigte meinen Schritt und begann die Stimmen zu hören. Schröder hatte in diesem Moment einen Satz beendet:
„...keine gute Lösung, weder für Sie, noch für uns, noch für die Familien."
Der Russe reagierte sofort und bestimmt:
„Was eine gute Lösung ist, bestimmen wir, nicht Sie", sagte er.
Schröder trat einen Schritt zurück und machte eine Bewegung, als ob er sich duckte, als er antwortete:
„Natürlich, natürlich. Ich wollte es nur zu bedenken geben, im Sinne der Funktionsfähigkeit unseres Dorfes."
Der Russe schnitt ihm das Wort ab:
„Genug. Rufen Sie die Familien zusam-

men! Wir informieren heute Abend alle. Morgen ist Abmarsch."
Ich stutzte, wie gut der Russe Deutsch sprach. Er hatte zwar diesen harten Akzent, sprach aber korrekt und deutlich. Seine letzten Worte hallten in meinem Kopf nach: „Morgen ist Abmarsch." Ohne es schon sicher zu wissen, bezog ich den Abmarsch auf uns. Wir, die immer wieder abmarschieren mussten, waren sicher auch diesmal dran.
Schröder hatte noch erklärt, wo der Gemeindesaal war und die genaue Zeit vereinbart. Da hatte ich schon nicht mehr aufgepasst, sondern war am Stamm des alten Kirschbaums an der Seite des Hofs zusammengekauert. Die Russen verließen den Hof. Schröder salutierte mit wenig Elan und trat dann mit schweren, zögernden Schritten auf mich zu.
„Ich muss alle Flüchtlingsfamilien zusammen rufen. Sie werden heute Abend verkünden, was mit euch wird. Mehr haben sie mir nicht gesagt, aber ihr werdet wohl weggehen", erläuterte er.
Ich stöhnte, als ich seine Hand auf meiner Schulter spürte.
Die Versammlung im Saal dauerte nicht lange. Der dickliche kleine Soldat, dessen Hosen über den Stiefelenden noch viel größere Falten schlugen als bei seinen beiden Kameraden, wohl weil sie zu lang für die kurzen Beine

waren, stellte sich vor die versammelten Flüchtlinge des Dorfes.
„Ich vertrete die sowjetische Besatzungsmacht. Ihr werdet zurück nach Hause geschickt. Eure Heimatländer sind unter sowjetischer Kontrolle und ihr werdet dort mehr gebraucht als hier. Packt eure Sachen! In zwei Stunden ist Abmarsch."
Die Gruppe schaute sich erst entsetzt, dann zaghaft erfreut an. Viele wollten Fragen stellen, doch der Russe reagierte nur mit:
„Abmarsch. Packen!"
Auf dem Weg zurück quasselten alle durcheinander. Manche glaubten dem Russen und fingen an von der schnellen Rückkehr nach Obereidisch zu fantasieren, von der Möglichkeit den eigenen Hof und das eigene Haus zurückzubekommen. Andere meinten, das wäre unmöglich und die Russen hätten Böses mit uns im Sinn. Schröder, der neue Bürgermeister, schaute von einem zum anderen und seufzte immer wieder. Denn er wusste selbst nicht, was zu glauben war.
Ohne groß nachzudenken packten wir unser Hab und Gut, schafften es zum Saal und beluden die bereit stehenden russischen Militärwagen. Die russischen Soldaten, die an den Wagen waren, sprachen nur Russisch, höchstens ein paar Wörter auf Deutsch. Versuche, von ihnen Ziel und Zweck der

Reise zu erfragen, scheiterten kläglich.
Wieder einmal saßen wir in einem Militärlaster ohne zu wissen, wohin wir fuhren. Die Dämmerung hatte eingesetzt, als wir Wetzdorf verließen. Die ganze Familie Schröder hatte beim Packen geholfen. Sie waren vollzählig zum Verladen gekommen, hatten uns mehrfach umarmt, hatten zum Teil Tränen in den Augen und winkten ein letztes Mal, als sich die Wagen in Bewegung setzten.
Ich folgte den Straßenschildern, versuchte mich zu orientieren. Es ging in Richtung Norden, Richtung Leipzig. Wenig später, noch bevor wir Leipzig erreicht hatten, bogen wir ab, Richtung Osten. Ob wir Deutschland schon an diesem Abend verlassen würden? Tschechien war nicht weit und schon lange in sowjetischer Hand.
Doch wenig später verließ der Wagen die große Straße, steuerte auf eine Ortschaft zu. Wir waren fast zwei Stunden gefahren, mussten irgendwo auf der Höhe von Dresden angelangt sein. Mit Mühe erkannte ich den Namen auf dem Ortsschild: „Oschatz“.
Die Militärwagen ratterten durch das Zentrum des kleinen Städtchens. Ich sah zwei gotische Kirchtürme, die in den dunklen Abendhimmel ragten. Unser Ziel war eine Straße in Laufweite der Kirche und des Marktplatzes, die Lutherstraße. Dort fuhren die Wagen an

einer bewachten Pforte auf ein großes, mit Backsteinmauern umfasstes Gelände. Wir waren nach Monaten der Flucht das erste Mal in einem Flüchtlingslager. Die Backsteinmauern, die Ansammlung von Menschen, all das rief Erinnerungen an Sächsisch-Regen, an das Judenlager wach. Nur, damals war ich außen, hatte bewacht und auf die Insassen mit einer Mischung aus Mitleid und Entsetzen geschaut. Mit einem Mal war ich Insasse. Sollten sie uns ähnlich behandeln? Ich traute mich nicht, meine Eltern danach zu fragen. Nie hatte ich damals ausführlich davon berichtet, was ich im Lager gesehen hatte. Damit wollte ich in diesem Moment nicht anfangen. Es hätte ihnen nur Angst gemacht. Und Angst hatten sie schon genug. Die sah ich in den hin und her zuckenden Augen meiner Mutter. Die vermutete ich hinter dem ständigen Reiben des Schnauzbarts meines Vaters.
Die Russen verteilten die Familien auf die Häuser. Es waren ordentliche Häuser, keine Mauerbegrenzungen ohne Dach, wie ich es gesehen hatte. Jede Familie erhielt ein eigenes Zimmer. Im Vergleich mit meinen Erwartungen war das luxuriös. Waschräume und Gemeinschaftsküche mussten mit allen anderen Flüchtlingen geteilt werden. Meine Familie trat in das zweite Haus, ganz am Rande des Geländes. Uns erwarteten müde, aber neugierige Au-

gen von einigen Dutzend Menschen, die bereits dort untergebracht waren.
In den folgenden Tagen sollten wir erfahren, dass es Flüchtlinge von überall her waren: Sudetendeutsche, Banatschwaben, Siebenbürger Sachsen, Bukowinadeutsche, Karpatendeutsche, Russlanddeutsche, Schwarzmeerdeutsche. Jeder und jede hatte eine lange Fluchtgeschichte hinter sich. Alle hatten es mit Entbehren, Anstrengung und Glück bis nach Deutschland geschafft. Fast alle waren vor den Russen geflohen und fast alle blickten mit Entsetzen in die Zukunft, die in der Hand genau dieser Russen lag.
Die russischen Wachleute legten schnell Aufgaben für die neuen Insassen fest. Vater musste beim Essenverteilen helfen, ich kam in die Vorbereitungsküche. Es gab jeden Tag das gleiche Essen. Jeder Insasse 200 Gramm Brot und dünne Suppe mit Kartoffeln. Zum Sattwerden zu wenig, zum Sterben zu viel. Doch Vater nutzte seine neue Position. Er achtete darauf, dass er den Siebenbürgern beim Austeilen mehr Suppe oder Suppe mit mehr Einlage gab.
Mein neuer Arbeitsplatz kam uns zu Gute. Die russischen Militärköche waren allesamt nicht viel älter als ich. Sie behandelten mich und zwei, drei andere Flüchtlinge schnell wie einen Teil der Truppe. Wir verständigten uns mit Händen und Füßen. Wie

damals auf dem Markt mit meinem Vater lernte ich schnell ein paar Wörter: „Chleb" ist Brot, zu Kartoffel sagen sie genauso wie wir, „Woda" ist Wasser. Ich war fleißig beim Kartoffelschälen und am Ende des Tages packten mir die russischen Burschen von allen Zutaten ein bisschen ein, damit ich es zu meiner Familie bringen konnte.
Gewalt habe ich keine erlebt. Wir lebten einen Monat in dem Lager in Oschatz und wurden kein einziges Mal geschlagen. Ich mochte die Russen, mit denen ich in der Küche stand. Es passte wieder nicht zum Bild, das alle immer beschrieben hatten. Wie damals, als ich als kleiner Junge die Geschichten der bösen Russen hörte, aber nur einen Russen in Obereidisch kannte, der immer nett und freundlich war. Sollten die Geschichten falsch sein und die Russen Gutes im Sinn haben? Von Woche zu Woche im Oschatzer Lager keimte diese feine Saat, eine Hoffnung, dass die Russen uns zurückkehren lassen würden.
Vater redete in diesen Wochen viel mit den anderen Insassen. Man hörte von einer kommenden Hungersnot in Sachsen, weil die Versorgung vor allem für die Städte nicht mehr ausreichen würde. Das bestärkte alle in dem Wunsch, möglichst schnell aus Deutschland abzureisen. Die Flüchtlinge waren sich einig, man wollte

zügig in die Heimat, wo man sich selbst versorgen konnte.
Trotz dieser Hoffnung waren die Wochen eine Pein für meine Mutter. Sie weinte viel, lag in den Nächten wach. Vater und ich taten unser Bestes, um sie zu beruhigen, um sie zu trösten. Doch sie fantasierte unentwegt, was mit meinen Brüdern passiert sein könnte, reagierte auf jedes Gerücht, bezog jede Nachricht zu dem Schicksal der Soldaten nach Ende des Kriegs auf ihre Söhne. Wir konnten nichts davon entkräften, konnten nur versuchen, sie aufzumuntern, ihr Mut zuzusprechen und damit uns selbst zu beruhigen.
So verbrachten wir etwa vier Wochen zwischen Hoffnung auf eine Rückkehr und Sorge um unsere Brüder. Dann hieß es erneut, dass wir unsere Sachen verladen sollten. Die Militärlaster fuhren uns nach Neustadt an der Orla. Das ganze Lager wurde dorthin verlegt.
Von dort brachen wir nach einer Woche wieder auf. Man hatte sich entschieden, uns wieder auf Familien zu verteilen. Die Enttäuschung war allen ins Gesicht geschrieben. Statt Abreise in die Heimat, sollten wir wieder fremden Herren dienen, sollten wir irgendwo in Ostdeutschland untergebracht werden.
Mutter weinte verzweifelt, Vater tröstete sie. Ein Bild, wie ich es in

diesen vier Wochen im Lager regelmäßig mit angesehen hatte. Das Hoffen und Bangen, die Unsicherheit, was kommen wird, die Gewissheit, dass ein Brief den Tod der Söhne bedeuten könnte, die Angst, nie wieder Heimat zu finden, haltlos von einem zum anderen Ort geschoben zu werden.
Vater und ich hielten uns tapfer. Ich war sogar ganz froh, dass keine lange Reise vor uns stand, sondern dass wir wieder einem Bauern zugeteilt würden. Schlecht war es uns doch bei Schröder nicht gegangen und vielleicht hatten wir wieder Glück. So versuchte ich meine Mutter aufzumuntern, als wir erneut in den Militärwagen stiegen.

23 - Eine zweite Familie

Vater, Mutter und ich wurden nach Steinbrücken bei Neustadt an der Orla gefahren. Steinbrücken, das klingt groß, war aber nicht viel mehr als ein paar Bauernhöfe entlang einer Landstraße und in der Mitte eine weiß gemauerte Kirche mit schwarzer Kirchturmspitze. Die Russen ließen uns an einem der Bauernhöfe aussteigen. Ich schaute die Straße hinunter, sah mühelos das Ende des Dorfs, schaute in die andere Richtung, wo es nicht viel weiter bis zum letzten Anwesen war. Mehr als hundert Menschen lebten dort nicht.

Das Anwesen, das vor uns lag, enttäuschte mich auf den ersten Blick. Kein zweistöckiges Gebäude, kein gemauerter Stall, wie ich es bei Schröders schätzen gelernt hatte. Auf den zweiten Blick hatte der Hof viele Ähnlichkeiten mit unserem heimatlichen Gebäude in Obereidisch. Ein einstöckiges Haupthaus, gedeckt mit roten Ziegeln. Ein hölzerner Stall mit acht bis zehn Kühen und zwei Pferde.

Die Hausherren hießen Abicht. Sie standen an der Tür, als unser Wagen vor dem Tor hielt. Frau Abicht war eine rundliche, kleine Frau mit roten Wangen. Herr Abicht war groß, schlaksig und schmal. Als sie auf das Tor zukamen, trat hinter ihnen noch die bucklige, immer etwas grimmig drein-

schauende Großmutter aus der Tür. Kinder hatten die Abichts keine. Für die Arbeit auf ihren wenigen Feldern hatten sie noch einen Knecht, den wir erst am Abend kennenlernten. Sie brachten uns in einer Kammer im Haupthaus unter. Beim ersten gemeinsamen Abendessen fragte Vater:
„Jetzt sind wir bei Ihnen untergebracht. Da wollen wir natürlich mit anpacken. Was ist zu tun?"
Herr Abicht schaute zu Frau Abicht, dann schüttelte er den Kopf und antwortete:
„Herr Emrich, das ist ein nettes Angebot. Aber Sie sehen ja, dass wir nur einen kleinen Hof und wenig Land haben. Sie können uns vielleicht in den nächsten Tagen und Wochen beim Futtermähen helfen. Für den Jungen und Ihre Frau gibt es aber nichts zu tun."
Vater schaute etwas irritiert, nickte dann aber und sagte:
„Wie Sie wünschen. Mein Junge hat auf unserem Bauernhof gelernt und hat bei unserer letzten Station als volle Arbeitskraft geholfen. Wenn Sie also etwas für ihn haben, lassen Sie es uns wissen."
Tatsächlich waren Mutter und ich somit in den ersten Tagen und Wochen bei Abichts arbeitslos. Für Mutter war es gut. Sie konnte sich ausruhen, konnte nach dem Monat mit eintöniger, wenig nahrhafter Ernährung wieder

langsam zu Kräften kommen. Doch ich verzweifelte an der Aussicht, auf unbestimmte Zeit nutzlos auf dem Hof herumzusitzen.

Umso mehr freute ich mich als Herr Abicht mich einige Tage später mit nach Neustadt an der Orla nahm. Er hatte dort Sägespäne gekauft und brauchte Hilfe beim Verladen. So fuhren der Knecht, Herr Abicht und ich morgens in die Stadt. Neustadt lag etwa zehn Kilometer nördlich, immer die Landesstraße entlang. Von Ost nach West fließt das Flüsschen Orla durch die Stadt hindurch und mündet wenig später in die Saale.

Die Innenstadt war hübsch anzusehen mit einem schönen Rathaus und Resten der historischen Stadtmauer. Was mir aber viel mehr in Erinnerung blieb, waren die zerstörten Häuser. Gleich nach dem Ortseingang sah ich sie, wie Löcher in der Zivilisation. Abicht folgte meinen Blicken und schnaubte verächtlich:

„Im April haben die Amerikaner hier gebombt. Das war kurz vor Kriegsende. Der Himmel weiß, warum die da noch unser Städtchen plattmachen mussten."

Wir fuhren auf den Hof des Sägewerks. Der Knecht und ich schippten die Sägespäne in den Bauch des Pferdekarrens. Nachdem der Karren randvoll war, zahlte Herr Abicht und wir fuhren zurück.

Wir waren fast mit dem Entladen der

Sägespäne fertig, als mein Vater auf uns zukam:
„Ein anderer Bauer hat nach dir gefragt, Thomas. Er heißt Zieler. Er hat vielleicht Arbeit für dich."
Ich ließ die Schaufel mit den Sägespänen fallen und sprang vom Karren.
„Du hast hoffentlich ja gesagt?", fragte ich.
„Ich hab gesagt, dass du heute Abend zu ihm gehen wirst, um dich vorzustellen", bestätigte mein Vater und schmunzelte.
Ich schaute mich um, sah, dass Herr Abicht gerade wieder aus dem Stall auf uns zukam.
„Was ist denn hier für eine Aufregung?", fragte er.
„Ein Herr Zieler hat gefragt, ob ich für ihn arbeiten könnte. Ist das für Sie in Ordnung?", fragte ich und schaute ihn gespannt an.
„Das ist doch eine gute Lösung. Wir haben ja ohnehin nicht genug für alle zu tun", antwortete Herr Abicht prompt und erklärte mir, welches der Häuser Herrn Zieler gehörte.
In zwei Minuten Fußmarsch hatte ich es erreicht und klopfte an die hölzerne Tür. Die Zielers hatten ein ganz ähnliches Anwesen wie die Abichts.
Herr Zieler öffnete mir die Tür. Sein raues Gesicht war glatt rasiert. Er war etwas kleiner als mein Vater und hatte volles, in Gänze ergrautes

Haar. Er lächelte mich an, was seine tiefen Lachfalten zum Vorschein kommen ließ:
„Du musst der Flüchtlingsbursche sein. Richtig?“, fragte er.
Ich nickte.
„Wie heißt du denn?“, wollte er wissen.
„Thomas. Ich wollte mich melden, weil Sie Arbeit für mich haben“, antwortete ich.
„Die hab ich in der Tat“, lachte Zieler.
„Ich kann morgen gleich anfangen“, bot ich eifrig an.
„In Ordnung. Das freut mich. Dann sehen wir uns morgen früh und besprechen das Weitere“, meinte er und fasste meine Hand mit einem festen Druck.
Mit einem guten Gefühl ging ich zurück zum Hof der Abichts. Nach dem Abendessen nahm mich der Knecht, er hieß Liebig, zur Seite.
„Du, Thomas. Du warst vorhin beim Zieler, oder?“, fragte er mich und schaute mich dabei neugierig an.
„Ja, war ich. Ich werde dort morgen arbeiten“, antwortete ich.
„Das dachte ich mir. Aber willst du nicht lieber hier bleiben, mit deinen Eltern?“, fragte er.
„Das ist ja nicht weit. Das ist kein Problem“, entgegnete ich und fragte mich, was Liebig im Sinn hatte.
„Ich dachte mir nur. Ich würde auch

zum Zieler gehen, wenn du hier für mich einspringen könntest", bot er an.
Er schaute mich erwartungsfroh an. Doch ich hatte ein gutes Gefühl mit Herrn Zieler, mochte die fröhliche, sympathische Art, mit der er mich empfangen hatte.
„Nein. Wir lassen alles, wie es ist. Herr Zieler erwartet morgen mich. Herr Abicht und du, ihr seid schon eine eingespielte Mannschaft. Lass mal!", entschied ich und war selbst überrascht von meiner Entschlossenheit.
Er zuckte mit den Achseln, nickte dann aber und wünschte mir alles Gute.
Voller Motivation wachte ich am nächsten Morgen beim ersten Schrei der Hähne auf, noch bevor die Sonne aufgegangen war. Es muss etwa sechs Uhr morgens gewesen sein, als ich bei Zieler an die Tür klopfte. Es dauerte eine gefühlte Ewigkeit bis er die Tür aufzog und mich im Schlafanzug mit verschlafenen Augen anschaute:
„Was machst du um die Zeit schon hier, mein Junge? So früh fangen wir nicht an", stöhnte er.
Ich schaute irritiert, kannte es von zu Hause nicht anders, als dass man den Tag früh beginnen musste, um ordentlich etwas schaffen zu können.
„Entschuldigen Sie. Soll ich später wiederkommen?", fragte ich irritiert.

„Nein, nein, nein. Geh nur rein, setz dich in die Stube bis ich fertig bin!“, erwiderte er.
Ich trat ein, nahm am hölzernen Ecktisch Platz und schaute mich im Raum um. Es war eine liebevoll eingerichtete Stube mit Möbeln aus massivem Holz und vielen bunt bestickten Platzdeckchen. Auf dem Esstisch stand ein Strauß mit frisch gepflückten Blumen.
Wenig später traten die Zielers ein. Sie hatten sich in der Zwischenzeit angezogen. Frau Zieler begrüßte mich. Sie war eine kleine Person, wirkte zart und kränklich. Sie hatte schon graue Haare. Später erfuhr ich, dass sie häufig krank war und deshalb meist nur im Haus half, aber nicht auf dem Feld oder im Hof. Sie verschwand gleich in die angrenzende Küche. Herr Zieler setzte sich neben mich.
„Habt ihr bei Abichts so früh angefangen, mein Junge?“, fragte er.
„Nein, dort hatte ich ja gar nichts zu tun. Aber zu Hause, in Obereidisch, da haben wir immer früh angefangen, damit wir beim ersten Licht auf dem Feld sein konnten“, erzählte ich.
Er nickte und brummte:
„Da wart ihr wohl fleißiger als wir. Wir lassen uns morgens auch mal ein bisschen Zeit. Zu lang natürlich auch

nicht. Jetzt wollen wir uns erstmal stärken", lud er ein.
Bei seinem letzten Satz stellte Frau Zieler einen saftigen, großen Streuselkuchen auf den Tisch. Dazu gab es dampfenden Kaffee. Bei den Zielers gab es früh morgens immer Kuchen, erst bei der Brotzeit um halb zehn aßen sie Brot, Wurst und Käse.
Als wir uns schon durch die Hälfte der Platte gegessen hatten, kam ein etwa dreißigjähriger Mann in die Stube. Ich war irritiert, wie langsam und staksig er sich bewegte. Später erfuhr ich, dass er eine Gehbehinderung hatte und deshalb nur eingeschränkt auf dem Hof mithelfen konnte. Er setzte sich zu uns und stellte sich vor. Es war Arno, der Sohn der Zielers.
Die Zielers behandelten mich wie ein Familienmitglied. Sie wollten nicht beim ersten Treffen die ganze Fluchtgeschichte hören, sondern redeten über dies und das, flachsten miteinander und mit mir und planten den Tag. Das gab mir das wohlige Gefühl der Normalität, des Geborgenseins.
Der erste Arbeitstag verlief gut. Wir fütterten die Kühe, wir holten Grünfutter für die Tiere und hackten Kartoffeln auf dem Feld. Ich fühlte mich gut, da ich endlich wieder mit anpacken durfte. Die körperliche Betätigung, die frische Luft, all das brachte meine Lebensgeister zurück.

Die Zielers schienen zufrieden, denn sie zeigten mir am späten Nachmittag mein Zimmer, das gleich über der Haustür lag. Ich sollte direkt einziehen.
Die folgenden Wochen waren wunderbar. Zielers freuten sich über meine Hilfe, ich freute mich über die Arbeit. Jeden Tag verbrachte ich auf dem Feld oder dem Hof. Jeden Abend schaute ich nach dem Abendessen bei meinen Eltern vorbei. Wir sprachen eine Stunde über unseren Tag, tauschten unsere Erfahrungen aus.
Die große Politik trat in den Hintergrund. Wir sprachen zwar immer mal wieder darüber, gerade wenn andere Siebenbürger Flüchtlinge zu Gast kamen, die in Steinbrücken untergebracht waren. Russen ließen sich aber fast nie sehen in unserem kleinen Ort. Höchstens, wenn sie auf der Durchfahrt waren.
Trotzdem war die Besatzung überall präsent, gerade bei den Deutschen, die schon immer im Ort wohnten. So auch an einem Wochenende, als die Nachbarn von Zielers in den Hof gekommen waren. Die Frau hatte ein aufgequollenes, gerötetes und von Tränen verschmiertes Gesicht. Der Mann war ernst, starrte vor sich hin. Sie sprachen mit Herrn und Frau Zieler. Kurz darauf erfuhr ich, worum es ging. Ihr Sohn war verschwunden. Das ganze Dorf unterstützte sie bei der

Suche in den umliegenden Dörfern, auf Feldern und in Waldstücken. Er war nicht aufzufinden. Schnell legte man sich fest: Die Russen hätten ihn geholt. Man dürfe aber nicht weiter darüber sprechen, das wäre gefährlich. Ich weiß nicht, ob er wirklich etwas gemacht hatte, was die Russen verärgert hatte. Vielleicht war er weggelaufen, vielleicht war es ein Unfall. Im Dorf war man sich dagegen einig. Es mussten die Russen gewesen sein.
Eines Tages kam Frau Abicht vorbei und fragte Herrn Zieler:
„Wir gehen Samstag auf eine Geburtstagsfeier und unser Liebig kann nicht melken. Könnten Sie uns den Thomas ausleihen?"
Zieler schmunzelte und sagte: „Da müssen Sie den Jungen schon selbst fragen."
Frau Abicht schaute etwas irritiert, ging dann aber zwei Schritte auf mich zu und fragte:
„Würdest du uns helfen? Ich weiß ja, dass du melken kannst."
„Wenn ich frei bekomme, kann ich kommen", sagte ich.
Zieler lachte und rief:
„Du bekommst schon frei."
Zwei Tage später machte ich mich ans Melken. Es ging mir gut von der Hand. Ein Eimer nach dem anderen füllte sich mit Milch bis alle neun Kühe gemolken waren. Am Ende meines Arbeitseinsatzes schleppte ich die Milch in

das Haupthaus zur Großmutter Abicht, natürlich erst nachdem ich mir einen ordentlichen Schluck gegönnt hatte.
Sie schaute die Milch an, dann mich, dann wieder die Milch. Ihre kleinen Knopfaugen blinkten mich heiter an, als sie sagte:
„Du hast viel mehr Milch als die Hilde rausgeholt."
Ich lachte und ging zu meinen Eltern. Später wurde ich von Frau Abicht zum Essen eingeladen und bekam ein Paar selbst gestrickte Strümpfe als Dank. Ohnehin hatten die Abichts inzwischen mitbekommen, wie ich bei Zielers mit anpackte und schaffte. Mutter berichtete mir stolz, dass sie mehrfach bedauert hätten, dass sie mich hatten ziehen lassen.
Mit Liebig sprach ich nach ein paar Wochen und sagte ihm noch einmal, dass ich auf keinen Fall tauschen wollte. Er nickte nur und sagte:
„Gell, das sind gute Leute. Jetzt weißt du, warum ich zu ihnen gehen wollte."

1946

24 - Brüder

Ich erinnere mich nur noch vage, wann und wie. Katharina musste uns geschrieben haben. Hans hatte selbst eine Postkarte geschickt. Die Brüder hatten überlebt. Große Freude löste diese Nachricht nicht aus. Denn gleichzeitig war klar, dass sie in Gefangenschaft der Gegner geraten waren und man konnte sich schwer vorstellen, dass sie dort gut behandelt werden könnten. So blieb die Anspannung und so blieb die Sorge.
Martin war auf dem Rückzug aus Finnland in die Gefangenschaft der Amerikaner geraten. Georg hatte an der französischen Front gegen die Amerikaner gekämpft und war dort gefangen genommen worden. Michael war der einzige, der bleibende Verletzungen davon getragen hatte. Er war am Bein angeschossen worden. Im Krankenhaus Bad Werneck hatten sie ihm das Bein am Unterschenkel amputiert und ihn dort gefangen behalten. Hans war schließlich im Osten ins Lager gekommen. Ihn hatten die Russen, gegen die er mit der Wehrmacht in die Schlacht gezogen war.
Von der ersten Nachricht über die Brüder dauerte es fast ein Jahr bis Katharina wieder schrieb. Es war inzwischen Frühsommer 1946 und Stein-

brücken strahlte in den Farben des Frühlings mit saftiggrünen Wiesen, einem durchdringenden Blau des Himmels, viel blauer als der Himmel in Obereidisch, und mit überall sprießenden Knospen und Blüten. Die Natur ließ sich nicht beeindrucken von der Zerstörung in den Städten, von verletztem Stolz einer Nation, von Sorgen um Brüder und Söhne. Sie wechselte ihr Kleid und zeigte sich von der schönsten Seite. Durch den Schleier der Sorgen musste meine Mutter sie trotzdem grau sehen. Jedenfalls machte sie den Eindruck, wenn sie aus ihrer Kammer in die Ferne schaute, wenn sie sich unbeobachtet wähnte.
Bis zu dem besagten Abend im Frühsommer, an dem ich schon beim Eintreten in die Stube eine Veränderung fühlte. Ich war darauf gefasst, wieder von der Farbenpracht der Natur in das Grau des Alltags meiner Eltern zu treten, war darauf gefasst, mit dem einen oder anderen Witz aufzuheitern, zu versuchen das Leben zu leben, ohne die Schwere zuzulassen. Doch an diesem Abend strahlte mir etwas entgegen, was ich lange nicht mehr gesehen hatte. Zuversicht, Freude, funkelnde Augen. Meine Eltern begrüßten mich überschwänglich. Dann brach es aus meiner Mutter heraus:
„Sie sind am Leben und zusammen, Mar-

tin, Georg und Michael. Alle sind sie dort, in Reichmannsdorf."
Meine Mutter wiederholte die frohe Kunde immer wieder. Es kullerten dicke Tränen über ihre ausgemergelten Wangen. Doch das erste Mal seit meiner glücklichen Rückkehr von der Front waren es Tränen der Freude, Tränen der Erleichterung.
Vater nahm sie in die Arme, hielt sie fest und atmete schwer aus, als ob eine Zentnerlast von ihm fiel. Dann sagte er, was Männer in solchen Situationen sagen:
„Ich hab es euch gesagt. Die Burschen sind vernünftig. Die achten auf sich."
Doch der Tränenfilm in seinen Augen sprach eine andere Sprache und wenig später sah ich meinen Vater in das Freudenheulen meiner Mutter einstimmen. Die männliche Selbstbeherrschung hatte er aufgekündigt, er ließ sich gehen bis das Gesicht aufgedunsen war und die Augen rot vom ständigen Auswischen.
Der Briefumschlag war vom Transport etwas mitgenommen, wahrscheinlich war er irgendwo feucht geworden. Wir erkannten alle die schnörkelige Schrift von Katharina. Mutter hatte ihn bereits geöffnet und reichte ihn herum. Jeder von uns las die wenigen Zeilen immer wieder.
Martin, Georg und Michael waren aus der Kriegsgefangenschaft entlassen

worden. Alle waren in Franken angekommen, waren gesund. Michael sei auf dem Weg der Besserung und trotz verbundenem Fuß bereits arbeiten gegangen. Kurzum, alle seien wohlauf, wenn auch abgemagert und ausgezehrt.
Was die drei aber hinter sich hatten, was sie an Schrecken gesehen hatten und erleben mussten, das schrieb Katharina nicht. Sie schrieb es nicht, weil sie es nicht wusste. Alle meine Brüder sollten bis zu ihrem Tod nicht viel erzählen. Weder wenn sie ernsthaft über die Vergangenheit diskutierten, noch in Scherzen oder nach mehreren Gläsern Bier und Schnaps. Ich habe allerdings nie gefragt, habe das Schweigen als Schutz verstanden. Nur Informationsfetzen sind angekommen, konnte ich abspeichern. Georg war wohl Panzerfahrer gewesen. Welche Zerstörung hatte er mit seinem Arbeitsgerät verursacht? Wie häufig musste er mit ansehen, wie mit seinem Zutun Heimat anderer zerstört wurde, Brüder anderer starben? Martin hat später berichtet, welche Obereidischer an seiner Seite in Finnland sterben mussten. Ganz nahe war ihm der Tod gerückt, doch gerade darüber erzählte er, der sonst so viel erzählte und so gerne redete, fast nichts. Meine Brüder hatten ihre Erfahrungen von der Front in sich eingeschlossen und waren entschlossen sie dort zu belassen.

Was man hörte, sollte es in den amerikanischen Lagern besser zugegangen sein. Weniger Tote, bessere Bedingungen. Anders bei den französischen Lagern, wo der ganze Hass auf die Besatzerdeutschen den Gefangenen entgegenschlug. Doch all das wäre nichts gegen die sowjetischen Lager. Somit hatten meine drei Brüder Glück gehabt, so kommentierten die Leute. Das erste Glück, zu überleben. Und das zweite Glück, bei den Amerikanern gelandet zu sein. Später erfuhr ich außerdem, dass es im Lager noch Unterschiede gab. Die Brüder erzählten von warmherzigen, hilfsbereiten schwarzen Soldaten, die sie weitaus mehr wie Mitmenschen behandelten als die weißen Amerikaner.

Katharina beendete ihren Brief mit einer Einladung, einer Bitte, möglichst bald einen Besuch in Reichmannsdorf zu planen. Alles Weitere könnte man doch besser von Angesicht zu Angesicht besprechen und diskutieren.

Nach Jahren der Trennung öffnete sich das Fenster zur Familienvereinigung. Jeder von uns hatte es im Hinterkopf, hatte sich ausgemalt, wie es sein würde, wie wir endlich wieder alle zusammen leben und arbeiten könnten. Doch ich hatte immer unser heimisches Obereidisch vor Augen als Ort der Harmonie, als Ort, an dem wir uns wiedertrafen. Reichmannsdorf war für mich eine Zwischenstation wie es für uns Steinbrücken war, nicht das Ziel, nicht das Ende. Das erklärte mein Bauchgrummeln beim Brief von Katharina. Zu selbstverständlich erwartete sie einen Besuch von uns bei ihnen, zu natürlich ging sie mit den Begriffen „zu Hause" und Reichmannsdorf um, als wären es eineiige Zwillinge. Mein Bauchgrummeln konnte ich damals nicht in Worte fassen. Es wäre nicht angebracht gewesen angesichts der freudigen Nachricht.

Mutter setzte sich unmittelbar hin und schrieb einen kurzen Antwortbrief, in dem sie ankündigte, in wenigen Wochen nach Reichmannsdorf zu Besuch kommen zu wollen. Vater und ich hatten viel zu tun auf unseren Höfen und wollten unseren neuen Herren nicht zumuten, dass wir länger fehlten. Mutter war ohnehin nicht in den täglichen Betrieb eingebunden und konnte deshalb länger abwesend sein.

In den nächsten Tagen und Wochen dachten wir viel an Hans. Er war der letzte, von dem wir nicht wussten, ob er heil zu Hause ankommen würde. Wir hofften, dass er bald in Steinbrücken zu uns stoßen könnte. Von seiner Benachrichtigungspostkarte wussten wir, dass er in russischer Gefangenschaft war und keine schweren Verletzungen hatte. Nach allem was von den russischen Gefangenenlagern erzählt wurde, war es aber fast wahrscheinlicher im

Lager zu sterben als vorher an der Front. Doch ich hatte große Hoffnung, dass diese Geschichten, wie viele andere, die ich über Russen gehört hatte, sich nicht in meinem eigenen Leben bestätigen würden.
Unser Bangen löste sich an einem Morgen, etwa einen Monat später. Doch entgegen unserer Vorstellungen stand Hans nicht vor dem Hof, klopfte nicht an die Tür eines unserer Gastgeber. Sondern es war erneut nur ein Stück Papier, mit dem er zurück in unser Leben trat. Es hatte einen Poststempel aus Reghin, Rumänien. Hans war zurück nach Hause geschickt worden.
Er schrieb nur kurz, wie es im Lager gewesen war: Er musste Kleidung verteilen, hatte eine ordentliche Aufgabe bekommen. Essen gab es immer zu wenig, aber er wäre damit ausgekommen. Nur die ständige Krautsuppe empfand er als Zumutung und freute sich über die ersten Suppen und Eintöpfe in der Heimat. Ob es allen Insassen so ergangen war? Ob die Geschichten stimmten, die andere Leute von den russischen Lagern erzählten? Er schrieb dazu nichts und erzählte auch später nicht.
Er war zurück in Obereidisch, das inzwischen wieder zu Rumänien gehörte. Als Einziger unserer Familie war er wieder in Obereidisch. Ich frohlockte als ich seine Frage las: „Soll ich nach Deutschland kommen oder bleibe

ich in Obereidisch und ihr kommt heim?".
Doch, was folgte, entsprach so gar nicht unseren Hoffnungen. Statt auf unserem Hof, wohnte Hans bei Katharinas Schwester. Nicht, weil unser Hof von jemandem anderen besetzt war. Unser Hof existierte nicht mehr, jedenfalls nicht wie wir ihn kannten. Wir lasen die Stelle im Brief mehrmals, weil wir es einfach nicht glauben konnten. Ich meinte in den Augen meiner Eltern etwas absterben zu sehen, meinte, ein Glühen zu spüren, das mit einem Schlag erkaltet war.
Die Deutschen hatten auf dem Rückzug Brücken gesprengt, um den russischen Truppen das Vorrücken etwas schwerer zu machen. So war es auch mit der Brücke in Obereidisch, die direkt neben unserem Hof über den Bach führte, passiert. Warum die Soldaten sich dabei so in der Sprengstoffmenge vertan hatten, dass das anliegende Anwesen komplett zerstört worden war, wird für immer ihr Geheimnis bleiben. Wahrscheinlich waren es junge Burschen wie ich, die nie eine richtige Einweisung bekommen hatten und die auf dem Rückzug vor den Russen um ihr Leben fürchteten. Mit dieser Unachtsamkeit, diesem kleinen Fehler hatten die Soldaten das Lebenswerk meiner Eltern zerstört. Hans sparte sich eine genauere Beschreibung. Doch viel mehr als eine Ruine war wohl nicht

übrig geblieben, sonst wäre er sicher dort eingezogen und nicht bei der Verwandtschaft.
Hans schrieb noch, dass es auch anderen Deutschen schlecht erginge. Die Rumänen mit den russischen Besatzern würden an den dort ansässigen Deutschen zeigen, wer den Krieg verschuldet hatte. Viele junge Männer wären vor seiner Rückkehr in russische Arbeitslager geschickt worden. Man hätte den Rumäniendeutschen das Wahlrecht genommen und es wären wohl viele enteignet worden, obwohl sie im Hof ihrer Eltern und Großeltern lebten und arbeiteten.
Sollte uns das davon abhalten, zurück in die Heimat zu fahren? Was erwartete uns in Obereidisch? Von was sollten wir dort leben, ohne Hof und ohne Recht auf unser Land? War das noch unsere Heimat, da so viele geflüchtet waren und die Deutschen eine Minderheit im Dorf und der Region waren? Und wenn nicht, wo war sie dann? Wo gehörten wir hin? Würden wir jemals dazugehören in diesem Deutschland, für deren Bewohner wir Flüchtlinge waren, Eindringlinge auf Zeit, die wieder verschwinden? So mussten die Gedanken meiner Eltern ausgesehen haben, die in diesem Moment zu entscheiden hatten. Die Frage ihres Sohnes stand im Raum: Soll ich nach Deutschland kommen?

Sie entschieden sich nicht. Sie hielten ihn hin:
„Wir wissen nicht, was wird. Wir hoffen, dass wir heimkommen."
So schrieb es Mutter in den Brief.
Mutter brach wenig später zu ihrem Besuch nach Reichmannsdorf auf, um ihre drei Söhne wiederzusehen. Mit ihr fuhr Frau Deutschländer, die Siebenbürger Sächsin, die auch in Steinbrücken untergekommen war.
Frau Deutschländer mit ihren zwei Töchtern und einer Enkelin war seit der ersten Verteilung der Flüchtlinge bei Ankunft in Dornburg immer an unserer Seite gewesen und zu einer guten Freundin und Vertrauten meiner Mutter geworden.
Etwa einen Monat nach der Abreise meiner Mutter erreichte uns ein Schreiben. Wir sollten doch kommen. Wir würden fehlen.
Vater, ich und die Enkelin von Frau Deutschländer klärten mit unseren Gastgebern, ob eine kurze Abwesenheit in Ordnung wäre. Herr Zieler war voller Verständnis, sagte mehrmals, dass wir so lange bleiben sollten, wie wir wollten. Ich wusste aber genau, was alles auf dem Hof zu tun war und dass er meine Hilfe brauchte. Wir hatten vor, nicht mehr als eine Woche in Reichmannsdorf zu verbringen.
Wir wollten mit dem Zug von Neustadt/Orla nach Probstzella. Dort war die Grenze von Thüringen nach Bayern, die

wir zu Fuß überqueren wollten. So hatten es einige Wochen vorher Mutter und Frau Deutschländer gemacht.
Der Zug hielt im Bahnhof von Probstzella, wo wir ausstiegen. Kaum hatten wir das Gleis betreten, sahen wir schon die deutschen Uniformierten auf uns zuschreiten. An Flucht war nicht zu denken. Sie befragten meinen Vater in rauem Kommandodeutsch.
„Wohin fahren Sie?“, bellte der Offizielle.
„Reichmannsdorf, bei Bamberg“, antwortete mein Vater.
„Was ist der Zweck ihrer Reise“, legte der Uniformierte nach.
„Wir besuchen unsere Söhne, die aus dem Krieg zurückgekommen sind“, sagte mein Vater. Er zauderte etwas, ahnte Schlechtes.
„Wo wohnen Sie derzeit?“, fragte sein Gegenüber.
„In Steinbrücken“, war die knappe Antwort.
Die Grenzbeamten hielten uns die offenen Handflächen entgegen und zeigten dann in die Richtung, aus der wir gekommen waren.
„Ohne Papiere, keine Reise. Sie nehmen den nächsten Zug zurück“, befahlen sie uns.
Wir senkten die Köpfe. Mutter musste Glück gehabt haben. Oder sie hatten die Kontrollen verschärft. Die Grenzbeamten ließen uns in den nächsten Stunden nicht aus den Augen. Der

Schalterbeamte hatte ganz mitleidig geschaut, als er uns den nächsten Zug nach Neustadt/Orla für 8:15 Uhr am nächsten Morgen angekündigt hatte. So mussten wir ein unbequemes Schlaflager auf den Bänken am Gleis beziehen, denn vom Bahnhof ließen uns die Grenzer nicht weg. Wir ertrugen es mit Fassung, hätten ohnehin kein Geld für einen bequemeren Übernachtungsort gehabt.
Wir schauten uns gegenseitig an. Eine Wand war gerade vor uns hochgezogen worden, zwischen uns und unserer Familie. Die Grenzbeamten interessierten sich nicht weiter dafür. Vater kratzte in seinem Schnauzbart, schniefte hörbar.
„Wir müssen Mutter schreiben, dass es nichts wird, wenn wir wieder in Steinbrücken sind", sagte er.
So schrieben wir es in den Brief. Zwei Wochen später standen Mutter und Frau Deutschländer wieder auf dem Hof. Ein Bauer hatte sie vom Bahnhof mitgenommen. Sie sahen gut aus, erholt, trotz der Reise. Meine Mutter hatte Energie getankt durch das Wiedersehen. Sie hatte die Lebenskraft meiner Brüder gespürt und für sich selbst wieder Mut geschöpft.
Für meine Mutter war klar, was passieren musste. Sie hatte sich mit meinen Brüdern abgestimmt und verkündete:

„Michel und Georg haben gesagt, dass sie uns alle rüberholen."
Vater raunzte etwas. Ich schaute erst ihn dann meine Mutter an:
„Und die Zielers? Die soll ich einfach allein lassen?", fragte ich.
Mutter beschwichtigte: „Das werden die verstehen. Wir müssen zu unserer Familie."
„Zu unserer Familie will ich auch, aber erst, wenn wir alle nach Obereidisch zurück können. Ihr habt doch auch dem Hans geschrieben, dass wir heimkommen. Was soll der denn dort alleine?", insistierte ich. Dabei stellte ich mir Hans vor, allein vor einer Ruine, die einmal unser Haus war.
Ich verschränkte die Arme und schaute in die Runde. Meine Eltern mussten schmunzeln, nahmen meine Bockigkeit nicht ernst. Vater nickte mir zu und meinte:
„Wenn sich die Lage in Obereidisch klärt, können wir auch aus Bayern dorthin fahren. Aber im Moment - du hast doch gelesen, wie schwierig es für Hans ist."
Meine Eltern hatten ihre Zuversicht wieder. So nahmen wir unser tägliches Leben in Steinbrücken auf. Zwar hatten meine Brüder angekündigt, uns zu holen. Doch es sollte noch bis weit in 1947 dauern bis sie den Versuch unternahmen.

25 - Stadt und Land

Über die nächsten Monate freundeten sich Arno und ich immer mehr an. Er war zwar fast zehn Jahre älter, behandelte mich aber wie einen Gleichaltrigen. Wir arbeiteten Seite an Seite. Er freute sich, jemanden zu haben, mit dem er Späße machen konnte. Noch heute habe ich Frau Zieler im Ohr, wenn sie in den Stall kam:
„Was quatscht ihr wieder wie zwei Waschweiber. So kommt ihr nicht voran."
Doch meist lachte sie, wenn sie das sagte, sah selbst, dass es uns gut tat, dass es Arno gut tat, und wusste, dass wir die Arbeit nicht schleifen ließen.
Arno hatte neben dem Hof noch eine zweite Aufgabe. Er arbeitete im Büro des Bürgermeisters, erledigte die Papiersachen, übernahm viele der Aufgaben, die der Bürgermeister machen sollte. Er war ein schlauer Kopf, verstand viele Dinge besser als sein Chef.
Herr Zieler war Gemeinderat. Wenn etwas im Dorf zu regeln war, ging es über Arnos oder Herrn Zielers Tisch und wurde beim Abendbrot beraten.
Das kleine Dorf war zwar arm an großer Politik, aber Streitigkeiten gab es immer wieder. Zunehmend kamen Vorgaben und Anforderungen von der neuen

Regierung, die umgesetzt werden mussten.
Arno machte die Arbeit Spaß. Er berichtete immer wieder stolz, wenn er Nachrichten als Erster bekommen hatte. In seiner Funktion kam er häufig nach Neustadt, weil er auf dem dortigen Amt Unterlagen abholen oder abgeben musste. Das gab ihm nicht nur ein Gefühl von Wichtigkeit, es machte ihn geradezu zum Weltbürger im kleinen Dorf.
Das beste Beispiel war ein Tanz im Herbst. Für den Tanz wurde einmal in der Woche der kleine Saal in der Dorfkneipe leer geräumt und Musik vom Plattenspieler gespielt. Es traf sich die Jugend aus den Höfen, meist ohne das Geld, um sich Alkohol zu kaufen. Nur manchmal hatte einer Geld und besorgte etwas Schnaps. Ich trank fast nie, war den scharfen Geschmack des Schnapses nicht gewöhnt.
Zwei Tage vor dem Tanz sprachen wir im Stall darüber. Arno war gerade wieder vom Amt in Neustadt zurück.
„Diesmal tanzen wir mit Städterinnen", kündigte er an. Dabei reckte er das Kinn stolz nach oben.
Ich schaute überrascht auf. Er lachte und schilderte, wie er zwei Damen aus dem Neustadter Amt für unseren Dorftanz in Steinbrücken gewonnen hatte.
Von hinten hörten wir Frau Zieler:
„Was habt ihr denn zu diskutieren?"
Ich rief ihr zu, dass Arno uns zwei

Mädels bringen würde. Sie sagte mit gespielter Entrüstung:
„Gibt es bei uns denn keine hübschen Mädchen? Musst du die aus der Stadt bringen?“
Arno entgegnete:
„Doch, doch. Aber mit den paar Mädels aus Steinbrücken haben wir ja schon genug getanzt.“
Warum die beiden Mädchen aus der großen Stadt wohl zu uns aufs Dorf kommen wollten? Zwei Tage später fuhr Arno dann tatsächlich mit seinem Motorrad vor. Er brachte erst die eine, dann die andere. Hübsch anzusehen waren die, ein bisschen verschüchtert ob der ungewohnten Umgebung.
Der Plattenspieler krächzte, spielte Volksmusik, deutsches Liedgut. Man tanzte Walzer oder schwofte ohne große Rücksicht auf Regeln im Kreis. Mir fehlte weiterhin der ungarische Tschardasch, die Dynamik der Zigeunermusik. Trotzdem genoss ich es, auf der kleinen Tanzfläche zu sein. Wir tanzten mit den Städterinnen, wir tanzten mit den anderen Mädels des Dorfs. Ich ließ die Damen an meiner Hand eine Drehung nach der anderen machen. Ein warmes Gefühl kroch meinen Nacken herunter. Häufig schloss ich die Augen beim Tanz, vergaß den Plattenspieler, verdrängte dessen Krächzen und sah László vor mir, wie er den Bogen in wilden Sprüngen über seine Geige führte, sah wie er mich

anfeuerte, tanz Timmi, tanz. Dann öffnete ich die Augen, sah das Mädchen vor mir und ließ sie in eine weitere Drehung gleiten.
Nach dem Tanz tischte Arno bei Zielers zu Hause auf. Beim Anblick der beiden essenden Mädchen wurde mir deutlich, mit was Arno besonders geworben hatte: Frisches Brot, hausgemachte Wurst, eingelegte Gurken. Alles Dinge, die es in der Stadt nicht gab oder die nur mit Tauschgeschäften zu organisieren waren. Die beiden fassten ordentlich zu, ließen es sich schmecken. Wir saßen bis spät am Abend, ließen uns von den Problemen in der Stadt berichten, von den schlechten Verhältnissen, von der fehlenden Arbeit. Doch die Laune war zu gut, um lange bei den schlechten Themen zu verweilen. Wir flachsten über den Tanzstil anderer Dörfler, machten Komplimente. Gegen Mitternacht gähnte die eine, dann die andere. In der grauschwarzen Herbstnacht fuhren sie auf der knatternden Maschine zurück nach Neustadt.
Das war das einzige Mal, dass etwas Gutes aus dem Neustadter Amt nach Steinbrücken kam. Immer mehr griffen die Planer vom Amt in die tägliche Arbeit der Bauern ein. Die Versorgung der Städte musste sichergestellt werden. Jeder Hof musste Lebensmittel abgeben. Das Soll wurde regelmäßig verschärft, denn der Hunger war al-

lerorten. Später erfuhr man, dass Städter ohne eigenen Zugang zu Lebensmitteln gerade mal ein Anrecht auf tausend Kilokalorien pro Tag hatten, Zustände wie man sie sonst nur aus den Lagern kannte.
Einmal wöchentlich fuhren die Steinbrücker ihre Ware nach Neustadt und gaben sie für eine viel zu niedrige Entschädigung beim Amt ab.
An einem Montag erreichte Arno ein Schreiben, adressiert an den Bürgermeister. Es wies darauf hin, dass ein Bauer im Dorf sein Soll nicht erfüllt hatte. In unverständlichem Beamtendeutsch drohte der Autor des Briefs mit Konsequenzen, wenn das Soll nicht erfüllt würde.
Arno und Herr Zieler waren sich schnell einig. Der Bauer konnte nicht viel dafür, dass er das Soll nicht stemmte. Er hatte schlechte Böden und war allein, ohne Unterstützung. Man konnte es ihm nicht vorwerfen. Die Abgabevorgaben waren zu pauschal, nahmen zu wenig auf die individuellen Voraussetzungen Rücksicht. Nach kurzer Diskussion hatten sie einen Plan gemacht.
Am nächsten Tag nahmen Herr Zieler und ich den Einspänner und fuhren durch das Dorf. Zieler schilderte jeweils kurz die Lage, mahnte zur Solidarität im Dorf und nahm Lebensmittel mit. Keiner weigerte sich, alle gaben, was sie konnten. Als der Wagen

voll war, hatten wir jeden Hof des Orts besucht. Wir fuhren nach Neustadt und erfüllten mit den Lebensmitteln das Soll. Die Dorfgemeinschaft hatte zusammengehalten.
Der Winter kam kurz darauf, er beendete die Soll-Vorgaben, da nichts mehr wuchs und nichts mehr zu ernten war. Was bis dahin nicht in Weckgläsern konserviert, was nicht sauer eingelegt oder in Fett haltbar gemacht war, stand nicht mehr für die Ernährung der vielen Münder in den Städten und Dörfern zur Verfügung.
Dazu kam eine gräuliche Kälte. Weihnachten hatte es noch getaut, einige Tage waren ungewöhnlich warm. Doch im Januar packte eine eisige Hand das ganze Land, stülpte eine weiße Decke über alles Leben. Die Steinbrückener versuchten noch, dem Schnee Herr zu werden. Doch schnell beschränkte man sich darauf, nur die Hauptstraße und die Zufahrten zum eigenen Hof einigermaßen von den Schneemassen frei zu halten. Wir blieben so viel wie möglich im Haus, denn auch mit mehreren Lagen Kleidung war es draußen fast nicht auszuhalten. Nach wenigen Minuten fühlte man wie die Finger, Zehen und die Nasenspitze ihr Gefühl verloren. Es müssen weit unter zwanzig Grad gewesen sein. Tagelang, wochenlang.
Trotz dieser Kälte kamen immer wieder Menschen aus der Stadt. Alleinste-

hende Mütter mit ihren Kindern. Väter und Großväter. Häufig zu Fuß, mit einem Koffer in der Hand oder einem Beutel über der Schulter. Hamstern nannten sie es. Sie kamen mit dem Wertvollen, was sie noch fanden, und gingen mit ein paar Pfund Kartoffeln aus den Lagern der Bauern. Zieler achtete darauf, keinem zu viel zu geben, so dass er fast immer etwas anbieten konnte. Etwas, aber nicht zu viel, denn wir mussten ja durch den Winter kommen.

Das Amt aus Neustadt griff Ende Januar wieder auf uns zu. Zieler wurde verpflichtet, Holz aus dem Wald heranzuschaffen. Er sollte seine Wagen und Pferde bringen, damit mehr Heizmaterial für die Stadt beschafft werden konnte. Zieler fuhr sofort darauf nach Neustadt mit einer Packung von Lebensmitteln für die Beamten.

Es war schwere, schmerzende Arbeit, die da auf uns wartete: Das Sägen an Rinde, die vollständig vereist war. Die krachende Stille, nachdem der Baum durch Schnee und Eis zwischen den anderen Bäumen zum Liegen gekommen war. Die Kälte und Nässe, die sich nach einer halben Stunde durch Stoff und Haut fressen würde, die die Lunge umschnürt und das Atmen schwer macht.

Am stärksten litten die Pferde, die keine schützende Kleidung hatten. Immer wieder sahen wir ihre edlen Lei-

ber, zusammengekrümmt und starr von Tod und Kälte am Wegesrand. Nicht selten stürzten sich schnell Menschen über sie, schnitten das Fleisch, packten es ein, um ihre Familien zu ernähren.
Doch als unsere Pferde auf Tauglichkeit untersucht wurden, erinnerten sich die Beamten an Zielers Lebensmittel. Sie schauten unsere Pferde eingehend an, dann grinsten sie und meinten:
„Die sind untauglich. Das wird nichts mit den Gäulen im Wald. Abmarsch!"
Ich atmete tief durch. Hätte Zieler nicht die Beamten geschmiert, hätten vielleicht auch wir unsere Pferde verloren in diesem Winter. So blieb das Dorf fast ungeschoren, blieben wir Zuschauer, die das Elend der Stadt, das Elend anderer erlebten.

1947

26 - Nach Osten oder nach Westen

Der Winter hielt das Land noch bis spät in den März in seinen Klauen. Er ließ es erst langsam los, taute den Schnee ab, kam aber erneut mit bitterkalten Nächten zurück. Es war als ränge der Frühling mit der Kälte, als erkämpfte er sich Stück für Stück den Freiraum für sprießende Pflanzen, für wärmere Farben und für enteiste, lockere Erde, bereit für den Samen neuen Lebens.
Man spekulierte über Zahlen, wie viele in diesem Winter gestorben waren. Es gab allerlei Schätzungen und Gerüchte, Hunderttausende sollen es gewesen sein. Hunderttausende ohne das Glück auf dem Dorf mit eigenem Zugang zu Lebensmitteln zu leben, ohne die Kraft, die Kälte und den Hunger zu ertragen, durchzuhalten.
Wir arbeiteten schon wieder auf dem Feld, als uns das Schreiben aus Reichmannsdorf erreichte. Michael kündigte sein Kommen an. Er komme, um uns zu holen. Es sei alles vorbereitet. Wir sollten schon mit unseren Gastgebern sprechen. Er wollte noch im gleichen Monat anreisen.
Über den langen Winter hatte ich verdrängt, dass wir weggehen wollten. Wollte ich das? Ich schaute in die Augen meiner Eltern, die mir aus dem

Brief von Michael vorgelesen hatten. Sie waren weit geöffnet, warm und direkt auf mich gerichtet. Umrandet von kleinen Fältchen, die nach oben zeigten, wie sie es nur taten, wenn meine Eltern sich freuten, wenn sie lachten. Was erwartete ich anderes? Sie sahen die Chance vor sich, wieder mit fast allen ihren Söhnen an einem Ort zu leben. Sie verstanden sich zwar mit ihren Gastgebern, den Abichts, aber eine herzliche Beziehung hatte sich nicht entwickelt. Nebeneinander her lebten sie dort, mit Distanz und einer bleibenden Portion Skepsis.

Für mich war Steinbrücken Heimat geworden, mehr als Schröders vorher hatten Zielers mich geradezu adoptiert. Sie behandelten Arno und mich gleich. Arno hatte mehrmals gesagt, ich wäre für ihn der Bruder, den er immer wollte. Ich war nicht mehr der Flüchtling, den man von oben herab behandelte. Warum sollte ich das aufgeben? Um wieder Flüchtling zu sein? Um wieder mit prüfenden Blicken beäugt zu werden bei der Zuteilung zu einer fremden Familie? Um wieder ganz unten anzufangen, mich für jeden Handgriff, jedes Stück Verantwortung beweisen zu müssen?

Ich schaute in die wartenden Augen meiner Eltern und sagte:

„Ich muss mir das überlegen. Ich will die Zielers nicht einfach verlassen."

Bevor die beiden reagieren konnten,

war ich aufgesprungen und hatte den Raum verlassen, lief zurück zum Zielerschen Hof.
Wenige Tage später sah ich einen jungen Mann, die Straße herunter gehen. Er schaute die Höfe an, als ob er sie das erste Mal sah. Ein Bein zog er auffällig hinterher, hinkte, trat nicht richtig auf. Er hatte fast den Zielerschen Hof erreicht. Ich ließ die Mistgabel fallen und lief auf die Straße. Die verschmitzten Gesichtszüge, die Lachfalten, die tiefbraunen, großen Augen. Ich sprang auf ihn zu. Wir sahen uns kurz an, keiner sagte etwas. Dann nahmen wir uns in die Arme, drückten uns, schlugen uns vor Freude auf den Rücken. Als wir uns erneut in die Augen schauten, sahen wir, dass unsere Augen kleine Tränenseen geformt hatten, die drohten überzuschwappen.
Er gluckste: „Na, da erkennt man den Emrich. Viel zu nah am Wasser gebaut."
Ich strich mir mit dem Handrücken die Tränen weg, musste lachen.
Wie es seine Art war, begann Michael zu reden. Erzählte von seiner Fahrt, machte Witze über die Größe Steinbrückens, man müsse es ja mit der Lupe suchen, veräppelte den Dialekt der Thüringer, der klänge, als ob alle durch die Nase sprächen, und machte sich über sich und seine Verletzung

lustig, jeder lahme Gaul sei schneller als er unterwegs.
Ich zeigte ihm das Dorf, erklärte, wo die Eltern lebten und wo die Zielers. Zeigte ihm das Rathaus, erzählte kurz, dass Arno dort arbeitete, zeigte ihm die kleine Kirche, ging kurz mit ihm in die Dorfwirtschaft, ohne dass wir etwas kauften, zeigte ihm den kleinen Saal, wo die Tänze stattfanden.
Dann gingen wir gemeinsam zu den Eltern. Mein Vater zitterte am ganzen Körper als er Michael in die Arme schloss. Er hatte es immer gut versteckt, aber wohl die größten Sorgen mit sich selbst ausgemacht. Den leibhaftigen Sohn wieder vor sich zu sehen, ihn zu spüren, ihn an sich zu drücken. Ich konnte mir nur ausmalen, wie häufig er daran gedacht hatte, wie häufig er in der kleinen Kirche dafür gebetet hatte. Das Zittern seiner Muskeln wie nach einem langen Lauf, wie nach heftiger körperlicher Anstrengung, war Zeugnis der Erleichterung, eindrücklicher als tausend Worte.
Mutter hatte Schulfa gemacht, stellte die gelbe, dampfende Masse auf den Tisch, daneben eine Schüssel mit Käse und eine Schüssel mit saurer Sahne. Wir füllten unsere Teller und ließen es uns schmecken. Michael lobte meine Mutter in höchsten Tönen:

„Endlich wieder dein Schulfa. Keine macht das so gut wie du, Mutter."
Mutter winkte ab. Ihre roten Backen, ihre funkelnden Augen sagten genug. Die Worte waren Balsam für ihre geschundene Seele. Sie griff den Löffel und tat jedem ihrer Söhne eine weitere Portion auf.
„Esst, meine Jungen, esst!", forderte sie uns auf.
Erst als die Bäuche gefüllt waren, fingen wir an über den Zweck von Michaels Besuch zu reden. Mutter hatte schon alles geplant, erklärte uns wie wir unser Hab und Gut auf vier Schultern verteilen konnten, so dass wir fast alles mitnehmen konnten. Sie hatte schon Pakete geschnürt, mehrere Varianten ausprobiert. Es fehlten nur noch meine Sachen. Die sollte ich zügig zusammenräumen und mitbringen, damit wir schauten, wie wir sie am besten einpackten.
Doch während sie plante, drehte sich mein Kopf. Ich hatte eine Entscheidung getroffen:
„Michael, nimm die Eltern mit. Ich bleibe hier", sagte ich.
Meine Aufforderung stand im Raum. Ich hatte es mit einiger Entschlossenheit gesagt. Es hatte sich viel angesammelt in den Tagen zuvor. Jedes Mal, wenn ich bei Zielers am Essenstisch gesessen hatte, jedes Mal wenn wir dort gemeinsam gelacht hatten, jedes Mal überlegte ich, wie es wäre, dies

alles zu verlassen. Und jedes Mal fühlte ich, dass ich es nicht konnte oder, das trifft es wohl besser, dass ich es nicht wollte.
Meine Mutter, mein Vater, Michael, sie alle spürten wohl diese Entschlossenheit. Sie spürten, dass der Satz, der im Raum hing wie dichter Nebel, dass dieser Satz nicht aus einer Laune gesagt worden war.
Mutter schaute Vater an. Vater schaute zurück, dann auf seine beiden Söhne:
„Wir gehen nicht ohne Thomas. Wir lassen ihn nicht alleine hier", stellte er klar.
Mutter nickte heftig.
„Wenn er hier bleibt, bleiben wir auch", pflichtete sie ihm bei.
Michael fasste sich mit beiden Händen an den Kopf. Sein Mund war offen stehengeblieben.
„Ich glaub es nicht. Das kann doch nicht euer Ernst sein? Meine Brüder warten auf euch, eure Enkelkinder kennen euch fast nicht", entrüstete er sich.
Keiner sagte etwas. Er schaute mich an.
„Thomas, was soll das denn? Was hält dich denn hier?", fragte er. Er verstand mich nicht.
„Ich hab hier eine Heimat gefunden. Das sind gute Leute, bei denen ich lebe", erklärte ich.
„Dann lass mich mal mit denen reden,

lass mich sie mal kennenlernen", meinte er.
Ich nickte, kämpfte mit den Tränen, sah die Enttäuschung in den Gesichtern meiner Eltern, das Unverständnis in Michaels Augen.
Einen Tag später saßen wir bei Zielers am Abendbrottisch. Herr Zieler hatte Michael sofort zum Essen eingeladen. Es gab Schweinebraten, den Frau Zieler extra mittags in den Ofen geschoben hatte, so dass das Fleisch von alleine zerfiel und auf der Zunge zerging. Die ersten Minuten waren geprägt vom Kennenlernen, von oberflächlichen Fragen und ebensolchen Antworten. Als die Teller halb leer waren, brachte Michael dann sein Anliegen auf den Tisch:
„Wissen Sie, ich bin gekommen, um meine Familie abzuholen. Thomas hat mir gesagt, dass es ihm hier sehr gut geht. Aber er hat eine Familie und die lebt woanders", sagte er, lächelte dabei, schaute den Zielers in die Augen.
Die Reaktion der Zielers schnürte mir die Kehle zu.
Binnen Sekunden nach Michaels Aussage sah ich glänzende Augen. Herr Zieler setzte zum Reden an, schniefte, versuchte es erneut und brachte nur schluchzend hervor:
„Du verstehst das vielleicht nicht. Aber du nimmst uns unseren Liebsten

weg. Thomas ist sehr wichtig für uns. Wir haben doch nur einen Sohn."
Das Schluchzen war übergegangen in ein unkontrolliertes Weinen, das Herr Zieler immer wieder zurückdrängen, das er unterdrücken wollte.
Ich hatte Michael versprochen, dass ich erstmal nicht sagen sollte, dass ich bleiben wollte, dass ich erstmal abwarten sollte. Doch es brach aus mir heraus:
„Ich will ja nicht gehen. Aber meine Eltern wollen nicht ohne mich", rief ich.
Meine Stimme brach mehrfach, gehorchte mir nicht wie gewohnt. Ich verzweifelte, fühlte mich zerrissen.
Wir aßen in Stille weiter. Keiner wusste mehr, was er sagen sollte, jeder kämpfte mit den eigenen Gefühlen.
Michael und ich verließen das Haus gemeinsam, gingen über die Dorfstraße. Er redete auf mich ein, erklärte wieder und wieder, dass ich es bereuen würde, wenn ich nicht zur Familie zöge, und dass ich eine Verantwortung für die Eltern hätte. Für meine Eltern wäre es besser, das war mir auch klar. Michael hatte nach diesem Abend aber verstanden, welchen Preis ich zahlen musste, sollte ich mich doch für die Abreise entscheiden. Er sagte:
„Du musst dich entscheiden. Ich kann dir aber eines gleich sagen. So wie

bei den Zielers hast du es nicht in Bayern."

Damit entließ er mich in die Nacht, drückte mich noch einmal und ging dann ins Anwesen der Abichts. Ich weiß nicht, wie oft ich an diesem Abend von einem Ende Steinbrückens zum anderen Ende gegangen war. Ich setzte Fuß vor Fuß, wog immer wieder ab, bewertete neu. Entschied ich mich zu bleiben, musste ich mir vorwerfen, die Vereinigung der Familie verhindert zu haben. Entschied ich mich zu gehen, würde ich alles, was danach kam, immer mit der Harmonie in der Familie Zieler, jeden neuen Kollegen mit der Freundschaft zu Arno vergleichen. Michael hatte gar nicht versucht, Franken anzupreisen. Du wirst es nicht so gut haben wie hier, hatte er gesagt. Trotzdem erwartete er eine Entscheidung für die Familie, für meine Eltern, für meine Brüder, für den Zusammenhalt. Sollte ich diese verweigern, um mein eigenes schönes Leben zu erhalten?

Spät in dieser Nacht hatte ich mich dann durchgerungen. Ich legte mich in mein Bett in der kleinen Kammer über der Eingangstür des Zielerschen Bauernhauses. Es sollte das letzte Mal sein, dass ich dort die Augen schloss. Am nächsten Morgen teilte ich meine Entscheidung mit. Wir lagen uns lange in den Armen, versprachen, uns zu besuchen, uns zu schreiben,

drückten uns und kämpften erneut mit den Tränen.
Ganz anders dann die Emotionen meiner Familie: Erleichterung, Freude, tiefe Dankbarkeit. Ohne weiter zu verharren, packten wir Rucksäcke und Taschen.
Wieder nahmen wir den Zug nach Probstzella. Bei der Einfahrt schauderte es mir, sobald ich das längliche Bahnhofsgebäude aus rotem Backstein mit seinen schwarzen Satteldächern aus Schiefer sah. Mein Blick wanderte über das Gleis, sah weiter vorne bereits Uniformen. Doch Michael hatte bei seiner Ankunft den Bahnhof angeschaut und eine kleine Treppe am hinteren Ende des Gleises entdeckt. Wir sprangen also aus dem hinteren Wagen und gingen nicht in Richtung der Uniformen, sondern von ihnen weg. Die Treppe stiegen wir herunter, öffneten ein kleines Gatter und hatten das Bahnhofsgelände verlassen.
Die Grenze war nicht weit. Vater und ich folgten Mutter und Michael, die entschlossen vorangingen. Nach zwanzig Minuten Fußmarsch auf der geteerten Straße, steuerten wir in einen Waldweg. Schnell waren wir ringsum von hohen Buchen umgeben, schritten immer weiter in das tiefe Graugrün des Waldes, der nur einzelne Lichtfetzen durch seine Blätterdecke bis zu uns durchließ.

Als der Wald nach einer halben Stunde wieder lichter wurde sagte Michael:
„Willkommen in der amerikanischen Besatzungszone."
Wir umarmten uns und schritten auf eine Lichtung, auf der uns die Mittagssonne frontal ins Gesicht schien. Weiter gen Süden erreichten wir wieder eine Landstraße, auf der wir weitermarschierten. Wenig später sahen wir die Umrisse einer Siedlung.
Wir traten in das Dorf und kaum hatten wir zehn Schritte gemacht tönte es vom Wegesrand:
„Halt, stopp! Ausweise!"
Wir waren noch in der ersten Stunde in der amerikanischen Besatzungszone schon in eine Polizeikontrolle geraten. Ausweise hatten wir selbstredend nicht. Ich fühlte mich an die letzte Kontrolle in Probstzella erinnert, an die Enttäuschung wieder umkehren zu müssen, an die Herabsetzung durch die Uniformierten, die von oben herab mit uns gesprochen hatten.
Michael trat vor, zeigte dem Beamten seinen Ausweis und sagte mit fester Stimme:
„Ich hab meine Eltern rübergeholt."
Der Polizist schaute mir in die Augen, schaute zu meiner Mutter, die ihren Kopf tief gesenkt hatte, schaute zu meinem Vater, der gerade stand wie beim Militär. Dann zuckte ein Lächeln über das Polizistengesicht:

„Ich hab nix gesehen", flüsterte er und zwinkerte dabei mit dem rechten Auge.
Ich atmete tief durch, merkte erst nach mehreren, tiefen Atemzügen, dass mein Puls raste und meinte meinen Herzschlag zu hören. Michael nickte kurz in Richtung Uniform, dann winkte er uns, dass wir weiter gehen sollten.
Wir erreichten wenig später den Bahnhof von Ludwigsstadt. Schon bevor wir in die Nähe der Gleisanlage gekommen waren, hatte Michael uns gewarnt, dass sie dort bestimmt wieder kontrollierten. Er wollte durch den Haupteingang gehen und die Beamten in ein Gespräch verwickeln. Wir sollten gleichzeitig ganz am Ende des Gleises auf den Bahnsteig steigen und direkt in den Zug klettern. Es war ein waghalsiger Plan, denn die Gleisanlage war nicht sonderlich lang und an diesem Tag nicht voller Menschen. Wir mussten uns darauf verlassen, dass es Michael gelang, die volle Aufmerksamkeit der Kontrolleure auf sich zu ziehen. Sobald sie sich umdrehten, packten wir unser Gepäck, sprangen die Treppe am Ende des Bahnsteigs hoch und stiegen in den grünen Personenzug ohne nochmal in Richtung Michael und Polizei zu blicken.
Wir nahmen im zweiten Abteil Platz, verstauten unser Gepäck über uns auf den Ablagerosten. Dann saßen wir dort

und warteten, Mutter zitterte etwas, Vater und ich schauten konzentriert an die jeweils andere Wand des Abteils. Keiner sagte etwas. Es dauerte ewig, zumindest kam es mir so vor, bis endlich Michael ins Abteil schaute und fröhlich lachend und redend Platz nahm.

„Das hat ja super geklappt. Jetzt müssen wir nur hoffen, dass die keine Ausweiskontrollen im Zug machen. Fahrscheine habe ich für euch alle gelöst", verkündete er.

Er verteilte die gelben Streifen an uns. Dabei sah er unsere angespannten Gesichter, realisierte die Stille um ihn herum. Er lachte:

„Jetzt entspannt euch mal. Auf der Herfahrt haben die nur die Fahrscheine kontrolliert. Warum soll das jetzt anders sein?"

Dann fing er an stolz zu berichten, wie er die Polizisten abgelenkt hatte. Er hätte ihnen gesagt, es wäre ein Betrunkener am Haupteingang und hätte da randaliert. Da wären sie ihm sofort nach. Nur um dann zu merken, dass der Betrunkene wohl schon über alle Berge war. Michael lachte erneut. Da mussten wir schmunzeln, ließen uns mitreißen von seinem Optimismus, seiner guten Laune. Im Laufe der Fahrt gelang es ihm so, uns alle zu entspannen und uns die Angst vor dem Zurückgeschicktwerden, vor dem Misserfolg zu nehmen.

Er erzählte uns, dass er uns nach Ankunft in Bamberg zunächst nach Gaustadt mitnehmen wollte. Dort wohnte er, nicht wie die anderen in Reichmannsdorf. Dort müssten wir uns dann bei der Behörde melden. Alles Weitere würde man danach sehen.
So machten wir uns, kaum waren wir in Bamberg angekommen, auf den Fußweg nach Gaustadt. Es waren zwar nur etwa fünf Kilometer, doch der Weg mit all dem Gepäck kam mir wesentlich länger vor. Ständig fragte ich, wie weit es denn noch wäre und Michael antwortete:
„Es ist nicht mehr weit, Timmi. Wir sind gleich da."
Wir überquerten die Regnitz und ich blickte das erste Mal auf den Bamberger Dom, der mit seinen vier grüngrau behüteten Türmen erhaben über der Stadt auf einer Anhöhe thronte. Wir liefen weiter Richtung Stadtgrenze. Für meine Begriffe verließen wir aber nie die Stadt, eine Ansiedlung ging in die andere über und nach etwas über einer Stunde mühsamen Fußmarschs hatten wir Gaustadt erreicht. Das Dorf erstreckte sich entlang der Regnitz, rechts und links der Gaustadter Hauptstraße. Es war deutlich größer als Steinbrücken, wohl etwas über dreitausend Menschen lebten dort.
Direkt nach der Ankunft, wir hatten nur unser Gepäck abgestellt, gingen wir zum Rathaus. Michael hatte uns

gewarnt, dass die Behörden keinen Spaß verstanden, wenn man illegal, ohne Meldung, wohnte und dann entdeckt wurde. Sie hatten wohl Angst vor Krankheiten, die sich ausbreiteten. Es kamen ja Menschen, Flüchtlinge, Soldaten und Heimkehrer von überall her. Wir gingen auf das dreistöckige Haus mit dem breiten Satteldach zu, schritten die Treppe zum Eingang hoch und meldeten uns bei der Registrierung. Wir waren nicht die Einzigen an diesem Tag. Es hatte sich eine kleine Schlange gebildet.

Der Beamte schaute uns kritisch an, ließ sich die bisherige Fluchtgeschichte erzählen, schaute erneut in die Papiere von Michael und stellte uns dann Übergangspapiere aus, die er mit einem großen Stempel versah. Wir sollten sofort in ein Quarantänelager. Abfahrt war noch am selben Abend um 19:00 Uhr. Bis dahin konnte jeder einen Koffer an Kleidung packen, den man mitnehmen durfte.

Die Fahrt ging nach Geroldsgmünd. Sie hatten dort eine ehemalige Kaserne in ein Lager umfunktioniert. Der Anblick der Baracken, der vielen Menschen, es war mir alles schon fast vertraut. Diesmal hatten Vater, Mutter und ich gemeinsam nur einen kleinen Raum, in dem dicht an dicht drei Feldbetten standen. Wir hatten kaum Platz, um unser Gepäck abzustellen. Es ging enger zu als im Lager der Russen.

Schnell merkten wir, dass es strenger war. Wir hatten nicht das Glück, eine Stelle in der Küche zu erhalten und mussten uns mit den üblichen Rationen arrangieren. Am Tag waren das drei Scheiben Schwarzbrot, vielleicht 200 Gramm schwer, ein Viertelliter Kaffee, der aber fast nicht nach Kaffee schmeckte, ein halber Liter Suppe, in der mit Glück einige Rübenschnitzel schwammen, und ein Viertelliter Kräutertee. Da wir in Quarantäne waren, durften wir keinen Besuch von der Familie empfangen. Die hätten uns sicher etwas zu essen mitgebracht, aber sie durften nicht zu uns.
Die Flüchtlinge ertrugen es mit Fassung. Alle redeten von ihrer Hoffnung, rauszukommen, endlich wieder irgendwo anzukommen, etwas zu arbeiten. Manche hatten schon einen genauen Plan, wir gehörten dazu, andere hatten nur die Hoffnung.
Michael hatte in der Zwischenzeit Erkundigungen angestellt. Er konnte uns nur dann aus dem Lager holen, wenn er Arbeit und Wohnung für uns nachweisen konnte. Sonst ließen die uns nicht raus. Er und meine Brüder sprachen während unserer Lagerzeit wohl dann einen möglichen Arbeitgeber nach dem anderen an.
Über eintausendreihundert solcher Lager soll es 1946 allein in Bayern gegeben haben, mit fast hundertfünzigtausend Flüchtlingen. Draußen gab es

einfach zu wenige Wohnungen. Und das, obwohl ja die Flüchtlinge bis dahin schon unter Zwang in Privatwohnungen zugeteilt worden waren, ohne dass die neuen Gastgeber das gewollt hatten. Alles in allem sollen in dieser Zeit fast zwei Millionen Menschen nach Bayern gekommen sein, ein Drittel der damaligen Bevölkerung.

Wir hörten von alldem nur bruchstückhaft. Vieles war falsch. So gingen viele Schreckensgeschichten im Lager um: Manch einer fantasierte, dass wir im Lager verenden würden, dass man uns gar nicht wieder herauslassen würde. Manch anderer dachte, dass man uns geschlossen zurückschicken würde. Vater, Mutter und ich versuchten das alles zu ignorieren und vertrauten in den Satz, den Michael zum Abschied gesagt hatte: „Wir holen euch da so schnell wie möglich wieder raus."

Die Ärzte hatten uns bereits in der ersten Lagerwoche auf Herz und Nieren geprüft. Sie schauten besonders nach Symptomen von Typhus, Tuberkulose und Ruhr. Das waren Infektionskrankheiten, die nach dem Krieg, in der Zeit von Hunger und Mangelernährung, eine Gefahr für die gesamte bayerische Bevölkerung darstellte. Die sanitären Zustände im Lager Geroldsgmünd gaben mir jedoch das schale Gefühl, dass die große Chance bestand, dass ich gesund in das Lager gekommen war, aber die Krankheit mich dort holen

würde. Wer unter Quarantäne verstanden hatte, dass es hervorragende sanitäre Bedingungen und Hygiene gab, der wurde überrascht. Die Quarantäne bestand einzig und allein in der Trennung der Flüchtlingsmassen von der restlichen Bevölkerung und in intensiven Untersuchungen bei Ein- und bei Austritt. Wurde einer im Lager krank, so durfte er es nicht mehr verlassen. Entweder er wurde gesund oder er starb im Lager.
Mein Bruder Georg war der erste, der ein schriftliches Dokument vorlegen konnte. Michael hatte zwar schon eine mündliche Zusage von einer Gärtnerei in Gaustadt, aber die reichte nicht aus. Damit war entschieden, dass wir nach Reichmannsdorf gehen würden. Mein neuer Arbeitgeber war Sachenbacher, der das größte Anwesen am Ort betrieb. Georg sagte mir, dass ich im Schloss arbeiten würde und die Bilder des großen Schlossanwesens von meinem erstmaligen Besuch fielen mir wieder ein. Die Zusage für mich reichte aus. Vater war schon 56. Er würde nur noch wenig mitarbeiten, soweit er konnte.
Wir wurden im kleinen Schloss untergebracht. Eine Kammer mit Küche und eine Kammer zum Schlafen. Die Eltern schliefen in der Küche, ich in der separaten Kammer. Es war wenig Platz, aber deutlich mehr als im Lager.

27 - Herr Oberst

49 Pfennig pro Stunde verdiente ich bei Sachenbacher. Zigaretten waren aber ein verlässlicheres Tauschmittel. Eine Reichsmark zahlte man für fünf Zigaretten. Es war in den ersten Monaten undenkbar, dass ich mit meinem Lohn für mich oder gar meine Eltern sorgen konnte. Ich konnte mir dafür nicht viel kaufen.

Es sollte bis 1948 nach der Währungsreform dauern bis die deutsche Mark wieder Vertrauen gewonnen hatte und nicht mehr ständig an Wert verlor. Schlimmer als uns traf es in dieser Zeit diejenigen, die etwas zu verlieren hatten und in der Stadt wohnten. Ein Reim fasste es damals so zusammen:

„Den Schmuck hat man als Butter aufgegessen,
die Meißner Tassen trägt man jetzt als Schuh.
So wächst dem Eigner, was er einst besessen,
von Grund auf umgewandelt wieder zu ..."

Sachenbacher interessierte sich allerdings nicht weiter dafür, dass er mir einen niedrigen Lohn zahlte. Er erwartete vollen Einsatz. Schließlich musste ich ihm dankbar sein, dass er uns aus dem Lager geholt hatte und dass er mir Arbeit gegeben hatte.

Sachenbacher war Oberst. So ließ er

sich rufen, Herr Oberst. Vergaß man das, wurde er wütend, fühlte sich nicht respektiert. Seltsam, dass Herr Oberst trotz des gerade verlorenen Kriegs auf seinem Militärtitel bestand, ihn geradezu übermäßig vor sich hertrug.
Herr Oberst hatte schnell erkannt, welche Chance in den Flüchtlingen lag und sich gleich drei Arbeiter bestellt. So arbeitete ich neben zwei anderen Flüchtlingen, die beide etwa zwanzig Jahre älter waren als ich.
Mein Tag begann um sechs Uhr morgens. Wir fütterten die Tiere. Dann konnte ich nochmal kurz nach Hause, um zu frühstücken. Ab sieben Uhr begann dann der Tag auf dem Hof und den Feldern. Im Sommer, wenn Heu zu machen war, endete der Tag nicht vor zwanzig Uhr.
Herr Oberst pflegte einen militärischen Umgang, frei von Sentimentalitäten und mit klaren Anweisungen. Ich konnte das ganz gut ab, doch die beiden anderen Flüchtlinge haderten täglich mit ihrem Schicksal. Wie Recht doch Michael gehabt hatte, dass es in Reichmannsdorf ein anderes Leben würde. Statt eines zweiten Vaters, hatte ich einen Kommandanten, dem das eigene Interesse näher lag als mein Wohlbefinden.
Ein Tag im Sommer machte das besonders deutlich. Wieder war ich seit sechs Uhr morgens auf den Beinen. Wir

hatten hart auf dem Feld gearbeitet, hatten unser Tagessoll für das Heu an diesem Tag weit übertroffen. Ich war froh, als ich gegen acht Uhr die Mistgabel ablegen konnte. Endlich hatten wir Feierabend. Ich spürte meinen Körper. Die Haut an den Händen spannte, die Muskeln schmerzten. Ich würde noch kurz auf dem Hof sitzen bleiben, bevor ich zu den Eltern ginge, so dachte ich. Erschöpft schloss ich die Augen und lehnte mich an die Hauswand im hinteren Teil des Schlosshofs.

„Thomas, mach die Kutsche fertig!“, schallte es mit einem Mal über den Hof.

Ich schrak auf, schaute nach links und rechts und sah dann den Oberst an einem der Fenster.

„In Burgebrach ist noch ein Koffer abzuholen“, rief er.

Er hatte das schon häufiger gemacht, am Abend nochmal etwas von mir zu verlangen. Das ein oder andere Mal hatte ich widersprochen. Doch diesmal wollte ich es nur schnell hinter mich bringen. Schnell hatte ich die Ponys vor die Kutsche gespannt und lenkte sie aus der Hofeinfahrt auf die enge Hauptstraße, die sich in Reichmannsdorf den Hügel hochschlängelte.

Als ich den Ort verlassen hatte, fiel die Straße etwas steiler ab. Ich wusste, dass ich bei Gefälle nur im Schritttempo fahren sollte, um die

Ponys nicht zu gefährden und einen Unfall zu vermeiden. Doch es war spät am Abend und ich wollte die Zeit nach Burgebrach etwas verkürzen. Also gab ich die Zügel frei und fuhr im Trab hinunter. Es klappte gut und ich erreichte Burgebrach in etwas über zwanzig Minuten. Auf dem Rückweg fielen mir zweimal fast die Zügel aus der Hand. Ich gähnte und fluchte, dass der Oberst mich nach dem langen Tag noch geschickt hatte.
Zurück im Schlosshof spannte ich die beiden Ponys aus, schnappte mir den Koffer und stieg die zwei Treppen im Haupthaus hoch. Dort klopfte ich kurz und wollte den Koffer nur abstellen, um dann nach Hause zu gehen. In diesem Moment riss der Oberst die Tür auf und starrte mich mit bösartig funkelnden Augen an:
„Das hast du dir so gedacht!“, brüllte er.
Ich war perplex. Was wollte er von mir?
„Weißt du nicht, wie du zu fahren hast?“, setzte er nach.
Ich schaute ihn fragend an. Langsam dämmerte es mir, dass er das Traben mit der Kutsche meinen musste. Er war mir wohl nachgeritten, nur um das zu beobachten. Ich fasste es nicht.
„Du machst mir noch die Ponys und die Kutsche kaputt“, warf er mir vor.
Ich war sprachlos. Da fuhr ich ihm nach Feierabend seinen Koffer durch

die Gegend, war immer verfügbar und hatte bekanntermaßen ein Händchen für die Ponys, so dass auf meinen Fahrten noch nie etwas passiert war. Und dann so etwas. Doch was sollte ich machen? Herr Oberst hatte die Macht und das ließ er mich spüren.
„Nichts kann man euch machen lassen. Wenn ich nicht aufpasse, macht ihr mir alles kaputt!", schrie er weiter. Ich zuckte mit den Achseln. Seine Tirade ging weiter. Er hatte sich in Rage gebrüllt. Einige Vorwürfe später fasste ich einen Entschluss.
„Sind Sie fertig?", fragte ich.
Er hielt kurz inne, schaute mich von oben bis unten an, um sich dann zu entrüsten:
„Nein!"
Ich nahm meinen Mut zusammen und antwortete:
„Nun. Ich bin fertig. Ich mache jetzt Feierabend. Ich bin seit sechs Uhr auf den Beinen."
Herr Oberst wollte etwas entgegnen, doch ich hatte mich hastig umgedreht, war die Schritte bis zum Treppenaufgang fast gesprungen, war schnell aus seinem Sichtfeld verschwunden. Während ich auf meine Füße schaute, um einigermaßen sicher zwei Treppenstufen auf einmal zu nehmen, hörte ich seine Stimme nochmal, ohne noch zu verstehen, was er da brüllte.
Ich überquerte den Hof, ging mit großen Schritten am Wirtschaftsgebäude

vorbei und erreichte schnaufend unsere kleine Wohnung. Meine Eltern hatten schon auf mich gewartet. Vater wusste von den anderen, dass ich nochmal nach Burgebrach gefahren war. Als ich wieder zu Atem kam, erzählte ich ihnen alles.
Vater lief immer röter an, während er mir zuhörte. Am Ende der Geschichte schlug er mit seiner Faust auf den Tisch, kurz und hart. Ich zuckte zusammen. Er sagte:
„Das kann er nicht mit dir machen. Du bleibst im Bett morgen."
Mir fielen die Augen zu. Ich hatte nicht die Kraft, um noch lange mit meinen Eltern zu diskutieren. Ich wollte nur noch in mein Bett. Dort trat ich in eine Art Wachkoma ein. Ich war zu angespannt, um zu schlafen und zu müde, um zu denken. Immer wieder schossen die Erlebnisse der vorhergegangenen Stunden durch meinen Kopf.
Sollte ich wirklich am nächsten Morgen die Arbeit verweigern? Sollte ich riskieren, dass wir unsere Wohnung verlören. Ein Fingerzeig von ihm und wir müssten wieder in ein Lager einziehen. Was bedeutete da meine Ehre? Aber war das gerecht? Wir waren in Reichmannsdorf auf der untersten Stufe der Hackordnung angekommen. Mein Vater, der in Obereidisch noch respektierter Bauer mit ordentlichem Landbesitz und beliebter Geschäfts-

partner war, der nie einen Zigeuner abgewiesen hatte, der auf dem Markt respektvoll mit allen Kunden umgegangen war, war angewiesen auf die Arbeit seines jüngsten Sohnes, damit er eine Wohnung hatte. Und er musste mit ansehen, wie dieser gedemütigt wurde. Hatte ich mich bei Zielers noch gefühlt wie ein Deutscher unter Meinesgleichen, mit gleichen Rechten und Pflichten, so zeigte mir Sachenbacher an diesem Abend, dass ich es nicht war. Wie lange würden wir Störenfriede bleiben? Denn so nannte man uns, wenn man sich unbeobachtet fühlte. Wie lange müssten wir uns solche Erniedrigung gefallen lassen und gleichzeitig die Arbeit machen, die die Einheimischen nicht machen wollten?
Es musste mehr als eine Stunde gewesen sein bis der Schlaf die Aufregung übermannte. Ich wachte am nächsten Morgen ohne Bettdecke und Kissen auf, das Bett war aufgewühlt von den Kämpfen, die ich im Schlaf mit mir selbst ausgefochten hatte. Meine Augen waren bleischwer, als ob ich gar keinen Schlaf bekommen hatte.
Ich stand auf, ging zum Brunnen und ließ kaltes Wasser über meinen Kopf laufen. Dann fütterte ich die Tiere. Als ich zum Frühstück zurückkam, versuchte Vater nochmal, mich davon abzuhalten, zur Arbeit zu gehen. Ich ließ mich nicht überzeugen.

Um sieben Uhr trat ich mit den anderen beiden Flüchtlingen im Hof zum Dienst an. Herr Oberst trat vor uns, gab Befehle, wer was zu tun hätte. Dann sagte er, immer noch herrisch, aber etwas ruhiger:
„Thomas, komm mal mit!"
Ich hatte gehofft, schnell mit einer Arbeit zu beginnen und Herrn Oberst möglichst den ganzen Tag zu meiden. Er machte mir einen Strich durch die Rechnung. Was er wohl von mir wollte? Würde er die Schimpftirade fortsetzen? Ich erschauderte, ging ihm mit zauderndem Schritt hinterher. Er trat in die Scheune, wo er auf mich wartete. Ich trat hinein, stellte mich etwa zwei Meter vor ihm hin und schaute auf den Boden.
Bereits seine ersten Worte ließen mich aufblicken. Seine Stimme war weich, etwas zögerlich. Er sagte:
„Ich hatte mich gestern nicht unter Kontrolle. Dafür entschuldige ich mich. Du machst gute Arbeit, Thomas."
Er räusperte sich, schaute mich etwas unsicher an. Ich streckte meinen Rücken durch, nickte ihm zu und ging aus der Scheune.

1948

28 - Reichmannsdorf

Es fiel mir anfangs schwer, mich an Reichmannsdorf zu gewöhnen. Mir war gar nicht klar, woran es lag. Ob es die Menschen waren, die in Steinbrücken offener, freundlicher gewesen waren? Ob es daran lag, dass inzwischen so viele Flüchtlinge angekommen waren, dass wir nicht mehr akzeptiert wurden, dass zu viele sich wünschten, dass wir wieder weggingen? Wenn selbst Göbbels gegen Ende des Kriegs gesagt haben soll: „Was da unter der Marke Deutsch in das Reich hineinströmt, ist nicht gerade erheiternd.“ Was sollte dann ein einfacher Bauer aus Reichmannsdorf denken, der selbst mit seinem Leben genug zu tun hatte? Davon gab es gerade in Reichmannsdorf viele. Der Besitz war ungleich verteilt, ganz anders als in Steinbrücken. Es gab das große Anwesen von Sachenbacher und viele kleine Höfe, die gerade einmal genug produzierten, um sich selbst zu versorgen. Fehlte deshalb ein gewisser Sinn für Gemeinsamkeit? Zu Beginn war ich mir sicher, begegnete dem Ort skeptisch, wünschte mir immer wieder Steinbrücken zurück. Vor allem nachts, wenn ich Ruhe hatte, wenn mein Kopf sich selbständig machte.

Meine Eltern fühlten sich wohl, von

Anfang an. Für sie war es besser als in Steinbrücken. Sie hatten ihre Familie wieder. Jeden Sonntag trafen wir uns in Reichmannsdorf. Georg kam aus Poppenwind, wo er bei einem großen Bauern arbeitete. Martin hatte eine Arbeit beim Bürgermeister des Ortes im Sägewerk gefunden, wo er etwas besser bezahlt wurde als bei den Bauern. Er, seine Frau Katharina und ihre drei Kinder lebten nur ein paar Fußminuten von uns entfernt. Mit ihnen trafen wir uns unter der Woche häufiger. Und Michael war aus Gaustadt sonntags schnell in Reichmannsdorf. Die Familie hielt zusammen und wir sprachen uns immer wieder gegenseitig Mut zu.

Der Einzige, der fehlte, war Hans. Er schrieb uns aus Obereidisch. Dort hatte es sich zum Schlechten verändert. Statt unseren Grundbesitz zurückzugeben hatten die rumänischen Kommunisten alle Landeigentümer, auch die Rumänen selbst, enteignet. Hans machte sich und uns keine Hoffnungen, dass unser Land in naher Zukunft zurückgegeben werden könnte. Die Landwirtschaft wurde als staatliches Kombinat weitergeführt, auch in Obereidisch. Hans arrangierte sich mit dem System, bekam Arbeit im Kombinat und lebte weiter bei unseren Verwandten. Er riet uns aber, in Deutschland zu bleiben. Meine Mutter versuchte mehrmals, ihn zu überzeugen, nach

Deutschland zu fliehen. Er war vor Ort aber angekommen, wollte das Wenige, dass er sich geschaffen hatte, nicht wieder hinter sich lassen. Ihre Versuche blieben erfolglos.
Nach und nach arrangierte ich mich mit dem neuen Umfeld, öffnete mich dem Leben in Dorf und Umgebung. Mit besonderer Freude ging ich auf die Tänze, die immer dort ausgerichtet wurden, wo eine Kirchweih, die die Franken „Kerwa" nannten, stattfand. Dort wurde ich regelmäßiger Gast, sei es in Pommersfelden, in Wachenroth, in Mühlhausen oder in Treppendorf.
Ich konnte mir zwar kein Bier und Essen leisten, aber so ging es in dieser Zeit auch vielen Einheimischen. Wir aßen zu Hause und gingen dann zum Tanz. Selbst wenn mal einer ein Bier kaufte, war es kein großer Genuss. Denn die Wirte mussten sehen, wo sie blieben, und streckten das Bier mit Wasser, so dass es ein recht fad schmeckendes Dünnbier wurde, was über den Tresen wanderte. Ein Bekannter sagte einmal, dass man sich eine Brotzeit in die Wirtschaft mitnehmen müsse, damit man dieses Gesöff trinken könne.
An die deutsche Musik hatte ich mich ja in Steinbrücken schon einigermaßen gewöhnt. Sie konnte zwar weiter nicht mit der Vielfalt der Zigeunermusik mithalten, die ich als Kind erlebt hatte. Doch auch die fränkische Blas-

musik ging mir mehr und mehr ins Blut über, ließ mich bei Dreher und Walzer die Mädchen jedes Dorfs in der Gegend kennenlernen.

In Reichmannsdorf schloss ich mich den Kerwasbuben an. Organisiert vom Wirt der Schlosswirtschaft, Herrn Konrad, stellten wir jedes Jahr den Kerwasbaum auf. Und in meinem ersten Jahr, 1948, durfte ich den Umzug anführen und ritt das Pferd, das den Baum durchs Dorf zog.

Bereits kurz nach unserer Ankunft hatte mich Georg mit in die Schlosswirtschaft genommen. Dort lernte ich Herrn Konrad kennen.

Das Bier brachte ein schmales, blondes Mädchen mit einem verschmitzten Lächeln und einer kleinen knubbeligen Nase. Es war seine sechzehnjährige Tochter, Irmgard.

„Dass du unter dem Gewicht von den Krügen nicht zusammenfällst“, witzelte ich.

Sie wurde rot als sie die Krüge vor uns abgestellt hatte. Dann riss sie den Kopf hoch und sagte:

„Da würd ich den Mund mal nicht so voll nehmen. Ich hab mehr Übung als du denkst.“

So frotzelten wir weiter. Wir sahen uns häufiger, wenn wir in die Wirtschaft kamen. Mitte Dezember lud mich Frau Konrad zu ihnen zum Weihnachtsfest ein. Das Weihnachtsfest war die erste richtig schöne Erfahrung mit

anderen Menschen, außerhalb meiner Familie, die ich in Reichmannsdorf hatte. Es gab eine kross gebratene Gans, die mit Äpfeln und Rosinen gefüllt war. Wir lachten den ganzen Abend. Ich weiß nicht, ob sich Irmgard meinen Besuch gewünscht hatte. Ich sah sie als kleines, nettes Mädchen, hatte nichts weiter mit ihr vor. Es war doch nichts dabei ein paar Späße mit einem Mädchen zu machen. Das machte ich gern und den Mädchen schien es zu gefallen.
Später in 1948, es war inzwischen Frühsommer, fand die Kirchweih in Treppendorf statt. Das war der kleine Ort zwischen Burgebrach und Reichmannsdorf. Ein paar Häuser im Tal rund um einen künstlich angelegten Teich, den man in Franken Weiher nannte, und rund hundert Einwohner. Entsprechend mickrig fiel die Kirchweih aus. Es gab nur eine kleine Losbude, die draußen an der Kreuzung vor dem Saal aufgebaut worden war. Die Bude war gerade groß genug für eine Person und ein paar kleine Preise, die zu gewinnen waren. Es war trotzdem Attraktion genug, damit die Mütter des Dorfes mit ihren Kindern kamen. Viele liefen nur vorbei, um zu schauen. Einige kauften ein Los, vielleicht manchmal auch zwei. Die jungen Männer und Frauen aus den umliegenden Dörfern ließen die Losbude links liegen und gingen in den Saal.

Dort hatte sich eine kleine Blaskapelle mit Musikern aus Reichmannsdorf aufgebaut.
Als ich ankam, spielten sie sich gerade noch ein, prüften ihre Instrumente. Ich grüßte sie, kannte jeden von ihnen schon von den anderen Kirchweihen. Dann ging ich vom Saal hinüber in die Wirtschaft und sprach mit dem Wirt, bot ihm meine Hilfe an, falls noch etwas zu tun war. Der bärtige Mann, bestimmt schon über sechzig Jahre alt, winkte ab und sagte, dass ich mich auf das Tanzen und die Frauen konzentrieren könne. Er lachte und gab mir einen Klaps auf den Hinterkopf.
Nach und nach füllte sich der Saal. Der ein oder andere hatte ein Bier in der Hand, manch einer hatte sich sogar Essen bestellt. Ich war, wie meistens, bereits satt gekommen, hatte bei meiner Mutter noch ordentlich gegessen, damit ich mir nichts mehr kaufen musste.
Ich tanzte mit einem Mädel aus Poppenwind. Ich kannte sie schon, weil sie zur Familie des Bauern gehörte, bei dem Georg arbeitete. Später stand ich mit einigen anderen Männern in der Wirtsstube, flachste mit ihnen über die einsame Losbude vor der Tür. Da kamen noch einige junge Frauen durch den Haupteingang. Sie schauten etwas scheu in der Gegend herum, stellten sich in den Saal an den

Rand. Eine unter ihnen schien die Wortführerin zu sein, brachte die anderen mehrfach zum Kichern. Sie hatte rote Bäckchen und verschlagene, strahlend blaue Augen, die mich sofort faszinierten. Ihre Haare trug sie halblang. An diesem Abend fielen sie in breiten Locken auf die Schulter, bedeckten ihre kleinen Ohren zur Hälfte. Ohren, die eng anlagen und nicht wie Flügel rechts und links aus dem Kopf ragten wie bei mir. Sie hatte ein unheimlich symmetrisches Gesicht, das von einer langen, edlen Nase geteilt wurde. Der Kopf war leicht rundlich, was ich süß fand. Ich brauchte nicht lange, um zu entscheiden, wen ich zum nächsten Tanz auffordern wollte.

„Du willst mit mir tanzen? Das muss ich mir erstmal überlegen. Kannst du das überhaupt?“, fragte sie.

Das war die Antwort, die sie in breitem Fränkisch vortrug. Sie wurde begleitet von Gekicher der Begleiterinnen. So hatte ich mir das nicht vorgestellt. Ich räusperte mich, streckte meinen Rücken durch, versuchte möglichst stolz dreinzublicken.

„Ich gebe Ihnen die Chance es herauszufinden, mein Fräulein“, sagte ich in meinem besten Hochdeutsch.

Ich meinte ein Funkeln in ihren Augen entdeckt zu haben. Sie lachte ein helles, fröhliches Lachen und meinte:

„Dann wollen wir mal sehen."
Sie reichte mir ihre Hand. Die Musik spielte einen Dreivierteltakt an. Um den Walzer gut zu tanzen, muss man den anderen Körper spüren, Bein an Bein, Hüfte an Hüfte. Und oben muss man Haltung zeigen. Ich griff ihre Hüfte, zog sie näher an mich heran, wartete den Takt ab und trat in die erste Walzerdrehung ein. Sie zuckte zunächst zurück, ließ sich dann aber führen, bewegte sich flink, meinem Impuls folgend. So tanzten wir einen Tanz, dann noch einen und noch einen. Dann machte die Musik eine Pause und ich lud sie ein, einen kleinen Spaziergang zu machen. Draußen hatte es sich etwas abgekühlt und ich legte ihr meine Strickjacke um, damit sie nicht fror.
„Wie heißt du denn, junge Frau?", fragte ich sie.
„Katharina. Du kannst mich Kathi nennen", entgegnete sie.
„Und du?", setzte sie nach.
„Ich heiße Thomas", sagte ich, fast etwas hastig.
„Du bist aber nicht von hier, oder? Du sprichst ganz anders", forschte sie weiter.
„Das stimmt. Ich bin aus Siebenbürgen gekommen. Wegen den Russen. Wir sind Siebenbürger Sachsen. Du bist von hier?", erklärte ich und fragte zurück.
„Ja, ich bin von hier. Aus Reich-

mannsdorf. Mein Vater hat einen Bauernhof dort", antwortete sie.
„Ach wirklich. Das ist ja was. Dann wohnen wir ja im gleichen Ort", rief ich aus.
Wir gingen noch ein bisschen weiter, ließen die Stille der Treppendorfer Nacht auf uns wirken. Als wir wieder auf den Saal zugingen, griff ich ihre Hand. Sie wich nicht zurück, hielt sie fest und schritt ein bisschen näher neben mir her auf den Eingang zu. Ich schaute immer wieder hinüber zu ihr, erhaschte einen Blick auf ihre Locken, auf ihre Augen, so groß und tief, dass ich versinken wollte. Wenn sie mich dabei erwischte, lächelte sie. Das ein oder andere Mal zog sie mich auf, sagte: „Du schaust mir noch die Nase weg, so viel wie du mich anstarrst."
Aber sie verpackte es so, dass ich nicht verletzt war, dass ich immer schmunzeln musste. Mir gefiel ihre Stärke, ihr Selbstbewusstsein im Umgang mit mir und anderen. Sie ließ sich nichts sagen, hatte ihren eigenen Kopf. Und sie brachte mich zum Lachen, wie mich seit der Flucht nur Arno manchmal zum Lachen gebracht hatte. Mit Kathi konnte ich so unbeschwert lachen, wie damals mit den Jungs aus der Oberen Gasse, als der Ruß aus dem Hintern von Schuster emporgestaubt war.
Schon an jenem Abend in Treppendorf

wollte ich die vollen, runden Lippen spüren, wollte Kathi küssen. Doch sie gab mir keine Gelegenheit, wies mich nie ab, aber drehte sich immer rechtzeitig weg, lenkte ab oder sprang auf. Das machte sie umso anziehender für mich. Ich hatte ja schon in Steinbrücken gern mit den Mädchen geredet, getanzt und Späße gemacht. Doch mit Kathi war es anders. Mein Bauch fühlte sich an diesem Abend und vielen weiteren Abenden flau an, mein Herz pochte, wenn ich sie sah. Ob es ihr ähnlich ging?

Es dauerte nicht lang, bis ich sie meinen Eltern vorstellte. Meine Beziehung zu Kathi wäre ohnehin schwer zu verbergen gewesen, verbrachte ich doch jede freie Minute mit ihr. Mein Vater nickte anerkennend, als Kathi das erste Mal in unsere kleine Stube trat. Später klopfte er mir auf die Schulter. Das war alles, reichte aber aus, um mich zu bestätigen, um mir ein gutes Gefühl zu vermitteln. Ganz anders meine Mutter. Sie redete den ganzen Abend, fragte Kathi nach ihrer Familie, ließ sich den halben Stammbaum der Familie Seeberger erklären, verglich mit unserer Familie, erzählte, nein schwärmte, von Obereidisch. Und Kathi? Sie hörte aufmerksam zu, war aufrichtig interessiert, antwortete auf alle Fragen. Schon damals war ich beeindruckt, wie sie jedes Verwandtschaftsverhältnis in der

Familie bis in die letzte Verästelung im Kopf behielt, meist mit genauen Daten zu Geburts- und Hochzeitstagen. So waren wir nach diesem Besuch gut vorbereitet auf die Familie Seeberger, in der Kathi als drittjüngste von sechs Schwestern mit einem Bruder aufwuchs. Mit der Familie Seeberger vervielfachte sich mein Bekanntenkreis in kürzester Zeit. Reichmannsdorf wirkte mit einem Mal nicht mehr ablehnend. Die Türen der Seebergers öffneten mir die Tür zu den Franken, ließen mich hinter die raue Schale schauen und die barsche Herzlichkeit schätzen lernen.

1952

29 - Abschied

Es war wieder Winter, ein kaltes Januarwochenende und wir saßen um den kleinen Tisch in der Wohnung meiner Eltern.
„Wann heiratest du sie nun endlich?“, fragte Mutter.
Wie häufig hatte ich diese Frage schon gehört, seit ich mit Kathi zusammen war.
„Geheiratet wird erst, wenn ich ihr was bieten kann. Soll sie bei uns mit einziehen oder wie stellt ihr euch das vor?“, entgegnete ich, wie jedes Mal.
Vater räusperte sich, dann meinte er: „Der Seeberger hat doch die Scheune.“
„Ja, und?“, hakte ich nach.
„Da könnte er euch doch eine Wohnung einrichten. Das wär doch was“, erläuterte er seine Idee.
„Nein, nie und nimmer. Ich will auf meinen eigenen Füßen stehen und mich nicht bei den Schwiegerleuten einquartieren. Die haben genug Töchter zu versorgen“, stellte ich klar.
Mutter und Vater hatten Georg im Kopf. Er hatte im Vorjahr geheiratet und bereits den Hof seines Schwiegervaters übernommen, der nur eine Tochter gehabt hatte und ihn schnell ins Herz geschlossen hatte. Doch bei Kathi war es anders. Sie hatte viele

Schwestern und einen Bruder. Der Bruder würde den Hof übernehmen und ich konnte mir nicht viel erhoffen.
„Außerdem wartet mal ab, ob die Kathi wirklich bei mir bleibt“, setzte ich nach.
Entsetzt schaute meine Mutter auf.
„Was? Warum sollte sie denn nicht?“, fragte sie.
„Ihr habt doch gehört, was man im Dorf so redet. Und da ist Kathis Mutter keine Ausnahme“, deutete ich an.
Fragende Blicke und Stille.
„Erst letzte Woche hat mir Kathi erzählt, was sie sich von anderen Mädchen anhören musste: Sie sei mit einem Flüchtling zusammen. Da solle sie sich schon mal drauf einstellen bald allein dazustehen, ohne Mann. Die denken alle, dass wir bald wieder verschwinden.“
Die Stille breitete sich aus. Mutter und Vater schauten auf den Boden. Dann grummelte Vater:
„Die wissen gar nicht, was wir durchgemacht haben.“
Mutter nickte und ergänzte:
„Wenn die wüssten, was der Hans uns schreibt. Was die mit unserer Heimat gemacht haben dort. Dass sie uns alles weggenommen haben.“
„Und ihr müsst euch gar nicht einbilden, dass ich es wie Georg machen werde“, wechselte ich das Thema.
„Was willst du nicht wie Georg machen?“, fragten sie.

„Ich hab meinen Glauben und den behalt ich. Da kann Kathis Mutter noch so oft sagen, dass sie mich gern katholisch hätte“, stellte ich klar.
„Alter Dickkopf“, lachte mein Vater. In seinen Augen meinte ich ein bisschen Stolz zu entdecken.
Es war das letzte Essen, das mir in Erinnerung geblieben ist, bei dem es ihm noch gut ging. Schon einige Wochen danach fingen die Magenschmerzen an. Immer wieder behielt er das Essen nicht im Bauch. Er wurde regelmäßiger Gast beim Hausarzt, nahm allerlei Pillen, trank Tee. Mutter war zusehends besorgt, kochte ihm so lange etwas, bis er ein wenig zu sich nahm.
An einem Abend im September saß ich in der Stube, schaute hinüber zum Tisch, sah und hörte meinen leidenden Vater:
„Ich kann nicht mehr, ich kann einfach nicht mehr“, stöhnte er. Sein Kopf hing über einer Schüssel, auf deren Boden sein Erbrochenes gerann. Er hatte wieder versucht, etwas zu sich zu nehmen, zu essen. Doch sein verkrebster Magen nahm nichts mehr an. Ich spürte einen Stich im Herz, als ich ihn so sah.
Es war schleichend gekommen. Der Hausarzt hatte es nicht erkannt, hatte ihm das ganze Frühjahr über allerlei Medikamente verschrieben gegen seine Magenschmerzen. Am Anfang hatte Vater noch weiter gearbeitet. Beson-

ders beim Holzschälen im Wald hatte er noch gut verdient. Doch dann wurde er schwächer, erbrach sich regelmäßig, verlor Kilogramm um Kilogramm.
Im Sommer hatte Michael ihn dann zum Facharzt nach Bamberg gefahren. Den mussten wir selbst zahlen, was wir uns fast nicht leisten konnten. Der Arzt riet meinem Vater zu einer Operation.
Der Arzt hatte damit einen Hoffnungsschimmer, eine Rettung aufgezeigt. Sollte Vater wieder gesund werden, hatte ich in diesem Moment gedacht. Doch mein Vater hatte langsam den Kopf von einer Seite zur anderen bewegt, erst Michael dann mich angeschaut und gemeint:
„Das kann doch nichts mehr werden. Wie soll ich denn eine Operation überstehen, wenn ich mich kaum mehr aufrecht halten kann. Und wer sagt denn, dass es danach besser ist. Der Arzt weiß ja nicht, wie weit der Krebs sich schon in meinen Körper gefressen hat. Nein, nein. Lasst mal."
Er hatte es selbst beschlossen und wir respektierten seine Entscheidung.
Als ich ihn an diesem Tag über seiner Schüssel leiden sah, packte mich die Verzweiflung über seine Entscheidung, wie so häufig in diesen Wochen. Sein Körper rang zwar noch mit dem Krebs, aber ohne Operation war er ihm ausgeliefert.
Meine Hände verkrampften, ich kämpfte

mit den Tränen und schaute aus dem Fenster, damit er es nicht mitbekam. Am Wenigsten war ihm geholfen, wenn er auch noch unsere Trauer ertragen musste.
Sein Leiden sollte noch fast ein halbes Jahr weitergehen. Er war ein Schatten seiner selbst, wartete darauf, erlöst zu werden. Die ewigen Versuche etwas Nahrhaftes bei sich zu behalten erschöpften ihn völlig. Erst im Dezember schlief er dann endlich ein.
Kathis Eltern waren die ersten, die uns besuchten. Vor allem ihr Vater half uns mit den Vorbereitungen für die Beerdigung. Seine Pferde zogen den Wagen zum Friedhof, auf dem wir meinem Vater sein letztes Geleit gaben.
Meine Brüder und ich hoben die Grube aus. Schaufel für Schaufel beförderten wir die braun-steinige Erde, noch nass vom Regen des Vortages, aus dem Grab. Es waren die schwersten Schaufeln meines jungen Lebens.

1953

30 – Heimat

„Hier gibt es keine Zukunft für mich", sagte ich.
Wieder einmal diskutierten Kathi und ich. Ich wiederholte die immergleichen Argumente:
„Schau dich doch hier um. Es gibt keine Arbeit oder nur schlecht bezahlte Jobs. Ich zieh doch keine Familie groß mit dem Aushilfsgehalt vom Sachenbacher."
Kathi schaute zum Boden. Sie hang an ihrer Familie, konnte sich ein Leben näher an einer Stadt, weg von Reichmannsdorf, noch nicht vorstellen.
„Vielleicht findest du ja etwas", sagte sie resigniert.
Vier Jahre gingen wir miteinander, Kathi und ich. Viele redeten schon vom Heiraten. Doch wie sollte ich sie heiraten mit dem mickrigen Gehalt von Sachenbacher und ohne zu wissen, wo es für mich hingehen würde, wie und wo ich eine Familie gründen könnte? Das kam für mich nicht in Frage.
Die vier Jahre hatten ein bisschen Ordnung zurückgebracht. Das Geld war wieder stabil, mit D-Mark konnte man sich wirklich etwas kaufen. Die Städter kamen nicht mehr aufs Land, mussten nicht mehr Hunger leiden. Meine Brüder und ich arbeiteten hart. Herr Oberst war immer noch genauso her-

risch. Er wusste aber, wie weit er bei mir gehen konnte, schätzte meine Arbeit und meine Loyalität. Ich bekam für die Arbeit etwas mehr Geld. Es war aber immer noch nicht genug, um große Anschaffungen zu machen.

An einem Sonntag saßen wir wieder alle zusammen, meine Brüder, Mutter und ich. Martin war ganz aufgekratzt. Als endlich alle saßen, platzte es aus ihm heraus:

„Ich hab tolle Nachrichten. In Zeckern gibt es günstige Bauplätze."

Ich schaute etwas irritiert und fragte: „Wo ist denn Zeckern?"

„Das ist hier in Franken, drei Stunden mit dem Pferdewagen von hier", sagte er.

„Und das Land geben die an Flüchtlinge?", zweifelte Georg.

„Das ist extra dafür freigegeben worden, damit Wohnraum für die ganzen Leute geschaffen werden kann, die keine eigene Wohnung, kein eigenes Haus haben", antwortete Martin. Er klang sehr überzeugt.

„Und mit was wollt ihr bauen?", fragte Georg.

„Mit Steinen, du Dummkopf", wiegelte ich ab.

„Lass uns da mal hinfahren. Das will ich mir anschauen", entschied ich schnell.

„Das machen wir, Timmi. Das machen wir gleich nächstes Wochenende", sagte Martin zu.

Martin und ich hatten den Pferdewagen am Zeckerner Friedhof, kurz nach dem kleinen Waldstück, abgestellt. Sachenbacher hatte ihn mir geliehen für diesen Tag. Wir gingen die einzige geteerte Straße hinunter. Entlang der Straße gab es einige Bauernhäuser, die hier wohl schon seit Jahrzehnten standen. Martin ging entschlossen auf das erste Haus zu, öffnete das Tor, sah einen Bauern, der seine Pferde fütterte, und rief:
„Guter Mann, wir wollen uns die Bauplätze anschauen. Können Sie uns sagen, wo wir die finden?"
Der knorrige Franke drehte sich um. Sein Rücken war gebeugt, seine Augen blitzten unter einem ausgeleierten Hut hervor. Er raunzte:
„Da seid ihr hier falsch. Was wollt ihr überhaupt jetzt alle Häuser bauen. Wir wollen hier unsere Ruh!"
Martin stockte kurz der Atem. Dann räusperte er sich und sagte:
„Mein Herr, wir hatten in der Heimat auch ein Anwesen und Land, genauso wie sie."
Seine Stimme hatte sich aufgebaut, er musste sich kontrollieren, um den Bauern nicht anzuschreien. Er machte eine kurze Pause, dann sagte er:
„Sagen Sie uns nun, wo die Bauplätze sind? Oder muss ich zum Nachbarn gehen?"
Der Franke spuckte in sein Beet, mur-

melte etwas, zeigte dann aber mit dem linken Arm hinter sein Haus.
Wir ließen ihn stehen ohne einen weiteren Gruß, gingen wieder auf die Straße und folgten seiner groben Richtungsangabe. Die Straße machte einen Linksknick und führte bergan, entlang eines Bahngleises. Wir erreichten den kleinen Bahnhof von Zeckern mit einem aus Holz gebauten Häuschen. Links davon sahen wir einen provisorischen Weg mit Schotter und abgetragene Felder und Wiesen links und rechts. Das musste es sein. Eine Straße im Werden. Später sollte sie Siedlerstraße heißen, für immer markierend, dass hier Flüchtlinge und Vertriebene ansiedeln sollten. Wir gingen die Straße entlang, viele Häuser waren halb fertig, einige schon ganz fertig gestellt. Wir stellten uns vor, wie es wäre, als Hauseigentümer, als Bewohner, als vollwertiger Bürger des Dorfes.
Es gab nur noch wenige freie Bauplätze. Nach etwa der Hälfte der Strecke, sahen wir eine freie Parzelle zur Rechten. Es war genug Raum für ein Doppelhaus und nach hinten erstreckte sich ein großer Garten.
Ich schaute Martin an, schaute erneut auf den Bauplatz. Dann sagte ich:
„Das wäre es. Hier würd ich unser Haus bauen."
Martin grinste und rief:
„Dann bauen wir hier!"

Ich schaute ihn zweifelnd an, hatte ja fast kein Erspartes. Würde uns jemand den Kredit gewähren, den wir bräuchten?
Zurück in Reichmannsdorf erzählte ich Kathi stolz von meiner Erkundungsreise. Sie schaute skeptisch, wusste nicht, ob es realistisch war, was ihr Freund da erzählte. Ihr Vater würde wahrscheinlich nichts dazugeben, meinte sie.
Eine Woche später waren Martin und ich wieder in Zeckern. Von dort waren es nur fünf Minuten den Berg hinauf, um den Nachbarort Hemhofen zu erreichen. Dort sollten wir bei Frau Haag vorsprechen. Ihr gehörte der Baustoffhandel am Ort.
„Machen Sie sich keine Sorgen, junge Männer. Sie werden ihr Haus bauen", rief sie nach unseren ersten zweifelnden Fragen.
Die burschikose Dame mit den breiten Oberarmen, dem runden, rotbackigen Gesicht und den kurz geschnittenen Haaren, lies keinen Zweifel aufkommen.
„Der Staat will, dass ihr da bauen könnt. Und dem ist ja auch klar, dass ihr nicht viel Geld habt", beruhigte sie uns.
Sie wies uns erst darauf hin, dass meine Mutter nicht nur einen Entschädigungsanspruch aus dem Lastenausgleichgesetz vom Jahr zuvor hatte,

sondern dass sie dadurch Zugang zu einem Kredit bekam.
Es war eine Wohltat ihre Worte zu hören. Sie machte uns Mut, sagte, dass sie selbst uns die Baustoffe auf Kredit zur Verfügung stellen würde und auch, wo wir es brauchten, ihre Maurer.
Sie empfahl mir den Gang zur Sparkasse am Ort.
„Und lassen Sie sich da nicht abwimmeln. Die bekommen Garantien vom Staat, wie ich erklärt habe. Die sollen sich nicht so haben und ihnen das Geld geben, was Sie brauchen", empfahl sie uns mit dem ihr eigenen Nachdruck.
Sie hatten sich dann auch nicht so, sondern halfen uns. Wenige Wochen später unterschrieb meine Mutter einen Kreditvertrag über 6.500 Deutsche Mark für mich.
Davon kaufte ich die 400 Quadratmeter Land für unsere Doppelhaushälfte, die uns 520 DM kosteten, 1,30 DM pro Quadratmeter.
Für Martin konnte sein Schwiegervater den Kreditvertrag unterschreiben, der ebenfalls auf Grund seines verlorenen Eigentums aus Obereidisch Ansprüche auf Lastenausgleich hatte.
Den Plan für unser Haus ließen wir für 50 DM bei einem Maurermeister in Reichmannsdorf machen, den Kathis Familie gut kannte.
Kurz nach den Gesprächen in Hemhofen

musste ich das Gespräch mit dem Oberst suchen. Er hatte mich inzwischen zum Vorarbeiter gemacht. Ich verschob das Gespräch mit ihm ein ums andere Mal. Einige Tage nach meiner Rückkehr nach Reichmannsdorf, konnte ich nicht länger warten. Georg Backer, war auf dem Feld zu mir gekommen:

„Du, Thomas. Der Sachenbacher will mich entlassen. Er meint, dass er keine Arbeit für mich hat. Was soll ich denn jetzt machen?", fragte er mich. Seine Augen schimmerten, die Stimme brach. Ich wusste, dass er trotz seiner Jugend schon eine Familie zu versorgen hatte und nur schlecht mit dem kleinen Lohn zurechtkam.

Sofort reagierte ich: „Georg, der wird dich nicht entlassen."

„Wie kommst du darauf? Er hat mir's doch schon gesagt", entgegnete er und winkte ab.

„Ich werde bauen, in Zeckern bei Erlangen. Da wird er dich weiter brauchen, wenn ich weggehe. Ich rede morgen mit ihm", erläuterte ich.

Georg jauchzte kurz auf, wollte etwas sagen, verschluckte sich und schlang seine schlaksigen Arme um meinen Hals.

Am nächsten Morgen nahm ich Sachenbacher zur Seite:

„Entlassen Sie mich. Ich will in Zeckern bauen. Wenn ich ausgehoben hab,

komm ich wieder zu ihnen“, forderte ich meinen Chef auf.
„Wer soll das denn glauben? Wenn du dort baust, wirst du auch dort bleiben wollen“, brummte er.
„Aber, wenn du gehen willst, muss ich dich gehen lassen. Auch wenn ich es nicht gern mache“, ergänzte er.
Ich nickte, sah ihm direkt in die Augen, nahm seine Hand, die er mir entgegen gestreckt hatte und drückte fest. Er hielt sie einen Augenblick zu lang. Dann befahl er:
„Verschwinden Sie schon.“
Ab diesem Zeitpunkt lebte ich auf der Baustelle in einer provisorischen Bretterbude gemeinsam mit meinem Bruder Martin. Viele Bekannte packten mit an. Alles, was wir selbst machen konnten, machten wir selbst. Ich hob mit eigenen Händen den Keller aus, lernte Mörtel mischen und Stein auf Stein setzen.
Die Steine ließen wir anliefern. Von anderen Flüchtlingen hatte ich gehört, dass sie die Steine selbst bearbeitet hatten oder aus Ruinen geklaubt hatten, weil sie gleich nach dem Krieg ein Haus bauen wollten. Das blieb uns erspart.
Selbst den Brunnen hob ich selbst aus. Ich stand in dem tiefen Loch und schickte Eimer um Eimer Erdreich nach oben. Die Schaufel grub immer tiefer, grub durch die Erdschichten, grub bis

sich Grundwasser ergoss über Schaufel und Mensch.
Es war eine harte Zeit. Mein Körper war gezeichnet von Schwielen, schmerzte bei jeder Bewegung. Meine Augen lagen tief in den Höhlen, umrandet von einem schwarzen Schatten der Schlaflosigkeit. Doch meine Seele tanzte, mein Gemüt vollführte Freudensprünge mit jedem Fortschritt. Das Haus, was dort in Zeckern an der Siedlerstraße wuchs, war mehr als Steine und Mörtel. Es war Zeichen meines Ankommens, es war meine tiefe Wurzel, die ich in die fränkische Erde grub, es war der erste Schritt zu Heimat.
Immer wieder holte ich Kathi aus Reichmannsdorf ab, zeigte ihr das Haus, zeigte ihr, wo wir Apfelbäume pflanzen würden, erklärte ihr, was noch zu tun war.
Es dauerte etwa ein halbes Jahr bis wir den Zimmermann riefen. Das Geld war zur Neige gegangen, doch er schaute mich lachend an und meinte: „Zahlt wie ihr könnt! Ihr braucht jetzt euren Dachstuhl und den sollt ihr haben."
Wenig später war es soweit. Wir konnten den Umzug aus Reichmannsdorf planen. Das wenige Hab und Gut passte auf einen großen Brückenwagen.
Mutter zog bei uns mit ein. Sie hatte sich an das Zusammenleben mit mir gewöhnt und wollte Kathi bei der Haus-

und Gartenarbeit unterstützen. Meine Brüder hatten alle schon ihre Familien, so dass sie bei ihrem Jüngsten blieb. Ich freute mich über ihre Entscheidung, weil ich so sicher war, in unserem neuen Haus weiter meine Lieblingsspeisen aus Siebenbürgen essen zu können. Kathi gefiel die Lösung, kam sie doch mit meiner Mutter gut aus und konnte das ein oder andere von ihr lernen.

An unserem ersten Tag im neuen Haus setzten wir uns abends in den Garten. Wir hatten alte Küchenmöbel von Freunden übernommen und einfach jeder einen Stuhl mit nach draußen getragen. Wir schauten unser kleines Siedlerhäuschen an. Es war noch nicht vollständig verputzt, aber das Satteldach war gedeckt. Es bot Schutz vor Regen und Kälte. Im Garten hatten wir die Bäume gepflanzt, die noch kleine Stämmchen waren, aber später stolze Apfelbäume werden sollten.

Lange sagte keiner etwas. Wir schauten uns immer wieder um. Ich spürte ein Kribbeln am Rücken, auf meinen Armen bildete sich Gänsehaut. Ich erhob mich von meinem Stuhl, schritt hinüber zu Kathi, deren Augen im Abendlicht glänzten. Ich umarmte sie von hinten, beugte mich hinunter zu ihrem rechten Ohr und flüsterte:

„Jetzt sind wir zu Hause. Jetzt können wir heiraten."

Über dieses Buch

Sie hatten mich immer fasziniert, seine Geschichten von der Kindheit auf dem Bauernhof, von der siebenbürger-sächsischen Tradition, von den Erlebnissen auf der Flucht. Nachdem ich ein Jahr in Rumänien verbracht und seine Heimat mehrmals besucht hatte, beschloss ich, seine Erzählungen in einem Roman zu verarbeiten.

Er war einverstanden, ließ mich entscheiden, was ins Buch kam und wo es endete. Was meinen Großvater bis heute tief bewegt, fand einen zentralen Platz in der Geschichte. Meine flankierende Recherche ergänzte Fakten und Daten. Die Quellen reichten von alten Plänen von Obereidisch, den wenigen Fotos aus der Jugend, über Protokolle der Judenverfolgung in Siebenbürgen, bis hin zur Lastenausgleichsakte seines Vaters.

Seine Sicht der Welt und auch der damalige Sprachgebrauch waren maßgeblich für das Buch. Beispielhaft sei das Wort „Zigeuner" genannt, das heute als diskriminierend gilt, damals aber die normale Bezeichnung der Volksgruppe der Roma war und im Rumänischen bis heute gebräuchlich ist.

Die Leserin oder der Leser mag sich fragen, wie das Leben meines Großvaters nach dem Hausbau, mit dem der Roman endet, weitergegangen ist. Meine Großeltern hatten einen Sohn, meinen Vater, den sie in Zeckern großzogen. Er schenkte ihnen drei Enkelkinder, eines davon bin ich. Die Großeltern lebten in dem Haus in Zeckern bis sie mit in den Neubau meiner Eltern im Nachbarort Hemhofen einzogen.

Mein Großvater arbeitete als ungelernter Arbeiter zunächst auf dem Bau, dann in einer Gießerei und schließlich bei einem großen Automobilzulieferer im Lager.

Sein Bruder Hans, der in Siebenbürgen blieb, gründete dort eine Familie. Dessen Nachfahren sind zum Großteil mit der zweiten Aussiedlerwelle der Siebenbürger Sachsen nach 1990 nach Deutschland umgesiedelt. Nur ein Sohn blieb in Rumänien und lebt dort bis heute mit seiner Familie. Der Hof, auf dem mein Großvater mit seinen Brüdern aufgewachsen ist, ist nie wieder in den Familienbesitz übergegangen.

Die individuelle Fluchterfahrung meines Großvaters steht für viele ähnliche Schicksale. Der Roman lässt die Leserinnen und Leser teilhaben an seinen Emotionen und Abenteuern dieser Zeit. Sie fiebern mit Thomas mit und leiden, wenn ihm Unrecht widerfährt. Ich wage zu hoffen, dass die Leserinnen und Leser dieses Mitgefühl auch auf andere Menschen übertragen können, die vor Krieg oder Verfolgung fliehen oder fliehen mussten. Gestern, heute und morgen.

Arnim Emrich im September 2016